Zur Reformbedürftigkeit der strafrechtlichen Fahrerlaubnisentziehung und des strafrechtlichen Fahrverbots

Europäische Hochschulschriften

Publications Universitaires Européennes

European University Studies

Reihe II

Rechtswissenschaft

Série II Series II

Droit

Law

Bd./Vol. 3294

PETER LANG

Frankfurt am Main · Berlin · Bern · Bruxelles · New York · Oxford · Wien

Delia Gronemeyer

Zur Reformbedürftigkeit der strafrechtlichen Fahrerlaubnisentziehung und des strafrechtlichen Fahrverbots

PETER LANG
Europäischer Verlag der Wissenschaften

Die Deutsche Bibliothek - CIP-Einheitsaufnahme

Gronemeyer, Delia :

Zur Reformbedürftigkeit der strafrechtlichen Fahrerlaubnisentziehung und des strafrechtlichen Fahrverbots / Delia Gronemeyer. - Frankfurt am Main ; Berlin ; Bern ; Bruxelles ; New York ; Oxford ; Wien : Lang, 2001
(Europäische Hochschulschriften : Reihe 2, Rechtswissenschaft ; Bd. 3294)
Zugl.: Hamburg, Univ., Diss., 2001
ISBN 3-631-38747-4

Gedruckt auf alterungsbeständigem,
säurefreiem Papier.

D 18
ISSN 0531-7312
ISBN 3-631-38747-4

Printed in Germany 1 2 3 4 5 7

www.peterlang.de

Inhaltsverzeichnis

Einleitung

Dem Straßenverkehrsrecht kommt in der heutigen Gesellschaft eine zentrale Bedeutung zu. Im Gegensatz zu den Anfangszeiten der Motorisierung, wo ein Kraftfahrzeug ein Luxusobjekt darstellte, nehmen derzeit Millionen Menschen per Kraftfahrzeug am Straßenverkehr teil, weil sie auf die Benutzung eines Kraftfahrzeuges zur Berufsausübung oder wegen der Lage ihres Wohnsitzes angewiesen sind oder ein Kraftfahrzeug im Rahmen ihrer Freizeitgestaltung verwenden.

Um die Straßenverkehrssicherheit zu gewährleisten, muß von Seiten des Staates unter anderem dafür Sorge getragen werden, daß auf Fehlverhalten im Straßenverkehr von den dazu berufenen Instanzen bestmöglichst reagiert werden kann, um weiteres Fehlverhalten zu vermeiden und so die Allgemeinheit zu schützen. Da die Straßenverkehrssicherheit nicht selten durch strafrechtlich relevantes Fehlverhalten der Verkehrsteilnehmer bedroht wird, kommt dem Strafrecht auf diesem Gebiet eine wichtige Funktion zu. Gerade bei Fehlverhalten im Straßenverkehr, das die Strafbarkeitsgrenze überschritten hat, also schon ein Fehlverhalten von einigem Gewicht darstellt, müssen die Reaktionen, die notwendig sind, um eine weitere Gefährdung der Straßenverkehrssicherheit zu verhindern, wohl überdacht sein. Im heutigen Strafgesetzbuch gibt es als Reaktionen auf Straftaten, die die Straßenverkehrssicherheit beeinträchtigt haben, zwei verkehrsausschließende Sanktionen, die Fahrerlaubnisentziehung und das Fahrverbot.

Das in den §§ 69 bis 69b StGB geregelte Institut Fahrerlaubnisentziehung, das es ermöglicht, für die Dauer von sechs Monaten bis zu fünf Jahren oder für immer solche Personen aus dem Straßenverkehr auszuschließen, die sich durch eine Straftat als ungeeignet zum Führen eines Kraftfahrzeugs erwiesen haben, ist als Maßregel der Besserung und Sicherung ausgestaltet, das in § 44 StGB geregelte Fahrverbot, das dem Täter für eine Dauer von einem bis zu drei Monaten das Führen von Kraftfahrzeugen jeder oder einer bestimmten Art verbietet, dagegen als Nebenstrafe.

Ob diese geltende Regelung sachgerecht ist oder ob im Wege einer Gesetzesänderung eine Neugestaltung dieser beiden verkehrsausschließenden Sanktionen nach ihren praktischen und kriminalpolitischen Wirkungen und Zielsetzungen angebracht wäre, ist seit Jahren in der Diskussion.

Verschiedene Verkehrsgerichtstage beschäftigten sich mit diesem Thema, es erschienen bis zum heutigen Tage hierzu zahlreiche Veröffentlichungen, und es gab von Seiten der Praxis diverse Vorschläge für eine Umgestaltung der strafrechtlichen Fahrerlaubnisentziehung und des strafrechtlichen Fahrverbots.

In jüngster Zeit hat die Frage nach einer sachgerechten Ausgestaltung dieser beiden Sanktionen wieder zunehmend an Bedeutung gewonnen. Da das strafrechtliche Sanktionensystem unter den veränderten gesellschaftlichen, technischen und kriminalpolitischen Gegebenheiten mit seinen zwei alternativen Hauptsanktionen Geld- und Freiheitsstrafe vielfach als zu beschränkt empfunden wird, hat es diverse Reformvorschläge hinsichtlich der Einführung neuer Sanktionsmöglichkeiten gegeben, die unter anderem auch eine Umgestaltung der Institute Fahrerlaubnisentzug und Fahrverbot in alternative Hauptstrafen betrafen. Auch die gegenwärtige Bundesregierung hat verschiedentlich erwogen, im Rahmen der von ihr geplanten umfassenden Justizreform die Fahrerlaubnisentziehung und das Fahrverbot als alternative Haupstrafen zu Geld- oder Freiheitsstrafe einzuführen, und zwar nicht nur für Straftaten, die die Straßenverkehrssicherheit beeinträchtigt haben, sondern auch als Reaktionen auf allgemeine Kriminalität.

Ziel dieser Arbeit ist es – unter Aufgreifung der bisherigen Diskussion – die Reformbedürftigkeit der strafrechtlichen Fahrerlaubnisentziehung und des strafrechtlichen Fahrverbots zu untersuchen.

Da sich die Reformbedürftigkeit strafrechtlicher Sanktionen nur über eine auf das gesamte strafrechtliche Sanktionensystem beziehbare Sanktionsbegründung beantworten läßt, ist im Rahmen dieser Untersuchung zu klären, inwieweit die Belange der Straßenverkehrssicherheit oder sonstige Gründe die Verhängung einer Fahrerlaubnisentziehung oder eines Fahrverbots rechtfertigen können.

Um die Kritik an der derzeitigen Rechtslage verstehen und die darauf aufbauenden Reformvorschläge bewerten zu können, ist es jedoch zunächst notwendig, sich einen Überblick über die historische Entwicklung des strafrechtlichen Fahrerlaubnisentzugs und des strafrechtlichen Fahrverbots zu verschaffen und sich die derzeitige Regelung dieser beiden verkehrsausschließenden Sanktionen zu vergegenwärtigen.

A. Historische Entwicklung und gegenwärtiger Zustand

I. Historische Entwicklung der strafrechtlichen Entziehung der Fahrerlaubnis und des strafrechtlichen Fahrverbots

Mit der Einführung der Kraftfahrzeuge am Ende des 19. Jahrhunderts entstand das Problem, die Allgemeinheit vor Gefahren im Straßenverkehr zu schützen. Nachdem seit dem Jahre 1901 in landesrechtlichen Polizeiverordnungen geregelt worden war, daß Kraftfahrzeuge ausschließlich einem zuverlässigen und mit der Bedienung vertrauten Führer überlassen werden dürften, erließ der Bundesrat im Jahre 1906 „Grundzüge betreffend den Verkehr mit Kraftfahrzeugen", wobei es sich allerdings zunächst mangels Rechtskompetenz nur um bloße Empfehlungen handelte.[1] In diesen „Grundzügen", die sodann von den verbündeten Regierungen im Gesetzes- und Verordnungwege ab 1.10.1906 eingeführt wurden, war unter anderem geregelt, daß „ungeeigneten Personen" das Führen von Kraftfahrzeugen untersagt werden konnte, falls diese „die mit dem Führen von Kraftfahrzeugen obliegenden Verpflichtungen" verletzt hatten.[2]

Im Jahre 1908 wurden die Grundzüge sodann in einen Gesetzesentwurf übernommen, der dann 1909 als „Gesetz über den Verkehr mit Kraftfahrzeugen (KfG)" verabschiedet wurde. Nach § 2 dieses Gesetzes wurde der Erwerb der Fahrerlaubnis ausdrücklich von einer Führerscheinprüfung abhängig gemacht.[3] In § 4 KfG wurde des weiteren geregelt, daß die einmal erteilte Fahrerlaubnis von der Verwaltungsbehörde zu entziehen sei, wenn sich ein Fahrzeugführer nachträglich als ungeeignet erwiesen habe.[4]

Aufgrund dieser Regelung konnte der Strafrichter bei Begehung von Verkehrsstraftaten lediglich über die Festsetzung der Strafe urteilen.[5] Ihm auch die Entscheidung über die Fahrerlaubnisentziehung zu übertragen, hielt man damals für verfehlt, weil er nur tätig werden könne, wenn eine Verkehrsstraftat vorläge, man aber die Fahrerlaubnisentziehung zum Schutze der Allgemeinheit auch für Kraftfahrer benötige, die keine Verkehrsstraftat begangen hätten, sich aber dennoch als ungeeignet zum Führen von Kraftfahrzeugen erwiesen. „Dem Bedürfnisse der Sicherung des Verkehrs gegen ungeeignete Elemente würde damit nicht genügt, denn die Gründe, die eine Entziehung der Fahrerlaubnis notwendig

---

[1] Kulemeier, Fahrverbot (§ 44 StGB) und Entzug der Fahrerlaubnis (§§ 69 ff. StGB), S. 62.
[2] Ebenda.
[3] Ebenda.
[4] Schultz BA 1982, S. 317; Beine BA 1978, S. 262; Schultz BA 1980, S.4.
[5] Beine BA 1978, S. 262; Schultz BA 1980, S. 4; Schultz BA 1982, S. 317.

machen, können sehr verschiedenartig sein und setzen keineswegs immer eine strafbare Zuwiderhandlung gegen die Verkehrsvorschriften voraus."[6]

Eine Zuständigkeit sowohl der Verwaltungsbehörde als auch des Strafgerichtes wurde damals aus verschiedenen Gründen abgelehnt. Allerdings war die Zuständigkeit für die Entziehung der Fahrerlaubnis bereits zu der Zeit sehr umstritten.[7]

In den Jahren 1933 und 1939 erfolgten dann Gesetzesänderungen, die die Fahrerlaubnisentziehung auf Zeit aufgaben und festlegten, daß bei einem Vorgehen der Verwaltungsbehörde nach § 4 KfG ein Neuerwerb der Fahrerlaubnis notwendig werde, weil diese durch den Entzug seitens der Verwaltungsbehörde erloschen sei.[8]

Die Vermehrung der Kraftfahrzeuge nach dem Zweiten Weltkrieg und die daraus resultierende steigende Anzahl von Verkehrsunfällen[9] führte dann zu erneuten Überlegungen, wie die Allgemeinheit besser gegen die Gefahren des Straßenverkehrs geschützt werden könne.[10]

Angeregt durch die Praxis der alliierten Besatzungsgerichte, die deutschen Kraftfahrern bei Verkehrsstraftaten auch die Fahrerlaubnis entzogen hatten, begann wiederum eine Diskussion über die Frage, ob die Zuständigkeit für die Entziehung der Fahrerlaubnis bei der Verwaltungsbehörde belassen werden solle, oder ob man diese nicht besser dem Strafrichter überlasse.[11]

Im Ergebnis führte diese Debatte dazu, daß der Gesetzgeber im 1. StVerkSichG vom 19. 12. 1952[12] die Alleinzuständigkeit der Verwaltung beseitigte und dem Strafrichter die Befugnis zusprach, bei einem ungeeigneten Kraftfahrer, der bei oder im Zusammenhang mit dem Führen eines Kraftfahrzeuges oder unter Verletzung der dem Führer eines Kraftfahrzeuges obliegenden Pflichten eine mit Strafe bedrohte Handlung begangen hat, neben der Strafe zugleich auch die Entziehung der Fahrerlaubnis, verbunden mit einer an die Verwaltung gerichteten

---

[6] Vgl. Verh. d. RT. 1907/09, Bd. 248 Nr. 988, 5602.

[7] Vgl. Verh. d. RT. 1907/09 Bd. 253, Nr. 1250, 7596.

[8] Kulemeier, Fahrverbot (§ 44 StGB) und Entzug der Fahrerlaubnis (§§ 69 ff. StGB), S. 63: Zur Gesetzesänderung 1933 siehe RGBl I, 1058; zur Gesetzesänderung 1939 siehe RGBl, I 2223.

[9] Schultz BA 1980, S. 4 und Kulemeier, Fahrverbot (§ 44 StGB) und Entzug der Fahrerlaubnis (§§ 69 ff. StGB) S. 63 Text und Fußn. 37.

[10] Schultz BA 1980, S. 4.

[11] Kulemeier, Fahrverbot (§ 44 StGB) und Entzug der Fahrerlaubnis (§§ 69 ff. StGB), S. 63.

[12] BGBl I, 832.

Sperrfrist für den Neuerwerb der Fahrerlaubnis auszusprechen.[13] In der amtlichen Begründung wird hierzu ausgeführt, die Beschränkung der Zuständigkeit für die Entziehung der Fahrerlaubnis auf die Verwaltungsbehörde habe sich „als Hemmnis für eine sachgemäße strafgerichtliche Bekämpfung von Verkehrszuwiderhandlungen erwiesen“; der Richter könne die Strafe für eine Verkehrsstraftat nur dann gerecht bemessen, wenn auch die Entscheidung über die Entziehung der Fahrerlaubnis in seiner Hand liege.[14] Außerdem sei am bisherigen Rechtszustand zu kritisieren, daß im Verwaltungsrecht Zweckmäßigkeitserwägungen eine größere Bedeutung hätten als bei unabhängigen Gerichten.[15] Zudem sprächen auch prozeßökonomische Erwägungen dafür, die Feststellungen des Strafverfahrens über die Persönlichkeit des Beschuldigten und die Umstände der Tat für die Entscheidung über die Entziehung der Fahrerlaubnis nutzbar zu machen und über sie gleichfalls den Strafrichter entscheiden zu lassen.[16]

Der Regierungsentwurf zu diesem 1. StVerkSichG war allerdings nicht unumstritten gewesen.[17] Der Bundesrat hatte sich gegen die vorgeschlagenen Neubestimmungen gewandt, weil er bei einer Doppelkompetenz von Strafgericht und Verwaltungsbehörde Schwierigkeiten befürchtete,[18] und dafür plädiert, daß die Verwaltungsbehörde weiterhin ausschließlich für die Entziehung der Fahrerlaubnis zuständig bleiben sollte.[19] Er konnte sich jedoch nicht durchsetzen, weil die Ausschüsse des Bundestages die Vorschläge der Bundesregierung befürworteten.[20]

Der strafrichterliche Entzug der Fahrerlaubnis wurde durch das 1. StVerkSichG vom 19.12.1952 als Maßregel der Sicherung und Besserung in § 42 m StGB aufgenommen.[21] In der amtlichen Begründung zu Art. 2 Nr. 1, 2 dieses Gesetzes wird zu dieser Rechtsfolge ausgeführt: „Die Entziehung der Fahrerlaubnis in der

---

[13] Schultz BA 1982, S. 317; Geppert ZRP 1981, S. 85. Geppert in LK, 11. Aufl., § 69 (Entstehungsgeschichte).

[14] BT-Drucksache I/2674, 8; Kulemeier, Fahrverbot (§ 44 StGB) und Entzug der Fahrerlaubnis (§§ 69 ff. StGB), S. 63.

[15] BT-Drucksache I/2674; Kulemeier, Fahrverbot (§ 44 StGB) und Entzug der Fahrerlaubnis (§§ 69 ff. StGB), S. 64.

[16] BGBl I, 832; Beine BA 1978, S. 262.

[17] Kulemeier, Fahrverbot (§ 44 StGB) und Entzug der Fahrerlaubnis (§§ 69 ff. StGB), S. 63, Fußn. 38.

[18] Janiszewski GA 1981, S. 387.

[19] BT-Drucksache I/2674, 21; Beine BA 1978, S. 262.

[20] Vgl. Protokolle Nr. 98 und 99 des Bundestagsausschusses für Verkehrswesen vom 13. und 15.2.1952 sowie dessen schriftl. Bericht vom 22.10.1952 in BT-Drucksache I/3774, 4 und Protokoll Nr. 193 des Bundestagsausschusses für Rechtswesen und Verfassungsrecht vom 25.6.1952; Kulemeier, Fahrverbot (§ 44 StGB) und Entzug der Fahrerlaubnis (§§ 69 ff. StGB), S. 63, Fußn. 38.

[21] v. Weber JZ 1960, S. 52; Geppert in LK, 11. Aufl., § 69 (Entstehungsgeschichte).

Hand des Strafrichters ist nicht eine Nebenstrafe, sondern eine neue Maßregel der Sicherung und Besserung."[22] Die Frage der Rechtsnatur der Entziehung der Fahrerlaubnis stand allerdings bei Erlaß des 1. StVerkSichG nicht im Vordergrund.[23] Dennoch wurde schon damals in der Literatur gefordert, den Fahrerlaubnisentzug als Nebenstrafe einzuführen.[24] Außerdem hielt man es in den Beratungen zum Gesetzesentwurf deshalb für bedenklich, die Fahrerlaubnisentziehung als Maßregel der Sicherung und Besserung einzuordnen, weil ungeeignete Kraftfahrer von der Rechtsfolge her dann ähnlich behandelt werden würden wie Schwerverbrecher (Maßregel der Sicherungsverwahrung), Geisteskranke (Maßregel der Unterbringung in einer Heil- und Pflegeanstalt) und Großschieber (Maßregel des Berufsverbots).[25]

Neben den Voraussetzungen für die Entziehung der Fahrerlaubnis wurde in § 42 m StGB auch die Festsetzung der Sperrfrist für den Neuerwerb einer Fahrerlaubnis und die Behandlung ausländischer Fahrausweise geregelt.[26] Außerdem wurde durch das 1. StVerkSichG vom 19.12.1952 § 111 a StPO eingeführt, der es dem Strafrichter ermöglichte, die Fahrerlaubnis vorläufig zu entziehen, wenn dringende Gründe die Annahme eines endgültigen Entzuges rechtfertigten und diese Maßnahme zum Schutze der Allgemeinheit notwendig war.[27] Des weiteren erhielt auch § 4 des im Jahre 1909 verabschiedeten Gesetzes über den Verkehr mit Kraftfahrzeugen (KfG) zwei weitere Absätze, in denen das Verhältnis der verwaltungsbehördlichen Entziehung zum strafrechtlichen Entzug geregelt wurde.[28]

Das 1. Straßenverkehrssicherungsgesetz vom 19.12.1952 trat am 19.1.1953 in Kraft.

Im Rahmen der vom Bundesministerium der Justiz bereits 1952 begonnenen Arbeit an einer Gesamtreform des Strafrechts[29] gab der damalige Bundesminister der Justiz 1954 der „Großen Strafrechtskommission" den Auftrag, den Entwurf eines neuen Strafgesetzbuchs vorzubereiten.[30] Im Laufe der Beratungen der „Großen Strafrechtskommission", die zwischen 1954 und 1959 tagte, ist unter

---

[22] Arndt/Guelde, Gesetz zur Sicherung des Straßenverkehrs (vom 19.12.1952), S. 64.
[23] Kulemeier, Fahrverbot (§ 44 StGB) und Entzug der Fahrerlaubnis (§§ 69 ff. StGB), S. 64, Fußn. 41.
[24] Arndt RdK 1950, S. 20f. und DAR 1951, 152 ff.
[25] Lackner MDR 1953, S. 73. Kulemeier, Fahrverbot (§ 44 StGB) und Entzug der Fahrerlaubnis (§§ 69 ff. StGB), S. 64.
[26] Geppert in LK, 11. Aufl., § 69 (Entstehungsgeschichte).
[27] Kulemeier, Fahrverbot (§ 44 StGB) und Entzug der Fahrerlaubnis (§§ 69 ff. StGB), S. 64.
[28] Ebenda.
[29] Ebenda.
[30] Lackner JZ 1965, S. 93.

anderem auch die Entziehung der Fahrerlaubnis eingehend erörtert worden.[31] Grund dieser Erörterungen war die Tatsache, daß zwar die strafrechtliche Praxis die durch das 1. StVerkSichG 1952 eingeführte Fahrerlaubnisentziehung in zunehmendem Maße verhängte und damit diese neue Maßnahme akzeptierte, in der damaligen Literatur aber bereits wieder Stimmen laut wurden, die die Rechtsnatur der Entziehung der Fahrerlaubnis kritisierten und vielfach forderten, diese statt als Maßregel als Nebenstrafe auszugestalten.[32]

Außerdem wurde teilweise die durch das 1. StVerkSichG 1952 eingeführte strafrichterliche Zuständigkeit zur Fahrerlaubnisentziehung kritisiert[33] und der Justiz insbesondere seitens der Verkehrsverwaltungen Versagen wegen „zu großer Milde" vorgeworfen.[34]

Die „Große Strafrechtskommission" kam jedoch in ihren Beratungen in Übereinstimmung mit den Strafrechtsausschüssen des Deutschen Richterbundes[35] und der Bundesrechtsanwaltskammer[36] zu dem Ergebnis, daß die Entziehung der Fahrerlaubnis richtigerweise als Maßregel der Sicherung und Besserung in das StGB eingeführt worden sei. Bockelmann vertrat die Auffassung, daß der Fahrerlaubnisentzug „nicht als Strafe gestaltet werden kann, da sonst die Verwaltungsbehörde sie überhaupt nicht mehr anwenden dürfte"[37] und Lackner, der damalige zuständige Referent des Bundesministeriums der Justiz, war der Ansicht, es gehe gar nicht darum, den Täter mit dem Fahrerlaubnisentzug für eine begangene Tat zu bestrafen, sondern es käme vielmehr darauf an, ihn aus dem Verkehr auszuschließen, weil er ungeeignet sei. Dieser Grundgedanke vertrage sich aber einfach nicht mit einer Ausgestaltung des Fahrerlaubnisentzuges als Nebenstrafe.[38]

Auch hinsichtlich der 1952 eingeführten Doppelkompetenz von Strafgericht und Verwaltungsbehörde war die „Große Strafrechtskommission" der Auffassung, daß sich diese Regelung bewährt habe und daher beibehalten werden solle.[39]

---

[31] Kulemeier, Fahrverbot (§ 44 StGB) und Entzug der Fahrerlaubnis (§§ 69 ff. StGB), S. 64; Lackner JZ 1965, S. 93.
[32] Janiszewski GA 1981, S. 388.; Schultz BA 1982, S. 317. Kulemeier, Fahrverbot (§ 44 StGB) und Entzug der Fahrerlaubnis (§§ 69 ff. StGB), S. 64.
[33] Booß DAR 1956, S. 261.; Kulemeier, Fahrverbot (§ 44 StGB) und Entzug der Fahrerlaubnis (§§ 69 ff. StGB), S. 64, Fußn.44.
[34] Janiszewski GA 1981, S. 388.
[35] Niederschriften über die Sitzungen der Gr. Strafrechtskommission, Bd. 4, S. 62; Janiszewski GA 1981, S. 388.
[36] Ebenda, S. 66.
[37] Ebenda, S. 75; Janiszewski DAR 1977, S. 313.
[38] Niederschriften über die Sitzungen der Gr. Strafrechtskommission, Bd. 4, S. 67.
[39] Kulemeier, Fahrverbot (§ 44 StGB) und Entzug der Fahrerlaubnis (§§ 69 ff. StGB), S. 64.

Ein kurzfristiges Fahrverbot als Nebenstrafe neben dem Fahrerlaubnisentzug einzuführen, wurde abgelehnt, weil man befürchtete, daß der Richter dadurch verleitet werde, zu oft ein Fahrverbot zu verhängen, um die wirtschaftlichen Belange des Angeklagten berücksichtigen zu können.[40]

Neben diesen Kernpunkten im Bereich der Fahrerlaubnisentziehung (Rechtsnatur, Doppelkompetenz von Verwaltungsbehörde und Strafgericht und Einführung eines kurzfristigen Fahrverbots neben dem Fahrerlaubnisentzug) wurden in der „Großen Strafrechtskommission" noch der obligatorische Fahrerlaubnisentzug als Folge bestimmter Delikte, der Teilentzug der Fahrerlaubnis, die Höhe der Mindestsperrfrist und die Beschränkung der Anlaßtaten auf Verkehrsdelikte diskutiert.[41]

Die „Große Strafrechtskommission" legte sodann nach Abschluß ihrer Beratungen im Jahre 1959 den Entwurf eines Strafgesetzbuches vor.[42] Darauf aufbauend, entstand der Entwurf eines Strafgesetzbuches (E 60),[43] den die Bundesregierung im September 1960 beschloß und den gesetzgebenden Körperschaften zuleitete.[44] In diesen Entwurf eines Strafgesetzbuches (E 60) haben die Vorschläge der „Großen Strafrechtskommisssion" zwar zum großen Teil Eingang gefunden, es erfolgten aber auch Abweichungen von diesen Vorschlägen.[45]

Festgehalten wurde in diesem Entwurf, wie von der „Großen Strafrechtskommission" gefordert, an der Rechtsnatur der Entziehung der Fahrerlaubnis als Maßregel der Sicherung und Besserung.[46] Allerdings sollte der Fahrerlaubnisentzug nach diesem Entwurf nun in zwei Vorschriften geregelt werden, wobei in der einen die Voraussetzungen des - unter Umständen beschränkten - Entzuges deutscher und ausländischer Fahrerlaubnisse sowie die obligatorische Fahrerlaubnisentziehung bei bestimmten Delikten (sog. Regelkatalog) normiert wurden und in der anderen die Sperrfrist für einen Neuerwerb der Fahrerlaubnis, die auch als sogenannte „isolierte Sperre" verhängt werden konnte, d.h. auch für

---

[40] Niederschriften über die Sitzungen der Gr. Strafrechtskommission, Bd. 4, S. 67; Lackner DAR 1958, S. 288; Kulemeier, Fahrverbot (§ 44 StGB) und Entzug der Fahrerlaubnis (§§ 69 ff. StGB), S. 64-65.

[41] Niederschriften über die Sitzungen der Gr. Strafrechtskommission, Bd. 4, S. 61ff, 111ff, 235 ff; Bd

[42] Lackner JZ 1965, S. 93.

[43] BT-Drucksache III/2150.

[44] Lackner JZ 1965, S. 93.

[45] Ebenda und Kulemeier, Fahrverbot (§ 44 StGB) und Entzug der Fahrerlaubnis (§§ 69 ff. StGB), S. 65.

[46] Janiszewski DAR 1977, S. 313; ders. GA 1981, S. 388; Kulemeier, Fahrverbot (§ 44 StGB) und Entzug der Fahrerlaubnis (§§ 69 ff. StGB), S. 65.

Täter, die überhaupt keine Fahrerlaubnis besaßen.[47] Abweichend von den Vorschlägen der „Großen Strafrechtskommission" wurde durch Beschlüsse der Länderkommission zur Strafrechtsreform in diesem Entwurf eines Strafgesetzbuches (E 60) jedoch neben der Fahrerlaubnisentziehung ein kurzfristiges richterliches Fahrverbot von einem bis zu drei Monaten als Nebenstrafe vorgesehen.[48]

Die Befürchtung der „Großen Strafrechtskommission", der Richter würde diese Nebenstrafe wegen der Möglichkeit, die wirtschaftlichen Belange des Täters berücksichtigen zu können, zu oft (anstelle des Fahrerlaubnisentzuges) verhängen, meinte der Entwurf eines StGB (E 60) dadurch verhindern zu können, daß die Verhängung der Fahrerlaubnisentziehung bei bestimmten Delikten obligatorisch sei (sog. Regelkatalog), und daß für die Fahrerlaubnisentziehung und das Fahrverbot ganz andere Ausschlußfristen für das Verbot, am Straßenverkehr teilzunehmen, bestimmt wurden.[49]

Nach Beschluß und Zuleitung dieses Entwurfes eines Strafgesetzbuches (E 60) an die gesetzgebenden Körperschaften im September 1960 glaubte die Bundesregierung, es jedoch aus verkehrs- und kriminalpolitischen Gründen bezüglich der straßenverkehrsrechtlichen Vorschriften, die in den §§ 81 Nr. 7, 99 und 100 geregelt waren,[50] nicht verantworten zu können, das Inkrafttreten des neuen StGB abzuwarten.[51] Daher beschloß sie im November 1960 den Entwurf eines zweiten Gesetzes zur Sicherung des Straßenverkehrs, dessen „Kern aus den materiell-rechtlichen Vorschriften des E 1960 über das Verkehrsstrafrecht" bestand.[52] Dieser Entwurf konnte jedoch wegen Unstimmigkeiten im Bundestag nicht mehr innerhalb der während der damaligen Legislaturperiode zur Verfügung stehenden Zeit als Gesetz verabschiedet werden, so daß er nach geringfügigen Änderungen und Ergänzungen im Juni 1962 erneut beschlossen und in den Bundestag eingebracht werden mußte.[53]

Erst im Februar 1964 kam es dann zur Beratung dieses Entwurfes eines zweiten Gesetzes zur Sicherung des Straßenverkehrs in den Ausschüssen des Bundesta-

---

47 Kulemeier, Fahrverbot (§ 44 StGB) und Entzug der Fahrerlaubnis (§§ 69 ff. StGB), S. 65.
48 Ebenda.
49 BT-Drucksache III/2150, 168; Kulemeier, Fahrverbot (§ 44 StGB) und Entzug der Fahrerlaubnis (§§ 69 ff. StGB) S. 65.
50 Janiszewski GA 1981, S. 388, Fußn 15.
51 Kulemeier, Fahrverbot (§ 44 StGB) und Entzug der Fahrerlaubnis (§§ 69 ff. StGB), S. 65; Lackner JZ 1965, S. 93.
52 Lackner JZ 1965, S. 93.
53 BT-Drucksache IV/651; Lackner JZ 1965, S. 93; Kulemeier, Fahrverbot (§ 44 StGB) und Entzug der Fahrerlaubnis (§§ 69 ff. StGB), S. 65.

ges.[54] Dieser Entwurf wurde sodann am 12.6.1964 vom Plenum des Bundestages einstimmig angenommen,[55] jedoch aus Gründen des Widerstandes im Bundesrat,[56] der sich genau wie bei dem Regierungsentwurf zum 1. StVerkSichG gegen die Doppelkompetenz von Verwaltungsbehörde und Strafgericht bei der Entziehung wendete und diesen durch das 1. StVerkSichG 1952 eingeführten Dualismus nunmehr beseitigen wollte,[57] erst am 26.11.1964 als Gesetz verabschiedet.[58]

In diesem 2. StVerkSichG 1964 wurde die Entziehung der Fahrerlaubnis, wie von der „Großen Strafrechtskommission" vorgeschlagen und von dem Entwurf eines Strafgesetzbuches (E 60) auch übernommen, als Maßregel der Sicherung und Besserung beibehalten.[59] Zudem wurden die Möglichkeiten der Verhängung der Fahrerlaubnisentziehung im Strafverfahren im Verhältnis zur bisherigen Rechtslage systematisch weiter ausgebaut.[60] Die Regelung über die Entziehung der Fahrerlaubnis verteilte sich nunmehr auf drei Vorschriften, nämlich auf die §§ 42 m, 42 n und 42 o StGB. Änderungen zur bisherigen Rechtslage enthielten insbesondere die §§ 42 m II und 42 n I 2 StGB.

In § 42 m II StGB wurde der Vorschlag des E 60, einen sogenannten Regelkatalog für die Fahrerlaubnisentziehung einzuführen, verwirklicht.[61] Nach dieser Bestimmung war einem Kraftfahrzeugführer die Fahrerlaubnis in der Regel zu entziehen, wenn er eine Gefährdung des Straßenverkehrs nach § 315 c StGB, eine Trunkenheitsfahrt nach § 316 StGB, einen schweren Fall der Unfallflucht oder eine auf diese drei Delikte bezogene Vollrauschtat nach § 323 a StGB begangen hatte.[62] Durch diese Regelung wurde das Ermessen des Strafrichters eingeschränkt.[63] Das Vorliegen eines der in § 42 m II StGB genannten Delikte befreite ihn nämlich von der sonst erforderlichen Abwägung der für oder gegen die Eignung des Täters sprechenden Umstände, da die Nichteignung durch die Erfüllung eines der in § 42 m II StGB genannten Delikte indiziert war.[64] Als Begründung für diese sich aus § 42 m II StGB ergebende Ermessenseinschränkung wurde angeführt, die Begehung der in § 42 m II StGB genannten Straftaten „offenbare einen solchen Grad des Versagens oder der Verantwortungslosigkeit des

[54] Lackner JZ 1965, S. 93.
[55] Lackner JZ 1965, S. 93; Niederschrift über die 131. Sitzung des Bundestages, S. 6396.
[56] Dieser rief am 26.6.1964 den Vermittlungsausschuß an (Lackner JZ 1965, S. 93).
[57] Beine BA 1978, S, 263
[58] Janiszewski GA 1981, S. 389.
[59] Janiszewski DAR 1977, S. 313; Schultz BA 1989, S. 5.
[60] Janiszeswki DAR 1977, S. 313; ders. GA 1981, S. 313.
[61] Geppert ZRP 1981, S. 85; Geppert in LK, 11. Aufl., § 69 (Entstehungsgeschichte) Fußn.3.
[62] Janiszewski GA 1981, S. 389.
[63] Schultz BA 1980, S. 5.
[64] Janiszewski GA 1981, S. 389; Schultz BA 1980, S. 5.

Täters, daß damit zugleich auch dessen Eignungsmangel feststehe".[65] Der Strafrichter hatte in diesem Falle lediglich zu prüfen, ob besondere Gründe vorlägen, die dafür sprächen, den Täter ausnahmsweise dennoch als geeignet zum Führen von Kraftfahrzeugen anzusehen.[66] Ein derartiger Ausnahmefall sollte nach der Intention des Gesetzgebers dann angenommen werden können, wenn besondere Umstände gegeben waren, die den schweren Verstoß in einem milden Licht erscheinen ließen oder die nach der Tat die Eignung günstig beeinflußt hätten.[67]

Mit Einführung des Regelkatalogs in § 42 m II StGB durch das 2. StVerkSichG 1964, der auch der Vereinfachung und Vereinheitlichung der Rechtsprechung dienen sollte,[68] folgte der Gesetzgeber der schon vor Erlaß dieses Gesetzes in der Rechtsprechung bestehenden Tendenz, bei den nun in § 42 m II StGB aufgeführten Delikten „in der Regel" die Fahrerlaubnis zu entziehen.[69] Auch mit der weiteren beachtenswerten Änderung, die in Übernahme des Vorschlages des E 60 durch das 2. StVerkSichG 1964 im Verhältnis zur bisherigen Rechtslage eintrat, nämlich der in § 42 n I 2 StGB eingeführten sogenannten „isolierten Sperrfrist",[70] d.h. der Möglichkeit, eine Sperrfrist auch für Täter auszusprechen, die gar keine Fahrerlaubnis besitzen, ist das 2. StVerkSichG 1964 einer Praxis gefolgt, die bereits vor Erlaß dieses Gesetzes bestand.[71]

Neben diesen bedeutsamen Änderungen in der Anwendung der Maßregel Entziehung der Fahrerlaubnis enthielt das 2. StVerkSichG 1964 eine weitere - kriminalpolitisch bedeutsame - Neuerung, nämlich die erstmals vom E 60 geforderte Einführung eines kurzfristigen richterlichen Fahrverbots als Nebenstrafe.[72] § 37 regelte nunmehr, „daß das Gericht einem Täter, der wegen einer strafbaren Handlung, die er bei oder im Zusammenhang mit dem Führen eines Kraftfahrzeuges oder unter Verletzung der Pflichten eines Kraftfahrzeugführers begangen hat, zu einer Geldstrafe verurteilt wird, für die Dauer von einem Monat bis zu drei Monaten verbieten könne, im Straßenverkehr Kraftfahrzeuge jeder oder einer bestimmten Art zu führen". Die Verhängung eines derartigen kurzfristigen Fahrverbots „sollte den Betroffenen als ‚Warn- und Denkzettelmaßnahme' insbesondere unter spezialpräventiven Gesichtspunkten eindringlich darauf hinwei-

[65] BT-Drucksache IV/651; Janiszewski GA 1981, S. 289.
[66] Janiszewski GA 1981, S. 389; Schultz BA 1980, S. 5.
[67] Schultz BA 1980, S. 5.
[68] Amtliche Begründung zu 42 II m StGB: BT-Drucksache IV/651, S. 17-18.
[69] Janiszewski 1977, S. 313.
[70] Geppert in LK, 11. Aufl., § 69 (Entstehungsgeschichte).
[71] Kulemeier, Fahrverbot (§ 44 StGB) und Entzug der Fahrerlaubnis (§§ 69 ff. StGB), S. 65, Fußn. 51.
[72] Cramer NJW 1968, S. 1764; Janiszewski GA 1981, S. 390.

sen, daß er bei weiterem Fehlverhalten u. U. seine Fahrerlaubnis aufs Spiel setzt".[73]

Zur Einführung des Fahrverbots als Nebenstrafe wird in der amtlichen Begründung zum 2. StVerkSichG 1964 ausgeführt: „Der Entwurf hat das Fahrverbot als Nebenstrafe ausgestaltet, weil bei dieser Rechtsform am ehesten sachgemäße Grundsätze für seine Verhängung und die Bemessung der Verbotsfrist herausgearbeitet werden können. ... Die Rechtsnatur des Fahrverbots als einer Nebenstrafe wird dadurch zweifelsfrei herausgearbeitet, daß es in den Abschnitt ‚Strafen' eingestellt und ausdrücklich nur neben Freiheitsstrafe und Geldstrafe zugelassen wird. Gegenüber Jugendlichen kann es jedoch auch neben Erziehungsmaßregeln und Zuchtmitteln verhängt werden. Das ergibt sich aus § 8 III des Jugendgerichtsgesetzes."[74]

Das 2. Straßenverkehrssicherungsgesetz von 1964 trat sodann am 2.1.1965 in Kraft.

Obwohl die Diskussion um die Rechtsnatur der Fahrerlaubnisentziehung auch nach Inkrafttreten des 2. StVerkSichG 1964 erneut begann,[75] hat der Gesetzgeber seit 1964 an der strafrechtlichen Fahrerlaubnisentziehung und dem strafrechtlichen Fahrverbot nichts Wesentliches mehr geändert.[76] Durch das „Einführungsgesetz zum Gesetz über Ordnungswidrigkeiten (EGOWiG)"[77] verlor das strafrechtliche Fahrverbot im Jahre 1968 etwas an Bedeutung, da durch dieses Gesetz u.a. viele zuvor als Straftaten behandelte Verkehrsverstöße in bloße Ordnungswidrigkeiten umgewandelt wurden und damit nicht mehr mit dem strafrechtlichen Fahrverbot geahndet werden konnten.[78] Um die Täter von Ordnungswidrigkeiten - falls aus Gründen der Verkehrssicherheit geboten - jedoch auch aus dem Verkehr ausschließen zu können, führte das EGOWiG 1968 die Vorschrift des § 25 StVG ein, die die Möglichkeit für die Bußgeldbehörde schuf, bei bestimmten schwerwiegenden Verkehrsordnungswidrigkeiten dem Täter das Führen von Kraftfahrzeugen von einem bis zu drei Monaten zu untersagen.[79]

---

[73] Janiszewski GA 1981, S. 390.

[74] BT-Drucksache IV/651, 12 f. Himmelreich/Hentschel, Bd. I, 8. Aufl., S. 138.

[75] Geppert ZRP 1981, S. 85.

[76] Kulemeier, Fahrverbot (§ 44 StGB) und Entzug der Fahrerlaubnis (§§ 69 ff. StGB), S. 61 und 66.

[77] BGBl I, 503; Kulemeier, Fahrverbot (§ 44 StGB) und Entzug der Fahrerlaubnis (§§ 69 ff. StGB) S. 62, Fußn. 20.

[78] Kulemeier, Fahrverbot (§ 44 StGB) und Entzug der Fahrerlaubnis (§§ 69 ff. StGB), S. 66-67.

[79] Ebenda, S. 61-62 u. 67; Janiszewski GA 1981, S. 390.

Die durch das EGOWiG bewirkte Einbuße für das strafrechtliche Fahrverbot wurde somit durch die Schaffung eines ordnungsbehördlichen Fahrverbots ausgeglichen.

Das 1. StrRG vom 25.6.1969[80] regelte sodann durch einen neuen Satz 2 zu § 42 m I StGB, daß es bei der Maßregel der Fahrerlaubnisentziehung keiner besonderen Prüfung der Verhältnismäßigkeit bedürfe.[81] Im 2. StRG vom 4.7.1969[82] wurden die Fahrerlaubnisentziehung und das Fahrverbot dem Sprachgebrauch des neuen „Allgemeinen Teils" des StGB angepaßt, der am 1.1.1975 in Kraft trat.[83] Der in der Regelung über die Fahrerlaubnisentziehung enthaltene Begriff „einer mit Strafe bedrohten Handlung" wurde in den Begriff „rechtswidrige Tat" und der ebenfalls in dieser Regelung enthaltene Begriff „Zurechnungsfähigkeit" in den Begriff „Schuldunfähigkeit" umgewandelt.[84] Bei dem Fahrverbot wurde der Begriff „strafbare Handlung" durch den Begriff „Straftat" ersetzt.[85] Die Fahrerlaubnisentziehung erhielt die noch heute gültigen Paragraphennummern 69, 69 a und 69 b StGB, wobei § 69 a I StGB durch den Zusatz ergänzt wurde, daß die lebenslange Sperre nur angeordnet werden dürfe „wenn zu erwarten ist, daß die gesetzliche Höchstfrist zur Abwehr der von dem Täter drohenden Gefahr nicht ausreicht".[86]

Bezüglich des gesamten Maßregelrechts brachte das 2. StrRG eine Änderung in der Reihenfolge der Bezeichnung der Maßregelzwecke, indem diese statt als Maßregeln der Sicherung und Besserung nunmehr als Maßregeln der Besserung und Sicherung bezeichnet wurden.[87] Das Fahrverbot erhielt durch dieses Gesetz den ebenfalls noch heute gültigen Paragraphen 44 StGB.[88]

Durch das Gesetz zur Änderung des Straßenverkehrsgesetzes aus dem Jahre 1973[89] wurde ein Regelfahrverbot für den Fall eingeführt, daß ein Fahrerlaubnisentzug bei einer Verurteilung nach § 315 c I Nr. 1a, III oder § 316 StGB unter-

---

80 BGBl I, 645.

81 Geppert in LK, 11. Aufl., Kulemeier, Fahrverbot (§ 44 StGB) und Entzug der Fahrerlaubnis (§§ 69 ff. StGB), S. 66.

82 BGBl I ,717.

83 Kulemeier, Fahrverbot (§ 44 StGB) und Entzug der Fahrerlaubnis (§§ 69 ff. StGB), S. 66; Geppert in LK, 11. Aufl., § 69 (Entstehungsgeschichte).

84 Kulemeier, Fahrverbot (§ 44 StGB) und Entzug der Fahrerlaubnis (§§ 69 ff. StGB), S. 66, Fußn. 59.

85 Ebenda, S. 66, Fußn. 61.

86 Geppert in LK, 11. Aufl., § 69 (Entstehungsgeschichte); Kulemeier, Fahrverbot (§ 44 StGB) und Entzug der Fahrerlaubnis (§§ 69 ff. StGB), S. 66, Fußn. 60.

87 Kürschner ZRP 1986, S. 306

88 Kulemeier, Fahrverbot (§ 44 StGB) und Entzug der Fahrerlaubnis (§§ 69 ff. StGB), S. 66.

89 BGBl I, 870.

bleibt,[90] welches als § 37 I 2 StGB verabschiedet, sodann durch das EGStGB 1974[91] zu § 44 I 2 StGB wurde.[92]

In späteren Gesetzesnovellen wurden die Vorschriften über die Entziehung der Fahrerlaubnis an geänderte andere Bestimmungen angeglichen.[93] Das EGStGB 1974 ersetzte in § 69 II Nr.3 die „Verkehrsflucht“ durch „Verkehrsunfallflucht“, das 13. StÄG 1975[94] wählte schließlich die noch heute gültige Formulierung „des unerlaubten Entfernens vom Unfallort, das 18. StÄG 1980[95] machte aus § 330 a in § 69 II Nr. 4 den § 323 a.[96]

Durch das 32. StÄG 1995[97] wurde zur Beseitigung einer nach internationalem Recht nicht gebotenen Privilegierung von ausländischen Kraftfahrzeugführern § 44 II alte Fassung StGB aufgehoben und § 69 b I StGB neugefaßt.[98] Während vor Inkrafttreten dieses Gesetzes ein Fahrverbot und die Entziehung der Fahrerlaubnis gegenüber ausländischen Kraftfahrzeugführern nur zulässig waren, wenn die Tat gegen Straßenverkehrsvorschriften verstieß, können nunmehr auch Nichtverkehrsdelikte Grundlage für die Verhängung eines Fahrverbots oder einer Fahrerlaubnisentziehung gegenüber ausländischen Kraftfahrzeugführern sein, wodurch ein wirksameres Vorgehen gegen länderübergreifende Kriminaltität ermöglicht wird.[99]

Erneute Änderungen erfolgten durch das StVGÄndG 1998, das der Umsetzung der Zweiten EG-Führerscheinrichtlinie[100] in nationales Recht dient.[101] Beim Fahrverbot wurden die bisherigen Absätze 3 und 4 mit Änderungen zu den Ab-

---

[90] Kulemeier, Fahrverbot (§ 44 StGB) und Entzug der Fahrerlaubnis (§§ 69 ff. StGB), S. 66.
[91] BGBl I, 469.
[92] Kulemeier, Fahrverbot (§ 44 StGB) und Entzug der Fahrerlaubnis (§§ 69 ff. StGB), S. 66, Fußn. 63.
[93] Geppert in LK, 11. Aufl., § 69 (Entstehungsgeschichte); Kulemeier, Fahrverbot (§ 44 StGB) und Entzug der Fahrerlaubnis (§§ 69 ff. StGB), S. 66.
[94] BGBl I, 1349.
[95] BGBl I, 373.
[96] Kulemeier, Fahrverbot (§ 44 StGB) und Entzug der Fahrerlaubnis (§§ 69 ff. StGB), S. 66, Fußn. 64.
[97] BGBl I, 747.
[98] Tröndle/Fischer, 49. Aufl., § 44 Rdn 1 u. 69 b Rdn 1; Lackner/Kühl, 23. Aufl., Rdn 13 vor § 1.
[99] Lackner/Kühl, 23. Aufl., Vorbemerkung zu § 69 b.
[100] Richtlinie 91/439/EWG des Rates vom 29.7.1991 über den Führerschein (Abl EG Nr. L 237 S. 1)
[101] Tröndle/Fischer, 49. Aufl., § 44 Rdn 1a; Lackner/Kühl, 23. Aufl., Vorbemerkung zu § 69 b.

sätzen 2 und 3.[102] Bezüglich der Fahrerlaubnisentziehung erfolgten Änderungen des § 69 III 2 und des § 69 a VII StGB, und § 69 b StGB wurde neu gefaßt.[103]

II. Gegenwärtige Regelung der strafrechtlichen Fahrerlaubnisentziehung und des strafrechtlichen Fahrverbots

1. Die strafrechtliche Fahrerlaubnisentziehung

a. Der Maßregelcharakter der Entziehung der Fahrerlaubnis

Die gesetzliche Einordnung der in den §§ 69-69 b StGB geregelten Fahrerlaubnisentziehung als Maßregel der Besserung und Sicherung (vgl. § 61 Nr. 5 StGB) bezweckt, Kraftfahrer, die durch eine rechtswidrige Tat ihre mangelnde Eignung zum Führen von Kraftfahrzeugen bewiesen haben, für die Dauer ihrer Ungeeignetheit vom Straßenverkehr auszuschalten.[104] In erster Linie soll diese Maßregel dem Schutze der Allgemeinheit dienen.[105] Bei sogenannter charakterlicher Ungeeignetheit hat die Fahrerlaubnisentziehung darüber hinaus den Zweck, den Täter durch ihre unangenehme Wirkung zu bessern.[106] Eine derartige Besserung darf jedoch nicht eigenständig, sondern nur als Mittel zur Sicherung der Allgemeinheit angestrebt werden.[107] Es ist nämlich mit dem Sinn der Maßregel nicht zu vereinbaren, einen Täter, der keine Gefahr für die Allgemeinheit mehr darstellt, noch weiter bessern zu wollen.[108] Der Maßregelcharakter der Entziehung der Fahrerlaubnis bedeutet für ihre Verhängung und Dauer folgendes: Maßgeblicher Gesichtspunkt darf allein die Ungeeignetheit des Täters zum Führen von Kraftfahrzeugen sein,[109] d.h. außer Betracht zu bleiben haben die Schwere des Unrechts, das Maß individueller Schuld, Sühneerwägungen, generalpräventive Aspekte sowie die Berücksichtigung persönlicher und wirtschaftlicher Folgen für den Täter.[110] Allerdings können die Größe des Unrechts und die Schwere der Schuld Kriterien für den Eignungsmangel bilden.[111] Für die Bemessung der da-

[102] Tröndle/Fischer, 49. Aufl., § 44 Rdn 1a; Lackner/Kühl, 23. Aufl., § 44 vor Rdn 1.
[103] Tröndle/Fischer, 49. Aufl., § 44 Rdn 1a.
[104] Himmelreich/Hentschel, Bd. I, 8. Aufl, Rdn 2.
[105] Himmelreich/Hentschel, Bd. I, 8. Aufl., Rdn 2; Geppert in LK, 11. Aufl., § 69 Rdn 2.
[106] Himmelreich/Hentschel, Bd. I, 8. Aufl., Rdn 3; Geppert in LK, 11. Aufl., § 69 Rdn 2.
[107] Ebenda.
[108] Ebenda.
[109] Geppert in LK, 11. Aufl., § 69 Rdn 3; Oberpottkamp, S. 8.
[110] Geppert in LK, 11. Aufl., § 69 Rdn 3; Kulemeier, Fahrverbot (§ 44 StGB) und Entzug der Fahrerlaubnis (§§ 69 ff. StGB), S. 139; Lackner/Kühl, 23. Aufl., § 69 Rdn 6.
[111] Geppert LK, 11. Aufl., § 69 Rdn 2; Lackner/Kühl, 23. Aufl., § 69 a Rdn 2; BGH, Beschluß vom 20.11.1990 zur Dauer der Sperrfrist (StGB § 69 a I 2), NStZ 1991, 183; Dencker StV 1988, 454; Mollenkott DAR 1992, 316.

neben verhängten Strafe hat die Maßregel nach herrschender Ansicht in Literatur und Rechtsprechung insoweit Bedeutung, als daß sie diese von ihrer spezialpräventiven und sichernden Funktion entlasten kann.[112]

b. Voraussetzungen der Fahrerlaubnisentziehung

Die Voraussetzungen der Fahrerlaubnisentziehung sind in § 69 I 1 StGB geregelt.

Es ist eine rechtswidrige Tat erforderlich, d.h. ein Verhalten, das den Tatbestand eines Strafgesetzes verwirklicht (§ 11 Nr. 5 StGB) und hinsichtlich dessen sich der Täter nicht auf einen Rechtfertigungsgrund berufen kann.[113]

Die rechtswidrige Tat muß beim Führen eines Kraftfahrzeuges oder im Zusammenhang damit oder unter Verletzung der Pflichten eines Kraftfahrzeugführers begangen worden sein.

Unter einem Kraftfahrzeug ist gemäß § 1 II StVG das durch Maschinenkraft angetriebene, nicht an Gleise gebundene Landfahrzeug zu verstehen.[114]

Der Begriff des Führens, der der gleiche ist wie in den §§ 44, 315 c und 316 StGB sowie in § 21 StVG,[115] verlangt nicht, daß die Motorkraft im Einzelfall auch in Betrieb gesetzt worden ist, um das Fahrzeug zu bewegen.[116] Die Bewegung des Kraftfahrzeugs darf jedoch nicht mit fremder Hilfe (Schieben, Ziehen usw.) erfolgen.[117] Umstritten ist, ob § 69 das Führen des Kraftfahrzeuges im öffentlichen Verkehrsraum erfordert[118] oder ob auch ein Führen auf nichtöffentlichem Gelände[119] eine Entziehung der Fahrerlaubnis rechtfertigen kann.

---

[112] Geppert in LK, 11. Aufl., § 69 Rdn 3; Tröndle/Fischer, 49. Aufl., § 69 Rdn 2; Jagusch/Hentschel, 35. Aufl., § 69 StGB Rdn 1; OLG Hamm DAR 1955, S. 222; OLG Zweibrücken MDR 1970, S. 434; OLG Frankfurt NJW 1971, S. 669; a.A.: Bruns, Strafzumessungsrecht, 3. Aufl., S. 87; Kulemeier, Fahrverbot (§ 44 StGB) und Entzug der Fahrerlaubnis (§§ 69 ff. StGB), S. 278.
[113] Geppert in LK, 11. Aufl., § 69 Rdn 16.
[114] Himmelreich/Hentschel, Bd. I, 8. Aufl., Rdn 13.
[115] Geppert in LK, 11. Aufl., § 69 Rdn 24.
[116] Himmelreich/Hentschel, Bd. I, 8. Aufl., Rdn 15.
[117] Ebenda.
[118] so Schönke/Schröder/Stree, 25. Aufl., § 69 Rdn 12; Kulemeier, Fahrverbot (§ 44 StGB) und Entzug der Fahrerlaubnis (§§ 69 ff. StGB), S. 93.
[119] so Himmelreich/Hentschel, Bd. I, 8. Aufl., Rdn 15; Geppert in LK, 11. Aufl. § 69 Rdn 24..

Die Tat wird bei oder im Zusammenhang mit dem Führen eines Kraftfahrzeuges begangen, wenn zwischen ihr und der Fahrzeugführung ein tatsächlicher Zusammenhang besteht.[120] Wann im Einzelfall ein derartiger Zusammenhang gegeben ist, wird in Rechtsprechung und Literatur nicht einheitlich beurteilt.

Die Rechtsprechung legt den Begriff des Zusammenhanges sehr weit aus, indem sie einen solchen nicht nur annimmt, wenn die Tat die Betriebsgefahr des Fahrzeugs steigert,[121] sondern auch dann, wenn das Fahrzeug als Fortbewegungsmittel zur Vorbereitung,[122] Durchführung,[123] Ermöglichung,[124] Verdeckung[125] oder Ausnutzung[126] der Straftat dient und es darüber hinaus nicht für erforderlich hält, daß der Täter das Fahrzeug eigenhändig gelenkt hat.[127] Ein Zusammenhang mit dem Führen eines Kraftfahrzeuges soll lediglich dann fehlen, wenn das Fahrzeug nur bei Gelegenheit der Tat benutzt wird, ohne daß diese vom Führen oder das Führen von dieser in irgendeiner Weise abhängt[128] oder der Täter, ohne vorher eine entsprechende Absicht verfolgt zu haben, eine durch die vorausgegangene Fahrt geschaffene Lage ausnutzt.[129]

In der Literatur wird teilweise zu Recht eine derartig extensive Auslegung des Begriffes „Zusammenhang mit dem Führen eines Kraftfahrzeuges" kritisiert, weil sie - wie im einzelnen noch näher dargelegt werden wird - im Widerspruch zum Maßregelcharakter der Fahrerlaubnisentziehung steht.

Eine Verletzung der Pflichten eines Kraftfahrzeugführers liegt immer dann vor, wenn nicht die eigentlichen Fahrvorschriften, sondern andere Pflichten des Kraftfahrzeugführers, die sich aus dem StGB, der StVO oder der StVZO ergeben können, verletzt worden sind.[130]

---

120 Geppert in LK, 11. Aufl. § 69 Rdn 32.
121 OLG Hamm VRS 57, S. 184.
122 BGH NJW 1969, S. 1125; VRS 36, S. 265; BayObLG VRS 69, S. 281.
123 BGH NJW 1969, S. 1125; VRS 36, S. 265; BayObLG VRS 69, S. 281
124 BGH VM 1967, 1 Nr. 1.
125 BGH NJW 1969, S. 1125; BayObLG VRS 69, S. 281
126 BGH NJW 1969, S. 1125; BayObLG VRS 69, S. 281; OLG Stuttgart NJW 1973, S. 2213.
127 BGH NJW 1957, S. 1287; VM 1979, 4 Nr 5; OLG Koblenz DAR 1987, S. 297; OLG München NJW 1992, S. 2777..
128 OLG Stuttgart NJW 1973, S. 2213.
129 BGH NJW 1969, S. 1125; NZV 1995, S. 156.
130 Schönke/Schröder/Stree, 25. Aufl., Rdn 15; SK-Horn, neueste Aufl., § 69 Rdn 9; Geppert in LK, 11. Aufl, § 69 Rdn 46, der allerdings diese Alternative auch bei Verletzung eigentlicher Fahrvorschriften als Auffangtatbestand für die beiden vorangestellten Alternativen ansieht.

Eine weitere Voraussetzung der Entziehung der Fahrerlaubnis ist, daß der Täter wegen der rechtswidrigen Tat, die er bei oder im Zusammenhang mit dem Führen eines Kraftfahrzeuges oder unter Verletzung von Kraftfahrzeugführerpflichten begangen hat, entweder verurteilt (§ 69 I 1 1. Alt. StGB) oder lediglich wegen erwiesener oder nicht auszuschließender Schuldunfähigkeit nicht verurteilt worden ist (§ 69 I 1 2. Alt. StGB).

Weiterhin muß sich gemäß § 69 I 1 StGB aus dieser Tat die Ungeeignetheit des Täters zum Führen von Kraftfahrzeugen ergeben, d.h. die künftige Gefährlichkeit des Täters für den Fall, daß er ein Kraftfahrzeug führt.[131] Diese Ungeeignetheit kann auf körperlichen, geistigen oder charakterlichen Mängeln beruhen.[132] Unter den Begriff des körperlichen Eignungsmangels fallen krankhafte Körperzustände wie z.B. Mängel im Sehvermögen,[133] Hörschwächen,[134] Herz- und Kreislaufkrankheiten,[135] Diabetes,[136] Lähmungserscheinungen[137] und das Fehlen von Gliedmaßen.[138] Unter geistigen Eignungmängeln, die letztlich einen Unterfall der körperlichen Eignungsmängel darstellen, versteht man alle krankhaften Geisteszustände.[139] Richtigerweise sind unter die geistigen Eignungsmängel nicht nur Hirnschädigungen, Erkrankungen des zentralen Nervensystems, Epilepsien, Parkinsonismus, Psychosen, Schwachsinn und ähnliche Erkrankungen zu verstehen, sondern auch Suchtkrankheiten aller Art, da sie zu organischen Hirnschäden führen.[140] Charaktermängel, aufgrund derer in der Praxis die Fahrerlaubnis am häufigsten entzogen wird,[141] sind in Abgrenzung zu körperlich-geistigen Mängeln nicht notwendig abnorme Charakterzüge oder Verhaltensabnormitäten, sondern sie liegen bereits bei mangelnder Persönlichkeitsreife, die in besonderer Verantwortungs- und Rücksichtslosigkeit gegenüber anderen Verkehrsteilnehmern zutage tritt, vor.[142]

Der Eignungsmangel muß sich aus der Tat ergeben, d.h. Mängel, die nur aus Anlaß der Tat oder aus anderen Gründen ersichtlich geworden sind, haben außer

---

131 Lackner/Kühl, 23. Aufl., § 69 Rdn 6.

132 Ebenda.

133 BGHSt 15, 393; OLG Hamm DAR 1957, S. 187.

134 BayObLG bei: Rüth DAR 1964, S. 240.

135 Geppert in LK, 11. Aufl., § 69 Rdn 51.

136 OVG Berlin VM 1967, 51.

137 Geppert in LK, 11. Aufl., § 69 Rdn 51.

138 Ebenda.

139 Geppert in LK, 11. Aufl., § 69 Rdn 54; Kulemeier, Fahrverbot (§ 44 StGB) und Entzug der Fahrerlaubnis (§§ 69 ff. StGB), S. 96-97.

140 Geppert in LK, 11. Aufl., § 69 Rdn 51.

141 Ebenda, Rdn 54.

142 Kulemeier, Fahrverbot (§ 44 StGB) und Entzug der Fahrerlaubnis (§§ 69 ff. StGB), S. 99.

Betracht zu bleiben.[143] Daher ist der Strafrichter bei der für die Feststellung eines Eignungsmangels erforderlichen Gesamtwürdigung der Täterpersönlichkeit[144] auf diejenigen Züge der Persönlichkeit des Täter beschränkt, die sich in der jeweiligen Tat symptomatisch widergespiegelt haben.[145] Von einer derartigen umfassenden Würdigung der Gesamtpersönlichkeit des Täters hat der Gesetzgeber den Strafrichter nur im Falle des Vorliegens einer der in § 69 II StGB genannten Regelbeispiele befreit. Bei Verwirklichung einer der in § 69 II StGB aufgeführten rechtswidrigen Taten darf dem Täter, da der Gesetzgeber davon ausging, daß die Verwirklichung dieser Delikte grundsätzlich die Ungeeignetheit des Täters zum Führen von Kraftfahrzeugen indiziere, regelmäßig ohne nähere Gesamtprüfung die Fahrerlaubnis entzogen werden.[146] Der Strafrichter hat lediglich zu prüfen, ob ausnahmsweise die Eignung des Täters durch besondere Gründe in der Tat oder in der Persönlichkeit des Täters trotz Vorliegen eines Regelbeispiels doch bejaht werden kann.[147] Für die Beurteilung des Eignungsmangels kommt es entsprechend dem Zweck der Entziehung der Fahrerlaubnis, die künftige Gefährdung der Allgemeinheit zu verhindern, auf den Zeitpunkt der Aburteilung an.[148] Bei Vorliegen eines Eignungsmangels bedarf es gemäß § 69 I 2 StGB für die Anordnung der Entziehung der Fahrerlaubnis keiner weiteren Prüfung der Verhältnismäßigkeit.[149]

c. Rechtsfolgen bei Vorliegen der Voraussetzungen des § 69 I 1 StGB

Sofern die Voraussetzungen des § 69 I 1 StGB vorliegen, muß dem Täter die Fahrerlaubnis entzogen werden[150] und gleichzeitig gemäß § 69 a StGB eine Sperre für die Erteilung einer neuen Fahrerlaubnis bestimmt werden. Hat der Täter keine Fahrerlaubnis, wird gemäß § 69 a I 3 StGB lediglich eine Sperrfrist für den Erwerb einer Fahrerlaubnis festgesetzt (sog. isolierte Sperre).

Gemäß § 69 III 1 StGB erlischt die Fahrerlaubnis mit Rechtskraft des Urteils für immer und in vollem Umfang,[151] d.h. der Täter muß nach Ablauf der gemäß §

---

[143] Lackner/Kühl, 23. Aufl., § 69 Rdn 6.
[144] Tröndle/Fischer, 49. Aufl., § 69 Rdn 9c.
[145] Geppert in LK, 11. Aufl., § 69 Rdn 68.
[146] BT-Drucksache IV/1651, 17; OLG Koblenz VRS 64, 127; Geppert in LK, 11. Aufl., § 69 Rdn 68.
[147] Geppert in LK, 11. Aufl., § 69 Rdn 68.
[148] Tröndle/Fischer, 49. Aufl., § 69 Rdn 15; Geppert in LK, 11. Aufl., § 69 Rdn 58.
[149] Tröndle/Fischer, 49. Aufl., § 69 Rdn 15; Lackner/Kühl, 23. Aufl., § 69 Rdn 9; OLG Zweibrücken VM 1976, S. 77; a.A. AG Bad Homburg NJW 1984, S. 2840.
[150] BGHST 5, 168 (176); 6, 183 (185), Stuttgart NJW 1954, S. 165, Köln NJW 1956, S. 113.
[151] BGHSt 6, 183 (185); OLG Celle NJW 1961, S. 133; OLG Oldenburg MDR 1965, S. 406; Geppert in LK, 11. Aufl., § 69 Rdn 113.

69 a StGB vom Gericht festgelegten Sperrfrist bei der Verwaltung eine neue Fahrerlaubnis beantragen.[152]

Das Gericht hat gemäß § 69 III 2 StGB mit einer Entziehung der Fahrerlaubnis im Urteil auch die Einziehung eines von einer deutschen Behörde ausgestellten Führerscheins anzuordnen.[153]

Besonderheiten der Wirkung bei der Entziehung ausländischer Fahrerlaubnisse regelt § 69 a StGB.

Sofern der Täter trotz Entzuges der Fahrerlaubnis ein Kraftfahrzeug führt, macht er sich nach § 21 StVG strafbar.[154]

d. Festsetzen der Sperrfrist für die Erteilung einer (neuen) Fahrerlaubnis

Wann der Täter bei der Verwaltungsbehörde einen Antrag auf Erteilung einer (neuen) Fahrerlaubnis stellen darf, hängt von der Länge der gemäß § 69 a StGB festzulegenden Sperrfrist ab. Die Dauer der Sperrfrist ist maßregelgerecht danach zu bemessen, wie lange die Ausschaltung des Täters vom Kraftfahrzeugverkehr zum Schutze der Allgemeinheit geboten ist.[155] Die Bemessungsgesichtspunkte sind die gleichen, die auch für das „ob“ der Anordnung der Fahrerlaubnisentziehung maßgeblich sind.[156] Gemäß § 69 a I 1 StGB beträgt die Sperrfrist mindestens sechs Monate. Das Mindestmaß der Sperrfrist erhöht sich gemäß § 69 a III StGB auf ein Jahr, wenn gegen den Täter innerhalb der letzten drei Jahre vor der Tat bereits einmal eine Sperre angeordnet worden ist.[157] Nach den §§ 69 a IV und VI StGB verkürzt sich das Mindestmaß der Sperre, wenn dem Täter die Fahrerlaubnis vorläufig entzogen bzw. sein Führerschein nach den §§ 94 ff StPO sichergestellt oder beschlagnahmt worden ist, um die Zeit dieser vorläufigen Maßnahmen, darf jedoch eine Frist von drei Monaten nicht unterschreiten. Diese in den §§ 69 a IV und 69 a VI StGB enthaltene Regelung soll jedoch nach ganz herrschender Ansicht[158] keine Anrechnung im eigentli-

---

[152] Geppert in LK, 11. Aufl., § 65 Rdn 117.
[153] Ebenda, Rdn 120.
[154] Schönke/Schröder/Stree, 25. Aufl., § 69 Rdn 71.
[155] Oberpottkamp, S. 10.
[156] BGHST 15, 393 (396); Oberpottkamp, S. 10; Tröndle/Fischer, 49. Aufl., § 69 a Rdn 5; Kulemeier, Fahrverbot (§ 44 StGB) und Entzug der Fahrerlaubnis (§§ 69 ff. StGB), S. 110.
[157] Kulemeier, Fahrverbot (§ 44 StGB) und Entzug der Fahrerlaubnis (§§ 69 ff. StGB), S. 111.
[158] BayObLG NJW 1966, S. 2371; OLG Bremen VM 1965, S. 57; OLG Stuttgart NJW 1967, S. 2071; Himmelreich/Hentschel Bd. I, 8. Aufl., Rdn 106 und 111. Kulemeier, Fahrverbot (§ 44 StGB) und Entzug der Fahrerlaubnis (§§ 69 ff. StGB), S. 112; a. A. Schleswig SchlHA 78, 183, Nr. 22.

chen Sinne gewährleisten. Der Richter soll durch diese Vorschriften nicht verpflichtet werden, die Dauer der vorläufigen Maßnahmen anzurechnen,[159] sondern diese nur bei der Bemessung der Sperrfrist berücksichtigen dürfen.[160] Eine derartige Auslegung der §§ 69 a IV und VI StGB steht auch im Einklang mit der amtlichen Begründung zum 2. VerkehrsSichG, wo es zu § 69 a StGB heißt:[161] „Die in den Absätzen 4 bis 6 vorgeschlagene Regelung vermeidet eine Vorschrift, die nach dem Vorbild des § 60 StGB eine Anrechnung der Dauer der vorläufigen Maßnahmen auf die Sperre vorsieht. Eine solche Vorschrift wäre aus dogmatischen Gründen bedenklich, weil sie die Anordnung einer Maßregel der Sicherung und Besserung auch mit Wirkung für die Vergangenheit voraussetzt. Das stände aber in einem unlösbaren Widerspruch zur Rechtsnatur der Maßregeln, die ausschließlich in die Zukunft gerichtet sind."

Das Höchstmaß einer befristeten Sperre beträgt gemäß § 69 a I 1 StGB fünf Jahre. Gemäß § 69 a I 2 StGB kann das Gericht jedoch eine lebenslange Sperre verhängen, wenn zu erwarten ist, daß die gesetzliche Höchstfrist zur Abwehr der vom Täter drohenden Gefahr nicht ausreicht. Von der Sperrfrist können gemäß § 69 a II StGB bestimmte Arten von Kraftfahrzeugen, nämlich solche, auf die die Fahrerlaubnis beschränkt werden kann, ausgenommen werden.[162] Der Betroffene kann dann bei der Verwaltungsbehörde eine beschränkte Fahrerlaubnis für die ausgenommene Fahrzeugart beantragen,[163] wobei der Verwaltungsbehörde die Entscheidung überlassen bleibt, ob sie in dem konkreten Falle eine begrenzte Eignung für vertretbar hält und daher eine beschränkte Fahrerlaubnis erteilt.[164]

Die Sperrfrist beginnt gemäß § 69 a V 1 StGB mit der Rechtskraft des Urteils. Praktische Bedeutung kommt diesem Zeitpunkt jedoch nur zu, wenn der endgültigen Fahrerlaubnisentziehung keine vorläufigen oder nach § 69 a VI StGB gleichgestellten vorläufigen Maßnahmen vorangegangen sind, denn ansonsten beginnt die Sperrfrist wegen der automatischen Anrechnung dieser Maßnahmen nach § 69 a V 2 StGB schon mit Verkündung des Urteils in der letzten Tatsacheninstanz.[165]

Die Sperrfrist kann gemäß § 69 a VII 1 StGB vom Gericht vorzeitig aufgehoben werden, sofern sich Grund zu der Annahme ergibt, daß der Täter zum Führen von Kraftfahrzeugen nicht mehr ungeeignet ist. Gemäß § 69 a VII 2 StGB ist

---

[159] Himmelreich/Hentschel, Bd. I, 8. Aufl., Rdn 106
[160] Himmelreich/Hentschel, Bd. I, 8. Aufl., Rdn 106.; Hentschel ZRP 1975., S. 209.
[161] BT-Drucksache IV/651, S. 20.
[162] Tröndle/Fischer, 49. Aufl., § 69 a Rdn 3; Schönke/Schröder/Stree, 25. Aufl, § 69 a Rdn 25.
[163] Kulemeier, Fahrverbot (§ 44 StGB) und Entzug der Fahrerlaubnis (§§ 69 ff. StGB), S. 115.
[164] Lackner/Kühl, 23. Aufl., § 69 a Rdn 3.
[165] Schönke/Schröder/Stree, 25. Aufl, § 69 a Rdn 18, 25.

eine derartige vorzeitige Aufhebung jedoch erst zulässig, wenn die Sperre bereits drei Monate, in den Fällen des Absatzes 3 ein Jahr, gedauert hat.

e. Verfahrensrechtlicher Anwendungsbereich der Fahrerlaubnisentziehung

Die Fahrerlaubnisentziehung kann nicht nur durch Urteil ausgesprochen werden, sondern ist gemäß § 407 II Nr. 2 StPO auch im Strafbefehlsverfahren möglich, wobei die Höchstdauer der Sperrfrist dort auf zwei Jahre begrenzt ist.[166] Zulässig ist sie außerdem gemäß § 419 I 3 StPO im beschleunigten Verfahren gemäß § 71 II StGB i. Vb. mit §§ 413 ff StPO, im selbständigen Sicherungsverfahren und unter bestimmten Voraussetzungen auch im Verfahren gegen Abwesende (§§ 232 I 3, 233 I 3 StPO).[167] Auch im Jugendverfahren kann gemäß § 7 JGG die Fahrerlaubnisentziehung angeordnet werden, wobei im vereinfachten Jugendverfahren gemäß § 76 S. 1 JGG die Sperrfrist nicht mehr als zwei Jahre betragen darf.[168] Nicht ausgesprochen werden darf dagegen die Fahrerlaubnisentziehung gemäß § 384 I 2 StPO im Privatklageverfahren und bei Einstellung des Verfahrens nach § 153 StPO.[169]

f. Die vorläufige Fahrerlaubnisentziehung nach § 111 a StPO

Gemäß § 111 a I 1 StPO kann der Richter dem Beschuldigten durch Beschluß die Fahrerlaubnis vorläufig entziehen, wenn dringende Gründe für die Annahme vorhanden sind, daß dem Täter nach § 69 StGB die Fahrerlaubnis entzogen werden wird. Die vorläufige Fahrerlaubnisentziehung ist somit an die gleichen Voraussetzungen gebunden wie die endgültige.[170] Zur Anordnung der vorläufigen Fahrerlaubnisentziehung darf es aber, wie die Formulierung „dringende Gründe" (für die Annahme einer endgültigen Entziehung), die dem Begriff des dringenden Verdachts beim Haftbefehl entspricht, nur kommen, wenn nach dem Ermittlungsstand im Zeitpunkt der Entscheidung eine hohe, fast an Gewißheit grenzende Wahrscheinlichkeit dafür besteht, daß im späteren Urteil oder Strafbefehl die Fahrerlaubnis entzogen werden wird.[171]

---

[166] Geppert in LK, 11. Aufl., § 69 Rdn 4; Kulemeier, Fahrverbot (§ 44 StGB) und Entzug der Fahrerlaubnis (§§ 69 ff. StGB), S. 120.
[167] Geppert in LK, 11. Aufl., § 69 Rdn 4; Schönke/Schröder/Stree, 25. Aufl., § 69 Rdn 25.
[168] Geppert in LK, 11. Aufl., § 69 Rdn 5.
[169] Schönke/Schröder/Stree, 25. Aufl., § 69 Rdn 26.
[170] Schönke/Schröder/Stree, 25. Aufl., § 69 Rdn 62; Geppert in LK, 11. Aufl., § 69 Rdn 127.
[171] Geppert in LK, 11. Aufl., § 69 Rdn 128; Himmelreich/Hentschel Bd. I, 8. Aufl., Rdn 221.

Nach dem Wortlaut des § 111 a I 1 StPO („kann“) ist die vorläufige Fahrerlaubnisentziehung in das Ermessen des Richters gestellt. Nach überwiegender Ansicht ist § 111 a I 1 StPO jedoch - da man einen höchstwahrscheinlich ungeeigneten Kraftfahrzeugführer zum Schutze der Allgemeinheit nicht am Straßenverkehr teilnehmen lassen darf und sich das Ermessen daher regelmäßig auf Null reduziert[172] - nur insofern als Ermessensvorschrift anzusehen, als daß der Richter die Maßnahme des § 111 a StPO nicht anwenden muß, wenn der Betroffene ohnehin daran gehindert ist, weiterhin am Straßenverkehr teilzunehmen.[173]

Wann tatsächliche Hindernisse einer Teilnahme am Straßenverkehr entgegenstehen und damit eine vorläufige Fahrerlaubnisentziehung entbehrlich machen, ist umstritten.[174] Eine vorläufige Fahrerlaubnisentziehung erübrigt sich jedoch immer dann, wenn der Beschuldigte seinen Führerschein nach § 94 StPO freiwillig herausgegeben, einer Beschlagnahme nicht widersprochen und später auch keine gerichtliche Entscheidung beantragt hat.[175] In diesen Fällen ist es dem Täter nämlich ohnehin unter Strafandrohung (vgl. § 21 II Nr.2 StVG) untersagt, am Straßenverkehr teilzunehmen.[176]

Von der vorläufigen Fahrerlaubnisentziehung können gemäß § 111 a I 2 StPO ebenso wie bei der endgültigen bestimmte Arten von Kraftfahrzeugen ausgenommen werden, wenn besondere Umstände die Annahme rechtfertigen, daß der Zweck der Maßnahme dadurch nicht gefährdet wird. Aufzuheben ist die vorläufige Fahrerlaubnisentziehung gemäß § 111 a II StPO dann, wenn ihr Grund weggefallen ist oder wenn das Gericht im Urteil die Fahrerlaubnis nicht entzieht.

2. Das strafrechtliche Fahrverbot

a. Rechtsnatur und Zweck des Fahrverbots

Der Gesetzgeber hat das in § 44 StGB geregelte Fahrverbot als Nebenstrafe ausgestaltet. Es kann daher nur neben einer Hauptstrafe (Freiheits- oder Geldstrafe) verhängt werden[177] und unterliegt den allgemeinen Strafzumessungsregeln.[178]

---

[172] Kulemeier, Fahrverbot (§ 44 StGB) und Entzug der Fahrerlaubnis (§§ 69 ff. StGB), S. 128.
[173] Kulemeier, Fahrverbot (§ 44 StGB) und Entzug der Fahrerlaubnis (§§ 69 ff. StGB), S. 127.
[174] Geppert in LK, 11. Aufl., § 69 Rdn 130.
[175] Geppert in LK, 11. Aufl., § 69 Rdn 130; Kulemeier, Fahrverbot (§ 44 StGB) und Entzug der Fahrerlaubnis (§§ 69 ff. StGB), S. 127-128; Himmelreich/Hentschel, Bd. I, 8. Aufl., S. 125.
[176] Geppert in LK, 11. Aufl., § 69 Rdn 130.
[177] Geppert in LK, 11. Aufl., § 44 Rdn 1.

Das Fahrverbot soll dazu dienen, Kraftfahrzeugführer, die aus Nachlässigkeit oder Leichtsinn ihre Verkehrspflichten zwar in vorwerfbarer Weise verletzt haben, aber sich noch nicht als ungeeignet im Sinne von § 69 StGB erwiesen haben, zur Warnung und Besinnung kurzfristig aus dem Straßenverkehr auszuschließen.[179]

b. Voraussetzungen des Fahrverbots

Die Voraussetzungen des Fahrverbots sind in § 44 I 1 StGB geregelt.

Der Täter muß eine Straftat begangen haben. Darunter ist eine rechtswidrige, schuldhafte und prozessual verfolgbare Tat zu verstehen.[180]

Die Straftat muß ebenso wie die rechtswidrige Tat bei der Entziehung der Fahrerlaubnis entweder beim Führen eines Kraftfahrzeuges oder in Zusammenhang damit oder unter Verletzung der Pflichten eines Kraftfahrzeugführers begangen worden sein.[181] Bezüglich dieser Voraussetzungen kann somit auf die Ausführungen zu der Entziehung der Fahrerlaubnis verwiesen werden.

Weitere Einschränkungen an die zugrunde liegende Straftat stellt der Wortlaut des § 44 I 1 StGB nicht auf. Dennoch wird teilweise unter Hinweis auf den Verhältnismäßigkeitsgrundsatz die Auffassung vertreten, Straftaten von geringem Gewicht dürften, sofern der Täter sich nicht bereits mehrfach über Verkehrsregeln hinweggesetzt habe, nicht zu einem Fahrverbot führen, und daher wird als Voraussetzung des Fahrverbots eine Straftat von einigem Gewicht verlangt.[182]

Die weithin herrschende Ansicht stellt jedoch an die zugrunde liegende Straftat keine weiteren einschränkenden Anforderungen und läßt somit auch Straftaten, die sich als ganz leichte einmalige Pflichtverletzungen darstellen, als Voraussetzung des Fahrverbots genügen.[183]

Weitere Voraussetzung des Fahrverbots ist, daß der Täter wegen der Straftat zu einer Freiheits- oder Geldstrafe verurteilt wird. Daher kommt ein Fahrverbot

---

[178] Lackner/Kühl, 23. Aufl., § 44 Rdn 6; OLG Köln NZV 1992, S. 159; OLG Düsseldorf NZV 1993, S. 76.
[179] Geppert in LK, 11. Aufl., § 44 Rdn 2; Tröndle/Fischer, 49. Aufl., § 44 Rdn 2.
[180] Geppert in LK, 11. Aufl., § 44 Rdn 3.
[181] Schönke/Schröder/Stree, 25. Aufl., § 44 Rdn 7.
[182] Schönke/Schröder/Stree, 25. Aufl., § 44 Rdn 6; Jagusch/Hentschel, 35. Aufl., § 44 StGB Rdn 4.
[183] Dreher/Fischer, § 44 Rdn 2, Horn SK § 44 Rdn 5

nicht in Betracht, wenn nach Einzelvorschriften (§§ 315 VI, 315 b VI, 316 a II StGB) oder nach § 60 StGB von Strafe abgesehen oder nach § 59 StGB eine Verwarnung mit Strafvorbehalt ausgesprochen wird.[184]

Dagegen steht die Aussetzung einer Freiheitsstrafe zur Bewährung einem Fahrverbot nicht entgegen, da in einem solchen Falle nur die Vollstreckung der Strafe ausgesetzt wird und dies nichts an einer Verurteilung zu einer Freiheitsstrafe ändert.[185]

Die Voraussetzungen für die Verhängung eines Fahrverbots gelten seit dem 11.6.1995 uneingeschränkt auch für die Inhaber ausländischer Fahrerlaubnisse.[186]

c. Rechtsfolgen bei Vorliegen der Voraussetzungen des § 44 I 1 StGB

Gemäß § 44 I 1 StGB kann das Gericht, wenn die Voraussetzungen für ein Fahrverbot vorliegen, dem Täter für die Dauer von einem Monat bis zu drei Monaten verbieten, im Straßenverkehr Kraftfahrzeuge jeder oder einer bestimmten Art zu führen. Im Gegensatz zur Fahrerlaubnisentziehung, die bei Vorliegen der Voraussetzungen des § 69 I 1 StGB zwingend angeordnet werden muß, steht die Verhängung des Fahrverbots somit grundsätzlich im pflichtgemäßen Ermessen des Gerichtes.[187] Bei der vorzunehmenden Ermessensausübung hat das Gericht nach den allgemeinen Strafzumessungsregeln zu entscheiden, ob und für welche Dauer unter Berücksichtigung des Verschuldens des Täters, dem Maß seiner Pflichtwidrigkeit und der verschuldeten Auswirkungen der Tat[188] ein Fahrverbot zu verhängen ist.[189] Bei dieser Entscheidung muß die Wechselwirkung zwischen der Hauptstrafe und dem Fahrverbot beachtet werden, d.h. beide Sanktionen dürfen zusammen das Maß der Tatschuld nicht überschreiten.[190] Außerdem darf das Fahrverbot als spezifische Nebenstrafe nur dann verhängt werden, wenn der mit ihm verfolgte spezialpräventive Zweck der Warnung des Täters mit der Haupstrafe allein nicht erreicht werden kann.[191]

---

[184] Lackner/Kühl, 23. Aufl., § 44 Rdn 5; Schönke/Schröder/Stree, 25. Aufl., § 44 Rdn 6; Kulemeier, Fahrverbot (§ 44 StGB) und Entzug der Fahrerlaubnis (§§ 69 ff. StGB), S. 72.

[185] Schönke/Schröder/Stree, 25. Aufl., § 44 Rdn 10; Kulemeier, Fahrverbot (§ 44 StGB) und Entzug der Fahrerlaubnis (§§ 69 ff. StGB), S. 72.

[186] Tröndle/Fischer, 49. Aufl., § 44 Rdn 15.

[187] Geppert in LK, 11. Aufl., § 44 Rdn 22.

[188] BGHSt 24, 348 (350).

[189] Geppert in LK, 11. Aufl., § 44 Rdn 22.

[190] BGHSt 29, 58 (61); OLG Düsseldorf VRS 78, 111; OLG Celle VRS 62, 38.

[191] Geppert in LK, 11. Aufl., § 44 Rdn 22.

Da eine fehlerfreie Ermessensentscheidung somit in der Regel bei leichten einmaligen Pflichtverletzungen nicht zur Anordnung eines Fahrverbots führen darf,[192] wirkt sich der oben dargestellte Meinungsstreit, ob das Fahrverbot schon als Voraussetzung eine Straftat von einigem Gewicht verlangt, im Ergebnis nicht aus.[193]

Die Ermessensausübung des Gerichts wird jedoch durch die Regelung des § 44 I 2 StGB beschränkt, die bestimmt, daß ein Fahrverbot in der Regel anzuordnen ist, wenn in den Fällen einer Verurteilung nach § 315 c I Nr. 1a, III oder § 316 StGB die Entziehung der Fahrerlaubnis unterbleibt.[194] Von der Verhängung eines Fahrverbots darf der Richter in diesen Fällen, da sie nach dem Willen des Gesetzgebers grundsätzlich die Erforderlichkeit eines Fahrverbots neben der Hauptstrafe indizieren,[195] nur dann absehen, wenn ganz besondere Gründe dies ausnahmsweise rechtfertigen.[196] Die durch § 44 I 2 StGB vorliegende Ermesseneinschränkung bezieht sich jedoch nur auf die Anordnung des Fahrverbots.[197] Hinsichtlich der Dauer und des Umfanges des Fahrverbots ist der Richter dagegen, da § 44 I 2 StGB seinen Ermessensspielraum insoweit nicht einschränkt, zu einer uneingeschränkten pflichtgemäßen Ermessensausübung verpflichtet.[198]

Die Mindestdauer des Fahrverbots ist vom Gesetzgeber auf einen Monat festgelegt worden, weil ein kürzeres Fahrverbot nicht mehr als fühlbare Warnung dienen könnte.[199] Das Höchstmaß beträgt drei Monate, um das Fahrverbot als Denkzettelstrafe deutlich von der Fahrerlaubnisentziehung mit ihrer Mindestsperre von sechs Monaten abzugrenzen.[200] Sofern mehrere Straftaten vorliegen, für die jeweils ein Fahrverbot in Betracht kommt, gilt dieses Höchstmaß für jedes der einzelnen Fahrverbote, so daß dem Täter unter Umständen das Führen von Kraftfahrzeugen wesentlich länger als drei Monate untersagt werden kann.[201] Wenn es jedoch bei mehreren Straftaten hinsichtlich der Hauptstrafen zu einer Gesamtstrafenbildung nach den §§ 53, 55 bzw. 60 StPO kommt, dann tritt das Fahrverbot erst neben die Gesamtstrafe, d. h. in diesem Falle ist ein

---

[192] Ebenda.
[193] Ebenda, Rdn 7.
[194] Himmelreich/Hentschel Bd. I, 8. Aufl., Rdn 282.
[195] Ebenda.
[196] Schönke/Schröder/Stree, 25. Aufl., § 44 Rdn 16, Tröndle/Fischer, 49. Aufl., § 44 Rdn 3; Geppert in LK, 11. Aufl., § 44 Rdn 37.
[197] Geppert in LK, 11. Aufl., § 44 Rdn 37, Kulemeier, Fahrverbot (§ 44 StGB) und Entzug der Fahrerlaubnis (§§ 69 ff. StGB), S. 77.
[198] Ebenda.
[199] Geppert in LK, 11. Aufl., Rdn 50.
[200] Ebenda.
[201] Schönke/Schröder/Stree, 25. Aufl., § 44 Rdn 26.

Fahrverbot nur mit einer Höchstdauer von drei Monaten zulässig.[202] Die Dauer des Fahrverbots wird in der Regel nach vollen Monaten festgesetzt, es ist jedoch auch zulässig, die Verbotsfrist nach Tagen oder Wochen zu bemessen.[203]

Neben der Frage nach der Dauer des Fahrverbots hat der Strafrichter des weiteren gemäß § 44 I 1 StGB auch nach pflichtgemäßem Ermessen unter Berücksichtigung aller Strafzumessungskriterien darüber zu entscheiden, ob er das Fahrverbot für Kraftfahrzeuge jeder (einschließlich fahrerlaubnisfreier)[204] Art verhängt oder es auf Kraftfahrzeuge einer bestimmten Art beschränkt.[205] Der dem Strafrichter insoweit eröffnete Spielraum ist jedoch gering, da durch den Begriff „bestimmte Arten von Kraftfahrzeugen" die Beschränkung des Fahrverbots erheblich begrenzt ist.[206] Nach ganz herrschender Meinung in Rechtsprechung und Literatur sind unter bestimmten Arten von Kraftfahrzeugen neben fahrerlaubnisfreien Kraftfahrzeugen nur solche zu verstehen, auf die im Hinblick auf Bauartbesonderheiten die Fahrerlaubnis beschränkt werden kann oder deren Verwendungszweck durch besondere Bauart oder Ausrüstung bestimmt ist.[207]

Weitere Beschränkungen des Fahrverbots auf bestimmte Zeiten,[208] Orte,[209] Fahrtzwecke,[210] einzelne Fahrzeugfabrikate,[211] Fahrzeuge eines Halters oder Eigentümers[212] oder bestimmte Fahrzeuge selbst[213] sind unzulässig.
Das Fahrverbot hat die Wirkung, daß für seine Dauer dem Betroffenen im Inland das Führen derjenigen Kraftfahrzeuge, auf die sich das Fahrverbot bezieht, im Straßenverkehr, d.h. auf Wegen und Plätzen, die dem öffentlichen Verkehr dienen, untersagt ist.[214] Zuwiderhandlungen sind nach § 21 StVG strafbar.[215] Im

---

[202] Kulemeier, Fahrverbot (§ 44 StGB) und Entzug der Fahrerlaubnis (§§ 69 ff. StGB), S. 75; Schönke/Schröder/Stree, 25. Aufl., § 44 Rdn 27.
[203] Geppert in LK, 11. Aufl., Rdn 50; Kulemeier, Fahrverbot (§ 44 StGB) und Entzug der Fahrerlaubnis (§§ 69 ff. StGB), S. 74.
[204] Lackner/Kühl, 23. Aufl., § 44 Rdn 10.
[205] Kulemeier, Fahrverbot (§ 44 StGB) und Entzug der Fahrerlaubnis (§§ 69 ff. StGB), S. 76.
[206] Ebenda, S. 75-76.
[207] Lackner/Kühl, 23. Aufl., § 44 Rdn 10; Tröndle/Fischer, 49. Aufl., § 44 Rdn 10; Geppert in LK, 11. Aufl. § 44 Rdn 47.
[208] OLG Hamm NJW 1971, 1193; OLG Saarbrücken VRS 43, 23; Hentschel BA 1986, 10; Weihrauch NJW 1971, S. 831.
[209] OLG Hamm NJW 1971, S. 1193; OLG Saarbrücken VRS 43, S. 23; Weihrauch NJW 1971, S. 831.
[210] OLG Hamm 71, 1193; OLG Saarbrücken VRS 43, 23; Weihrauch NJW 1971, S. 831.
[211] Warda GA 1965, S. 77; OLG Hamm NJW 1971, 1193.
[212] OLG Frankfurt NJW 1973, 815; OLG Hamm NJW 1971, 1193.
[213] BayObLG VRS 66, 446; AG Alzenau DAR 1981, S. 233.
[214] Tröndle/Fischer, 49. Aufl., § 44 Rdn 11. Begriff des Inlands: Lackner/Kühl, 23. Aufl., § 44 Rdn 10.
[215] Schönke/Schröder/Stree, 25. Aufl., § 44 Rdn 30.

Unterschied zur Fahrerlaubnisentziehung nach § 69 StGB, die zum Verlust der durch die Verwaltungsbehörde erteilten Fahrerlaubnis führt, berührt das Fahrverbot die Fahrerlaubnis in ihrem Bestande nicht.[216] Nach Ablauf der Verbotsfrist darf der Betroffene daher sofort wieder ein Kraftfahrzeug führen.[217]

Gemäß § 44 III 1 StGB wird das Fahrverbot mit der Rechtskraft der Entscheidung, auf der es beruht, wirksam. Von einer deutschen Behörde ausgestellte nationale und internationale Führerscheine sind nach § 44 II 2 StGB bis zum Ablauf der Verbotsfrist in amtliche Verwahrung zu nehmen. Dies gilt nach § 44 II 3 StGB auch dann, wenn der Führerschein von einer Behörde eines Mitgliedsstaates der Europäischen Union oder eines anderen Vertragsstaates des Abkommens über den Europäischen Wirtschaftsraum ausgestellt worden ist, sofern der Inhaber seinen ordentlichen Wohnsitz im Inland hat. In anderen ausländischen Führerscheinen wird gemäß § 44 II 4 StGB das Fahrverbot vermerkt. Für den Beginn der Verbotsdauer ist gemäß § 44 III 1 StGB erst der Zeitpunkt maßgebend, an dem der Führerschein zwecks Vollstreckung in amtliche Verwahrung gegeben wird, wobei die Abgabe bei der Polizei oder bei dem Gericht genügt.[218] Schon mit der Rechtskraft des Fahrverbots beginnt die Verbotsfrist immer dann zu laufen, wenn der Verurteilte keine Fahrerlaubnis besitzt oder sich sein Führerschein zu diesem Zeitpunkt bereits (etwa aufgrund von Maßnahmen nach § 94 oder § 111 a StPO oder weil bereits eine andere Verbotsfrist läuft) in amtlicher Verwahrung befindet.[219] Gleiches gilt auch dann, wenn der Täter seinen Führerschein verloren hat und auch keinen Ersatzführerschein zu den Akten reichen kann[220] oder wenn ausnahmsweise ein Fahrverbot neben einer Entziehung der Fahrerlaubnis angeordnet wird.[221]

Gemäß § 44 III 2 StGB wird in die Verbotsfrist die Zeit nicht eingerechnet, in welcher der Täter auf behördliche Anordnung in einer Anstalt verwahrt worden ist.

Anzurechnen auf die Verbotsfrist sind gemäß § 51 V 1 StGB die Dauer einer vorläufigen Fahrerlaubnisentziehung bzw. die Dauer einer der vorläufigen Fahrerlaubnisentziehung nach § 51 V 2 StGB gleichgestellten prozessualen Maßnahme wie die Verwahrung, Sicherstellung oder Beschlagnahme des Führerscheins.

---

[216] Schönke/Schröder/Stree, 25. Aufl., § 44 Rdn 19; Lackner/Kühl, 23. Aufl., § 44 Rdn 10.
[217] Geppert in LK, 11. Aufl., § 44 Rdn 41.
[218] Tröndle/Fischer, 49. Aufl., § 44 Rdn 12; Schönke/Schröder/Stree, 25. Aufl., § 44 Rdn 21.
[219] Ebenda.
[220] Himmelreich/Hentschel, Bd I, 8. Aufl, Rdn 296 b; Geppert in LK, 11. Aufl., § 44 Rdn 65.
[221] Himmelreich/Hentschel, Bd I, 8. Aufl., Rdn 296 a; Geppert in LK, 11. Aufl., § 44 Rdn 64.

Umstritten ist, ob das Fahrverbot auch dann noch anzuordnen ist, wenn seine Dauer durch die Dauer der anzurechnenden vorläufigen Maßnahmen erreicht oder gar überschritten ist. Die ganz herrschende Ansicht in Rechtsprechung und Literatur nimmt eine Pflicht des Strafrichters zum Verhängen derartiger symbolischer Fahrverbote an.[222] Diese Auffassung ist insbesondere deshalb überzeugend, weil auch die Freiheitsstrafe dann noch zu verhängen ist, wenn wegen der nach § 51 I StGB anzurechnenden Untersuchungshaft ein vollstreckbarer Rest nicht mehr vorhanden ist.[223]

Die Vollstreckung des Fahrverbots obliegt der Vollstreckungsbehörde (§ 463 b I StPO, § 59 a StVollstrO).[224]

d. Verfahrensrechtlicher Anwendungsbereich des Fahrverbots

Das Fahrverbot kann außer im normalen Strafverfahren auch im Strafbefehlsverfahren (§ 407 II Nr. 1 StPO), im beschleunigten Verfahren (§§ 417 ff StPO), im Verfahren gegen Abwesende (§§ 232 I 1, 233 I 1 StPO) und im Privatklageverfahren (§§ 374 ff StPO) verhängt werden, wobei allerdings dem Privatklageverfahren in der verkehrsgerichtlichen Praxis keine wesentliche Bedeutung zukommt.[225]

Im Jugendverfahren ist die Anordnung eines Fahrverbots sowohl im förmlichen als auch im vereinfachten Jugendverfahren erlaubt (§§ 8 III, 76 I 1 JGG).[226]

---

[222] BGHSt 29, 58 (59, 60); OLG Frankfurt VRS 50, 418 und VRS 55, 42; Geppert ZRP 1981, 88; Kulemeier, Fahrverbot (§ 44 StGB) und Entzug der Fahrerlaubnis (§§ 69 ff. StGB), S. 78-79. Geppert in LK, 11. Aufl., § 44 Rdn 66; a.A., ein Fahrverbot dürfe nicht mehr ausgesprochen werden: LGAachen NJW 1967, S. 1287 mit ablehnender Anmerkung Keller NJW 1967, S. 1287 bzw. der Richter habe die Wahl, symbolische Fahrverbote zu verhängen; BayObLG VRS 51, 277; LG Frankfurt StV 1981, S. 629; Hentschel DAR 1978, S. 103.

[223] Kulemeier, Fahrverbot (§ 44 StGB) und Entzug der Fahrerlaubnis (§§ 69 ff. StGB), S. 79

[224] Tröndle/Fischer, 49. Aufl., § 44 Rdn 13; Kulemeier, Fahrverbot (§ 44 StGB) und Entzug der Fahrerlaubnis (§§ 69 ff. StGB), S. 85.

[225] Kulemeier, Fahrverbot (§ 44 StGB) und Entzug der Fahrerlaubnis (§§ 69 ff. StGB), S. 83; Geppert in LK, 11. Aufl., § 44 Rdn 93.

[226] Geppert in LK, 11. Aufl., § 44 Rdn 93; Kulemeier, Fahrverbot (§ 44 StGB) und Entzug der Fahrerlaubnis (§§ 69 ff. StGB), S. 81.

3. Das Verhältnis der strafrechtlichen Fahrerlaubnisentziehung zum strafrechtlichen Fahrverbot

Grundsätzlich dürfen die Fahrerlaubnisentziehung nach § 69 StGB und das Fahrverbot nach § 44 StGB nicht nebeneinander verhängt werden.[227] Das Gericht hat stets zunächst die Anwendbarkeit des § 69 StGB zu prüfen.[228] Sofern es diese bejaht, besteht für die Anordnung eines Fahrverbots in der Regel kein Bedürfnis.[229] Gleichzeitig auf Fahrerlaubnisentziehung und Fahrverbot zu erkennen, ist nur in folgenden Ausnahmefällen möglich:

Wenn das Gericht nach § 69 a II StGB von der Sperrfrist für die (Wieder)erteilung der Fahrerlaubnis bestimmte Arten von Kraftfahrzeugen ausnimmt, kann ein zusätzliches Fahrverbot, wie schon die amtliche Begründung zum 2. VerkSichG ausdrücklich erwähnt, sinnvoll sein, um den Täter zur Warnung und Besinnung für kurze Zeit auch von der Führung solcher Kraftfahrzeuge auszuschließen, auf die sich die Sperrfrist nicht bezieht.[230] Darüber hinaus ist die Anordnung eines Fahrverbots neben einer Fahrerlaubnisentziehung ausnahmsweise auch dann nicht zu beanstanden, wenn es zur Vermeidung weiterer Verkehrsstraftaten notwendig erscheint, dem Täter auch das Führen fahrerlaubnisfreier Kraftfahrzeuge zu untersagen.[231]

4. Bindung der Verwaltung an die strafgerichtliche Entscheidung

a. Bindung der Verwaltung hinsichtlich eines Fahrerlaubnisentzuges

Gemäß § 3 I, § 4 III 1 Nr. 3, VII StVG ist die Verwaltungsbehörde ebenfalls zum Entzug der Fahrerlaubnis verpflichtet, wenn sich jemand als körperlich, geistig oder charakterlich ungeeignet zum Führen von Kraftfahrzeugen erweist.[232]

---

[227] Himmelreich/Hentschel, Bd. I, 8. Aufl., Rdn 318; Geppert in LK, 11. Aufl., Rdn 18.
[228] OLG Celle NJW 1968, S. 1102; Warda GA 1965, S. 75; Himmelreich/Hentschel, Bd. I, 8. Aufl., Rdn 317; Geppert in LK, 11. Aufl., § 44 Rdn 17.
[229] Geppert in LK, 11. Aufl., § 44 Rdn 17.
[230] vgl. amtl. Begründung BT-Drucksache IV/1651, S. 12; Himmelreich/Hentschel, Bd I, 8. Aufl., S. 320; Geppert in LK, 11. Aufl., § 44 Rdn 18; OLG Düsseldorf VM 1972, S. 213; LG Bonn DAR 1978, S. 195.
[231] OLG Düsseldorf VM 1970, S. 68; LG Bonn DAR 1978, 195; OLG Schleswig SchlHA 1979, S. 210; Geppert in LK, 11. Aufl.; § 44 Rdn 18; Himmelreich/Hentschel, Bd I, 8. Aufl., Rdn 321.
[232] Tröndle/Fischer, 49. Aufl., § 69 Rdn 19; Kulemeier, Fahrverbot (§ 44 StGB) und Entzug der Fahrerlaubnis (§§ 69 ff. StGB), S. 141.

Während das Strafgericht einen Fahrerlaubnisentzug nur dann anordnen darf, wenn den Gegenstand des Strafverfahrens eine rechtswidrige Tat bildet, die der Beschuldigte bei oder im Zusammenhang mit der Führung eines Kraftfahrzeugs oder unter Verletzung der Pflichten eines Kraftfahrzeugführers begangen hat,[233] steht der Verwaltungsbehörde jedoch eine generelle, von einer strafbaren Handlung unabhängige Entziehungsbefugnis zu.[234] Die Verwaltungsbehörde hat die Kraftfahreignung daher losgelöst von einem zumeist den Anlaß der Untersuchung liefernden konkreten Ereignis[235] aufgrund umfassender Würdigung der Gesamtpersönlichkeit des Kraftfahrers und seiner daraus folgenden künftigen Gefährlichkeit zu beurteilen.[236] Sie kann daher bereits eingreifen, bevor eine Beeinträchtigung der Straßenverkehrssicherheit eingetreten ist.[237]

Diese Doppelkompetenz zwischen Justiz und Verwaltung für die Anordnung der Fahrerlaubnisentziehung wirft die Frage nach dem Verhältnis von strafrechtlichem und verwaltungsbehördlichem Entziehungsverfahren auf. Um divergierende Entscheidungen und überflüssige Doppelarbeit zu vermeiden, hat der Gesetzgeber die Kollisionsnorm des § 3 III und IV StVG geschaffen, mit der dem strafrechtlichen Entzug ein Vorrang eingeräumt wird.[238] Dem Strafverfahren wird nach § 3 III StVG der zeitliche und der strafrichterlichen Entscheidung nach § 3 IV StVG der sachliche Vorrang gegenüber dem behördlichen Entziehungsverfahren eingeräumt.[239]

§ 3 III 1 StVG bestimmt, daß die Fahrerlaubnisbehörde, solange gegen den Inhaber der Fahrerlaubnis ein Strafverfahren anhängig ist, in dem die Entziehung der Fahrerlaubnis nach § 69 des Strafgesetzbuches in Betracht kommt, den Sachverhalt, der Gegenstand des Strafverfahrens ist, in einem Entziehungsverfahren nicht berücksichtigen darf.

Anhängig ist das Strafverfahren, sobald eine Strafverfolgungsbehörde wegen des Verdachts einer strafbaren Handlung eine Untersuchung eröffnet hat.[240] Unter dem Sachverhalt, den die Verwaltungsbehörde während der Anhängigkeit, die bis zur Rechtskraft der entsprechend ergehenden Entscheidung andauert, nicht berücksichtigen darf,[241] ist nicht nur die Tat im Sinne des sachlichen Straf-

[233] s.o. S. 28.
[234] Schendel, S. 1; Kulemeier, Fahrverbot (§ 44 StGB) und Entzug der Fahrerlaubnis (§§ 69 ff. StGB), S. 141.
[235] Kulemeier, Fahrverbot (§ 44 StGB) und Entzug der Fahrerlaubnis (§§ 69 ff. StGB), S. 141.
[236] Geppert in LK, 11. Aufl., § 69 Rdn 8.
[237] Kulemeier, Fahrverbot (§ 44 StGB) und Entzug der Fahrerlaubnis (§§ 69 ff. StGB), S. 141.
[238] Geppert in LK, 11. Aufl., § 69 Rdn 8.
[239] Schendel, S. 1.
[240] Jagusch/Hentschel, 35. Aufl., § 3 StVG Rdn 16.
[241] Himmelreich/Hentschel, Bd. II, 7. Aufl., Rdn 163..

rechts zu verstehen, sondern wie im Strafverfahrensrecht der gesamte historische Vorgang, auf den sich die Untersuchung der Strafverfolgungsbehörden und der Gerichte erstreckt.[242] Ein bereits begonnenes verwaltungsbehördliches Verfahren, das denselben Sachverhalt betrifft wie ein später anhängig gewordenes Strafverfahren, darf nicht weitergeführt werden.[243] Da die Verwaltungsbehörde jedoch zur Einleitung eines Entziehungsverfahrens nur den Vorgang nicht heranziehen darf, der Gegenstand des Strafverfahrens ist, ist sie nicht gehindert, aufgrund eines anderen als des im Strafverfahren berücksichtigten Sachverhaltes gegen den Inhaber der Fahrerlaubnis ein Entziehungsverfahren einzuleiten.[244] So kann sie beispielsweise während und trotz eines Strafverfahrens, das eine Trunkenheitsfahrt betrifft, ein Entziehungsverfahren wegen eines nach Anhängigwerden des Strafverfahrens aufgetretenen Sehfehlers des Fahrers einleiten[245] oder eine Fahrerlaubnis während eines Strafverfahrens wegen Fahrerflucht mit der Begründung entziehen, deren Inhaber habe diese betrügerisch erlangt.[246]

Die Sperrwirkung des § 3 III 1 StVG wird nur durch echte Strafverfahren ausgelöst.[247] Die Verwaltunsgbehörde ist dagegen nicht gehindert, den Sachverhalt, der Gegenstand eines Bußgeldverfahrens ist, zu berücksichtigen.[248] Die Sicherung eines zeitlichen Vorrangs des Bußgeldverfahrens vor dem verwaltungsbehördlichen Entziehungsverfahren ist nicht erforderlich, da durch Bußgeldbescheid die Fahrerlaubnis nicht entzogen werden kann (§§ 24, 25 StVG), sondern nur ein Fahrverbot nach Maßgabe von § 25 StVG in Betracht kommt.[249] Die Sperrwirkung des § 3 III 1 StVG greift jedoch dann ein, wenn nach Einlegung des Einspruchs gegen einen Bußgeldbescheid das Strafgericht in der daraufhin angesetzten mündlichen Verhandlung die Ordnungswidrigkeit als Straftat beurteilt (§ 81 OwiG) und daher nunmehr eine Fahrerlaubnisentziehung in Betracht kommt.[250] In diesem Fall muß die Verwaltunsgbehörde ihr Verfahren aussetzen, sobald sie davon erfährt.[251] Eine von ihr bereits verfügte Fahrerlaubnisentziehung ist aufzuheben.[252]

---

242 Schendel, S. 10; Jagusch/Hentschel, 35. Aufl., § 3 StVG Rdn 17; Tröndle/Fischer, 49. Aufl., § 69 Rdn 20.
243 Schendel, S. 10.
244 Schendel, S. 10; Jagusch/Hentschel, 35. Aufl., § 3 StVG Rdn 18; Maassen, S. 203.
245 Schendel, S. 10.
246 Maassen. S. 203.
247 Schendel, S. 11; Rüth/Berr/Berz, 2. Aufl., § 4 StVG Rdn 44.
248 Schendel, S. 11.
249 Schendel, S. 11; Jagusch/Hentschel, 35. Aufl., § 3 StVG Rdn 24..
250 Schendel, S. 11; Rüth/Berr/Berz, 2. Aufl., Rdn 44.
251 Schendel, S. 11.
252 Schendel, S. 11; Rüth/Berr/Berz, 2. Aufl., Rdn 44.

§ 3 III 2 StVG nimmt von der Sperre Fahrerlaubnisse aus, die von einer Dienststelle der Bundeswehr, des Bundesgrenzschutzes oder der Polizei für Dienstfahrzeuge erteilt worden sind.[253]

Nach rechtskräftiger Beendigung des Strafverfahrens greift § 3 IV 1 StVG ein, der bestimmt, daß die Fahrerlaubnisbehörde, wenn sie in einem Entziehungsverfahren einen Sachverhalt berücksichtigen will, der Gegenstand der Urteilsfindung in einem Strafverfahren gegen den Inhaber der Fahrerlaubnis gewesen ist, zu dessen Nachteil vom Inhalt des Urteils insoweit nicht abweichen kann, als es sich auf die Feststellung des Sachverhaltes oder die Beurteilung der Schuldfrage oder der Eignung zum Führen von Kraftfahrzeugen bezieht.

Durch diese Bindungsnorm, die vor allem Bedeutung in dem Fall erhält, daß im strafgerichtlichen Verfahren die Fahrerlaubnis nicht entzogen wurde, die Verwaltungsbehörde den Betroffenen aber für ungeeignet zum Führen von Kraftfahrzeugen hält und ihm die Fahrerlaubnis entziehen will,[254] wird das im strafrichterlichen Urteil festgestellte Ergebnis hinsichtlich des Sachverhaltes, der Schuld und der Eignung für ein verwaltungsbehördliches Entziehungsverfahren maßgeblich.[255]

Die Bindung der Verwaltungsbehörde an den strafgerichtlich festgestellten Sachverhalt nach § 3 IV 1 Fall 1 StVG hat den Zweck, im verwaltungsbehördlichen Entziehungsverfahren dem Strafurteil widersprechende Sachverhaltsfeststellungen zu vermeiden und die umfassende Sachverhaltsaufklärung im Strafverfahren für das behördliche Verfahren nutzbar zu machen.[256] Unter „Sachverhalt" im Sinne dieser Vorschrift ist das festgestellte oder als nicht beweisbar angesehene tatsächliche Lebensverhältnis zu verstehen, so wie es in der schriftlichen Begründung der Entscheidung dargestellt ist.[257] Die Verwaltungsbehörde darf von den in den schriftlichen Urteilsgründen getroffenen tatsächlichen Feststellungen des Strafgerichts selbst dann nicht abweichen, wenn ihr gegenteilige

---

[253] Begründung des „Gesetzes über Maßnahmen auf dem Gebiet des Verkehrsstrafrechts und des Verkehrshaftpflichtrechts" vom 16.7.57: „Fahrerlaubnisse, die lediglich zu dienstlichen Zwecken erteilt worden sind (§ 14 StVZO), gelten nur für die Dauer des Dienstverhältnisses. Es ist deshalb nicht angängig, den Dienstherrn in seinen Maßnahmen, die er innerhalb eines freiwillig übernommenen Gewaltverhältnisses trifft, einzuengen und ihm aufzuerlegen, daß er dem Behördenbediensteten während der Dauer eines Strafverfahrens, in dem die Entziehung der Fahrerlaubnis nach § 42 m StGB in Betracht kommt, die Fahrerlaubnis beläßt und den Sachverhalt, der Gegenstand des Strafverfahrens ist, bei seinen dienstlichen Entscheidungen nicht berücksichtigt."

[254] Schendel, S. 15.

[255] Ebenda, S. 16.

[256] Schendel, S. 35.

[257] Himmelreich/Hentschel, Bd. II, 7. Aufl., Rdn 167.

Tatsachen bekannt sind.[258] In solchen Fällen besteht für sie nur die Möglichkeit, bei der Staatsanwaltschaft anzuregen, ein Wiederaufnahmeverfahren gem. §§ 359 ff StPO zu beantragen.[259] Praktische Bedeutung kommt der Bindung der Verwaltungsbehörde an den strafgerichtlich festgestellten Sachverhalt insbesondere dann zu, wenn das Strafgericht über die Eignung des betroffenen Kraftfahrers nicht entschieden hat und die Verwaltungsbehörde daher zu einer eigenständigen Eignungsprüfung berechtigt ist.[260] Hat das Strafgericht beispielsweise eine Fahrerlaubnisentziehung deshalb abgelehnt, weil sich jedenfalls eine Ungeeignetheit nicht „aus der Tat" ergeben habe, oder ist der Angeklagte im Strafverfahren mangels Beweises freigesprochen worden, ist die Verwaltungsbehörde in ihrem Entziehungsverfahren an die in den schriftlichen Urteilsgründen getroffenen tatsächlichen Sachverhaltsfeststellungen gebunden.[261]

Durch die gemäß § 3 IV 1 Fall 2 StVG bestehende Bindung der Verwaltungsbehörde an die strafgerichtliche Beurteilung der Schuld ist die Verwaltungsbehörde gehindert, von den Feststellungen des Strafgerichtes bezüglich des Schuldgrades (Vorsatz oder Fahrlässigkeit), der Schuldfähigkeit und des Eingreifens von Schuldausschließungsgründen abzuweichen.[262]

Die nach § 3 IV 1 Fall 3 StVG bestehende Bindung der Verwaltungsbehörde an die strafgerichtliche Beurteilung der Eignung zum Führen von Kraftfahrzeugen, die den Kern der Regelung des § 3 IV StVG darstellt, soll widersprüchliche Entscheidungen über die Geeignetheit eines Fahrers verhindern.[263]

Die strafgerichtliche Entscheidung bindet die Verwaltungsbehörde daher, soweit sie die Eignung zum Führen von Kraftfahrzeugen beurteilt.[264] Wie das BVerwG[265] ausgeführt hat, ist die Verwaltungsbehörde deshalb an die strafgerichtliche Entscheidung nur dann gebunden, wenn sie den schriftlichen Entscheidungsgründen ausdrücklich hinreichend sicher entnehmen kann, daß das Strafgericht überhaupt und mit welchem Ergebnis eine eigenständige Beurteilung der Kraftfahreignung vorgenommen hat.[266]

---

[258] Schendel, S. 35; Rüth/Berr/Berz, 2. Aufl., § 4 StVG Rdn 63.
[259] Schendel, S. 35.
[260] Ebenda.
[261] Ebenda, S. 36.
[262] Schendel, S. 36-37; Himmelreich/Hentschel, Bd. II, 7. Aufl., Rdn 176.
[263] Schendel, S. 16.
[264] Jagusch/Hentschel, 35. Aufl., § 3 StVG Rdn 28.
[265] Urteil vom 15.7.1988 - 7C 46.87. NJW 1989, 116 = DAR 1988, 390 = NZV 1988, 238 = VRS 75, 379/380.
[266] Himmelreich/Hentschel, Bd. II, 7. Aufl., Rdn 177.

Um sicherzustellen, daß das Strafgericht in jedem Fall, in dem eine Entziehung der Fahrerlaubnis in Betracht kommt, eine Entscheidung über die Eignung des betroffenen Kraftfahrers trifft, müssen die Urteilsgründe nicht nur im Falle einer Entziehung der Fahrerlaubnis ergeben, weshalb diese Maßregel der Besserung und Sicherung angeordnet worden ist (§ 267 VI 1 StPO), sondern auch im Falle einer Ablehnung der Entziehung der Fahrerlaubnis oder der Verhängung einer isolierten Sperrfrist ist zu begründen, weshalb die Maßregel nicht angeordnet worden ist, obwohl dies nach der Art der Straftat in Betracht kam (§ 267 VI 2 StPO).[267] Durch diese Begründungspflicht wird für die Verwaltungsbehörde Klarheit hinsichtlich ihrer Bindung geschaffen.[268] Sofern sich beispielsweise aus den Urteilsgründen ergibt, daß das Strafgericht die Fahrerlaubnis nicht entzogen hat, weil es den Angeklagten für geeignet zum Führen von Kraftfahrzeugen hält, darf die Verwaltungsbehörde von dieser Wertung nicht zu seinem Nachteil abweichen.[269] Wird eine Entziehung der Fahrerlaubnis dagegen mit der Begründung abgelehnt, daß sich jedenfalls nicht aus der Tat die Ungeeignetheit des Kraftfahrzeugführers ergeben habe, z.B. bei Verlust der Sehfähigkeit erst durch den Verkehrsunfall, hat das Strafgericht dagegen hinsichtlich dieses Sachverhalts nur seine Kompetenz zur Entziehung der Fahrerlaubnis abgelehnt und daher diesbezüglich keine die Verwaltungsbehörde bindende Entscheidung getroffen.[270]

Des weiteren tritt auch dann keine Bindung der Verwaltungsbehörde an die strafrichterliche Entscheidung ein, wenn das Strafgericht die Nichtanordnung des Fahrerlaubnisentzuges entgegen § 267 VI 2 StPO nicht begründet. Bei einem Verstoß gegen die sich aus § 267 VI 2 ergebende Begründungspflicht gilt die Entziehung der Fahrerlaubnis nämlich als nicht abgelehnt.[271] Dies gilt auch, wenn das Strafgericht im Urteil nur ein Fahrverbot angeordnet hat, ohne hinsichtlich der Fahreignung eine ausdrückliche negative Entscheidung zu treffen, oder eine diesbezügliche Begründung unterlassen hat.[272] Zwar darf das Strafgericht ein Fahrverbot nur anordnen, wenn es den betroffenen Kraftfahrer noch für geeignet zum Führen von Kraftfahrzeugen hält, es wäre jedoch verfehlt, davon auszugehen, der Strafrichter habe durch die Verhängung des Fahrverbots konkludent die Eignung bejaht.[273] Es ist nämlich auch möglich, daß das Strafgericht die Eignungsfrage überhaupt nicht geprüft hat oder in Verkennung des geltenden

[267] Schendel, S. 41.
[268] Ebenda.
[269] Schendel, S. 16-17; Himmelreich/Hentschel, Bd. II, 7. Aufl., Rdn 177
[270] Schendel, S. 16-17.
[271] Ebenda, S. 17
[272] OVG Lüneburg NJW 1971, S. 956; OVG Bremen VRS 65, 238; OVG Hamburg VRS 89, 151; VG Frankfurt VRS 74, 394; Himmelreich/Hentschel , Bd II, 7. Aufl., Rdn 180; Jagusch/Hentschel, 35. Aufl., § 3 StVG Rdn 28; Schendel, S. 19.
[273] Schendel, S. 19.

Rechts irrtümlich von einem Auswahlermessen zwischen Fahrverbot und Fahrerlaubnisentzug ausgegangen ist, so daß durch die bloße Anordnung eines Fahrverbots nicht eindeutig und bestimmt über die Eignung des betroffenen Kraftfahrers entschieden worden ist.[274]

Umstritten ist die Frage einer Bindung der Verwaltungsbehörde an die Entscheidung des Strafgerichts bezüglich der Eignung im Falle einer Kompetenzüberschreitung des Strafgerichtes. Da das Strafgericht zu einer Entziehung der Fahrerlaubnis nur dann berechtigt ist, wenn die strafbare Handlung bei oder in Zusammenhang mit dem Führen eines Kraftfahrzeuges oder unter Verletzung der Pflichten eines Kraftfahrzeugführers begangen worden ist und sich die Ungeeignetheit zum Führen von Kraftfahrzeugen aus der Tat ergibt, stellt sich die Frage, ob die Bindung der Verwaltungsbehörde an den Inhalt des Strafurteils auch dann eintritt, wenn das Strafgericht seine Kompetenz überschritten hat, indem es beispielsweise die Eignung bejaht hat, obwohl die abgeurteilte Straftat nicht bei oder im Zusammenhang mit dem Führen eines Kraftfahrzeuges oder unter Verletzung der Pflichten eines Kraftfahrzeugführers begangen wurde oder umfassend auch Eignungsmängel geprüft hat, die sich nicht aus der Tat ergeben.[275] Während die überwiegende Ansicht im Schrifttum[276] und in der Rechtsprechung[277] im Falle einer Kompetenzüberschreitung des Strafgerichts eine Bindung der Verwaltungsbehörde verneint, hält Schendel[278] die Verwaltungsbehörde auch in diesem Falle für an die strafgerichtliche Entscheidung gebunden.

Des weiteren stellt sich die Frage einer Bindung der Verwaltungsbehörde an die strafrichterliche Beurteilung der Eignung, wenn das gegen den Betroffenen vorliegende Material nach den Ermittlungen der Verwaltungsbehörde wesentlich umfangreicher ist, als der vom Strafgericht herangezogene Tatsachenstoff.[279]

Einigkeit besteht in Rechtsprechung[280] und Literatur[281] darüber, daß keine Bindung der Verwaltungsbehörde besteht, wenn nach der Verkündung des Strafur-

---

[274] Ebenda.
[275] Schendel, S. 38.
[276] vgl. Jagusch/Hentschel, 35. Aufl., § 3 StVG Rdn 28; Himmelreich/Hentschel, Bd. II, 7. Aufl. Rdn 177; Kulemeier, Fahrverbot (§ 44 StGB) und Entzug der Fahrerlaubnis (§§ 69 ff. StGB), S. 143.
[277] vgl. BVerwG NZV 1996, S. 84-86; OVG Bremen VM 1963, Nr. 44.
[278] S. 38-39.
[279] Schendel, S. 42.
[280] BVerwGE 14, 39 (41f); BVerwGE 14, 359; 29, 210, 213; BVerwGE 33, 199, 203 f = NJW 1972, S. 1701.
[281] Himmelrich/Hentschel, Bd. II, 7. Aufl., Rdn 170; Schendel, S. 44.

teils neue Tatsachen hinzutreten, der betroffene Kraftfahrer beispielsweise nach Abschluß des Strafverfahrens mehrere Verkehrsordnungswidrigkeiten begeht.[282]

Umstritten ist jedoch die Frage der Bindung der Verwaltunsgbehörde an die strafrichterliche Beurteilung der Eignung, wenn das Strafgericht nicht sämtlichen zur Zeit der Entscheidung vorhandenen Tatsachenstoff herangezogen hat. Die überwiegende Auffassung in Rechtsprechung und Literatur lehnt in diesem Falle eine Bindung der Verwaltungsbehörde ab, so daß beispielsweise die Bindungswirkung entfällt, wenn das Strafgericht von mehreren Zuwiderhandlungen nur einige gewürdigt hat,[283] wegen eines unrichtigen Auszugs aus dem Bundes- oder Verkehrszentralregister verwertbare Vorstrafen des betroffenen Kraftfahrers übersehen hat,[284] die im Registerauszug der Ermittlungsakten vorhandenen verwertbaren Eintragungen[285] oder ein psychiatrisches Gutachten[286] nicht gewürdigt hat. Begründet wird diese Auffassung damit, daß in Fällen, in denen das Strafgericht nur einen begrenzten Tatsachenstoff herangezogen habe, während das gegen den Betroffenen vorliegende Material nach den Ermittlungen der Verkehrsbehörde wesentlich umfangreicher sei, dem behördlichen Entziehungsverfahren ein umfassenderer Sachverhalt zugrunde läge[287] und daher keine Identität der Sachverhalte vorläge, so daß die ratio des § 3 IV 1 StVG, widersprechende Entscheidungen aufgrund desselben Sachverhaltes in derselben Sache zu verhindern, nicht eingreifen könne.[288] Dagegen vertritt Schendel die Auffassung, daß die Verwaltungsbehörde, auch wenn das Strafgericht nicht sämtlichen zur Zeit der Entscheidung vorhandenen Tatsachenstoff herangezogen habe, an die strafgerichtliche Beurteilung der Eignung gebunden sei.[289] In diesen Fällen keine Bindung anzunehmen, liefe auf die behördliche Korrektur einer für fehlerhaft gehaltenen strafrichterlichen Entscheidung hinaus, eine dem Strafurteil widersprechende behördliche Entscheidung solle aber gerade durch die

[282] Schendel, S. 44.

[283] vgl. BVerwGE 14, 39 (43); VG Köln Zeitschrift für Schadensrecht 1983, S. 383; Himmelrich/Hentschel, Bd. II, 7. Aufl., Rdn 172.

[284] vgl. BVerwG DAR 1988, S. 247 = NZV 1988, S. 37 = VRS 74, 468; BVerwG VM 65, Nr. 114; BVG NZV 1988, S. 37 = StVE § 4 StVG Nr 20; Himmelreich/Hentschel, Bd. II, 7. Aufl., Rdn 172; Jagusch/Hentschel, 35. Aufl., § 3 Rdn 29; Kulemeier, Fahrverbot (§ 44 StGB) und Entzug der Fahrerlaubnis (§§ 69 ff. StGB), S. 143.

[285] Himmelrich/Hentschel, Bd. II, 7. Aufl., Rdn 172.

[286] NZV 1989, S. 125-126; Jagusch/Hentschel, 35. Aufl., Rdn 29.

[287] Schendel, S. 42.

[288] BVerwG BB 1965, S. 1207; BVerwGE 14, 39 = NJW 1962, S. 1265 m. Anm. Czermak; BVerwG DVBl 1964, 672 = BB 1964, 662; Jagusch/Hentschel, 35. Aufl., § 3 Rdn 29; Himmelrich/Hentschel, Bd. II, 7. Aufl., Rdn 172.

[289] S. 44.

Rechtskraft verhindert werden, als deren Ausprägung § 3 IV 1 StVG hinsichtlich der Bindung an die Eignung zu qualifizieren sei.[290]

§ 3 IV 2 Halbsatz 1 StVG bestimmt, daß der Strafbefehl und die gerichtliche Entscheidung, durch welche die Eröffnung des Hauptverfahrens oder der Antrag auf Erlaß eines Strafbefehls abgelehnt wird, einem Urteil gleichstehen. Da der Strafbefehl gemäß § 3 IV 2 Halbsatz 1 StVG für die Verwaltung dieselbe bindende Wirkung wie ein Urteil hat und im Strafbefehlsverfahren ebenfalls die Entscheidungsgründe ergeben müssen, weshalb die Fahrerlaubnis nicht entzogen oder eine isolierte Sperre nicht angeordnet worden ist, obwohl dies nach der Art der strafbaren Handlung in Betracht kam (§§ 410 III, 267 VI 2 StPO), ist die Verwaltungsbehörde wie bei einem Urteil an den schriftlichen Inhalt des Strafbefehls gebunden.

Sofern das Strafgericht in den Entscheidungsgründen des Strafbefehls keine Ausführungen hinsichtlich der Eignung des betroffenen Kraftfahrers macht, so sind nur die getroffenen tatsächlichen Feststellungen und die Beurteilung der Schuldfrage für das behördliche Entziehungsverfahren maßgeblich.[291]

Unter die nach § 3 IV 2 Halbsatz 1 StVG einem Urteil gleichgestellten gerichtlichen Entscheidungen, durch die die Eröffnung des Hauptverfahrens oder der Erlaß eines Strafbefehls abgelehnt wird, fallen die Beschlüsse nach § 204 I und § 408 II StPO.[292] In der Begründung dieser Beschlüsse kann das Gericht feststellen, daß ein bestimmter Sachverhalt vorgelegen habe und den Betroffenen keine Schuld treffe.[293] Außerdem ist es möglich, daß das Strafgericht Ausführungen über die Eignung zum Führen von Kraftfahrzeugen macht.[294] In diesen Fällen ist die Verwaltungsbehörde somit an den Inhalt des Beschlusses gebunden.[295]

Keine bindende Wirkung entfalten dagegen verfahrensbeendende Gerichtsbeschlüsse nach den §§ 153, 153 a-d, 154 StPO[296] und verfahrensbeendende Verfügungen der Staatsanwaltschaft.[297] Auch tritt keine Bindung ein bei einem gerichtlichen Beschluß, der das Vorhandensein eines Verfahrenshindernisses oder das Fehlen einer Verfahrensvoraussetzung feststellt (§ 206 e StPO), oder bei ei-

---

290 Schendel, S. 44.
291 Ebenda, S. 66.
292 Jagusch/Hentschel, 35. Aufl., § 3 StVG Rdn 24.
293 Schendel, S. 68.
294 Ebenda.
295 Ebenda, S. 68.
296 Jagusch/Hentschel, 35. Aufl., § 3 Rdn 24; Schendel, S. 69.
297 Jagusch/Hentschel, 35. Aufl., § 3 Rdn 24; Schendel, S. 69.

ner gerichtlichen Entscheidung, die das Verfahren aus einem solchen Grunde einstellt.[298]

§ 3 IV 2 Halbsatz 2 StVG normiert eine Bindung der Verwaltungsbehörde auch an Bußgeldentscheidungen hinsichtlich des festgestellten Sachverhalts und der Schuldfeststellung. Unter Bußgeldentscheidungen im Sinne dieser Vorschrift fallen nicht nur der Bußgeldbescheid der Verwaltungsbehörde, sondern auch die nach Einlegung des Einspruches ergehenden Gerichtsbeschlüsse oder Urteile.[299]

Die Verwaltungsbehörde ist bei Bußgeldentscheidungen nur an den festgestellten Sachverhalt und die Schuldfeststellung gebunden, weil im Bußgeldverfahren nach § 25 StVG nur ein Fahrverbot, nicht aber die Entziehung der Fahrerlaubnis angeordnet werden darf, und Ausführungen über die Eignung zum Führen von Kraftfahrzeugen daher nicht erforderlich sind.[300]

b. Bindung der Verwaltung im Rahmen des verwaltungsrechtlichen Wiedererteilungsverfahrens

Umstritten ist, ob die Verwaltungsbehörde auch bei der (Wieder-)erteilung einer Fahrerlaubnis nach einem strafgerichtlichen Verfahren insofern an die strafrichterliche Entscheidung gebunden ist, als daß sie nach Ablauf der nach § 69 a StGB festgelegten Sperrfrist zur Neuerteilung verpflichtet ist. Das Gesetz hat diesbezüglich keine ausdrückliche Regelung getroffen.[301] Eine Minderansicht bejaht in analoger Anwendung zu § 3 IV 1 StVG einen Rechtsanspruch des Verkehrsstraftäters nach Ablauf der Sperrfrist auf Neuerteilung durch die Verwaltungsbehörde.[302] Die überwiegende Ansicht in Rechtsprechung und Schrifttum lehnt jedoch zu Recht eine Verpflichtung der Verwaltungsbehörde zur (Wieder-)erteilung der Fahrerlaubnis nach Ablauf der Sperrfrist ab.[303] Eine derartige Verpflichtung liefe nämlich darauf hinaus, daß sich die Fahrerlaubnisentziehung nur durch ihre Länge von einem Fahrverbot abgrenzen würde, was vom Gesetzgeber durch die unterschiedliche Regelung von Fahrverbot und Fahrer-

---

[298] Jagusch/Hentschel, 35. Aufl., § 3 Rdn 24.

[299] Schendel, S. 70; Jagusch/Hentschel, 35. Aufl., § 3 Rdn 22.

[300] Schendel, S. 70.

[301] Oberpottkamp, S. 13; Kulemeier, Fahrverbot (§ 44 StGB) und Entzug der Fahrerlaubnis (§§ 69 ff. StGB), S. 144.

[302] OVG Berlin VRS 24, 149; Schmid DAR 1969, S. 8.

[303] BVerfGE 20, 365; BGHSt 15, 393 (399); VRS 70 , 307; OVG Bremen DÖV 1963, S. 621; Hartung NJW 1965, S. 88; Schönke/Schröder/Stree, 25. Aufl., § 69 Rdn 2; Geppert in LK, 11. Aufl., § 69 Rdn 119; Schendel, S. 56 ff; Kulemeier, Fahrverbot (§ 44 StGB) und Entzug der Fahrerlaubnis (§§ 69 ff. StGB), S. 144.

laubnisentziehung nicht gewollt sein kann.[304] Außerdem spricht die Regelung in § 69 a I 1 StGB, daß das Gericht zu bestimmen hat, daß vor Ablauf von sechs Monaten bis zu fünf Jahren keine Fahrerlaubnis erteilt werden darf, für eine freie Entscheidung der Verwaltungsbehörde im (Wieder-)erteilungsverfahren. Durch diese Regelung wird dem Strafrichter zwar eine Prognose über die voraussichtliche Dauer der Ungeeignetheit abverlangt, jedoch „keine positive Aussage über die Geeignetheit nach Fristablauf."[305] Demnach kann der Ablauf der Sperrfrist für die Verwaltungsbehörde lediglich die Beendigung eines Erteilungsverbots bedeuten.[306]

Daß nach überzeugender Ansicht die Verwaltungsbehörde somit über die (Wieder-)erteilung der Fahrerlaubnis nach Ablauf der vom Strafrichter festgesetzten Sperrfrist frei entscheiden kann, bedeutet jedoch nicht, daß sie die Beurteilung des Strafrichters außer acht lassen darf. Die Verwaltungsbehörde hat gegenüber der Beurteilung durch den Strafrichter vielmehr eine Art „Achtungspflicht",[307] d.h. sie darf die Wiedererteilung nicht aus Gründen versagen, die der Strafrichter bei seiner Entscheidung bereits berücksichtigt hat.[308]

Da die Verwaltungsbehörde aber die Eignung nicht wie der Strafrichter nur auf der Grundlage der Tat, sondern unter einer umfassenden Würdigung der Gesamtpersönlichkeit des Täters zu beurteilen hat,[309] ist sie dabei nicht auf die Prüfung nur neuer Tatsachen beschränkt.[310]

---

[304] Kulemeier, Fahrverbot (§ 44 StGB) und Entzug der Fahrerlaubnis (§§ 69 ff. StGB), S. 145;. Geppert in LK, 11. Aufl., § 69 Rdn 119.

[305] Geppert in LK, 11. Aufl., § 69 Rdn 119.

[306] Oberpottkamp, S. 14.; Kulemeier, Fahrverbot (§ 44 StGB) und Entzug der Fahrerlaubnis (§§ 69 ff. StGB), S. 144.

[307] Hentschel DAR 1979, S. 320.

[308] Geppert in LK, 11. Aufl., § 69 Rdn 119.

[309] Kulemeier, Fahrverbot (§ 44 StGB) und Entzug der Fahrerlaubnis (§§ 69 ff. StGB), S. 141.

[310] Geppert in LK, 11. Aufl., § 69 Rdn 119.

B. Kritische Betrachtung der derzeitigen Ausgestaltung der Fahrerlaubnisentziehung als Maßregel der Besserung und Sicherung

I. Kritikpunkte

1. „Etikettenschwindel"

Die gesetzliche Einordnung der Entziehung der Fahrerlaubnis als Maßregel der Besserung und Sicherung wird vielfach als sogenannter „Etikettenschwindel" bezeichnet, weil in der Lebenswirklichkeit dem Fahrerlaubnisentzug vielfach Strafcharakter zukommt. Diese Diskrepanz zwischen gewollter gesetzlicher Einordnung und Lebenswirklichkeit zeigt sich am Gesetz selbst, an der Handhabung der Entziehung der Fahrerlaubnis in der Rechtsprechung und am Empfinden des Täters.

a. Gesetz

Das Gesetz selbst gibt nämlich schon mehrere Anhaltspunkte dafür, die Entziehung der Fahrerlaubnis nicht - ihrer systematischen Einordnung entsprechend - als Maßregel der Besserung und Sicherung anzusehen, sondern als Strafe.[311]

aa. Aufstellung sogenannter Regelbeispiele in § 69 II StGB

Die Aufstellung der sogenannten Regelbeispiele in § 69 II StGB ist aus Maßregelsicht nicht unbedenklich.

Der Gesetzgeber hat in § 69 II StGB Regelbeispiele aufgestellt, die grundsätzlich die Ungeeignetheit des Täters zum Führen von Kraftfahrzeugen indizieren, weil er davon ausging, daß die Begehung der dort aufgeführten Delikte in der Regel einen solchen Grad des Versagens oder der Verantwortungslosigkeit des Täters offenbaren, daß damit zugleich dessen Ungeeignetheit feststeht.

Eine derartige gesetzgeberische Prämisse ist jedoch nicht haltbar. Selbst wenn man davon ausgeht, daß bei Vorliegen eines in § 69 II StGB genannten Regelbeispiels dem Täter grundsätzlich ein schwerwiegendes Versagen vorzuwerfen sei, ist es eine völlig verfehlte Pauschalisierung, die mit einer Geeignetheitsprüfung, wie sie für eine Maßregel der Besserung und Sicherung vorgenommen werden müßte, nichts mehr zu tun hat, daraus den Schluß zu ziehen, daß der Täter grundsätzlich im Zeitpunkt der gerichtlichen Entscheidung und für die

---

[311] Schultz BA 1982, S. 321.

Dauer von mindestens weiteren sechs Monaten ungeeignet zum Führen von Kraftfahrzeugen ist.[312] Vielmehr müßte, um dem Maßregelcharakter der Entziehung der Fahrerlaubnis gerecht zu werden, auch bei Vorliegen eines Regelbeispiels „je nach Art und Ursache der durch die Tat in Erscheinung getretenen Charaktermängel“ und ihrer Behebbarkeit die Frage der Geeignetheit zum Führen von Kraftfahrzeugen in jedem Einzelfall unter Berücksichtigung der gesamten Täterpersönlichkeit geprüft werden.[313]

Bei Vornahme einer derartigen Prüfung käme man sicherlich bei Vorliegen einiger Regelbeispiele im Sinne des § 69 II StGB dazu, den Täter als weiterhin geeignet zum Führen von Kraftfahrzeugen zu bezeichnen, so z.B., wenn es sich um den ersten Verkehrsverstoß eines Täters handelt, der sich zuvor jahrzehntelang im Straßenverkehr bewährt hat.[314] Damit zeigt sich jedoch, daß der vom Gesetzgeber gezogene Schluß, grundsätzlich sei in den Fällen des § 69 II StGB eine Ungeeignetheit zum Führen von Kraftfahrzeugen gegeben, verfehlt ist.

bb. Auswahl der Katalogtaten des § 69 II StGB

Neben der grundsätzlichen Fragwürdigkeit der Aufstellung eines Regelkatalogs für die Entziehung der Fahrerlaubnis bestehen des weiteren aus Maßregelsicht Bedenken gegen die in § 69 II StGB normierten Katalogtaten.

aaa. § 315 c StGB

Die Aufnahme des § 315 c StGB (vgl. § 69 II Nr. 1 StGB) in den Katalog der Regelbeispiele des § 69 II StGB ist mit dem Maßregelcharakter der Entziehung der Fahrerlaubnis nicht vereinbar, da dadurch die Entziehung der Fahrerlaubnis davon abhängig gemacht wird, ob durch die Tat eine bestimmte konkrete Gefahr entstanden ist. Indem der Gesetzgeber die Entziehung der Fahrerlaubnis von dem Eintreten eines Gefährdungserfolges abhängig macht, knüpft er jedoch statt an eine „durch die Fahrweise zutage getretene Ungeeignetheit“ an die Tatfolge an.[315] Die Tatfolge - der Gefährdungserfolg - kann aber darüber, ob man den Täter als geeignet oder ungeeignet zum Führen von Kraftfahrzeugen ansehen muß, meistens so gut wie gar nichts aussagen.[316] Im Straßenverkehr hängt der Eintritt oder das Ausbleiben einer konkreten Gefahr nämlich sehr häufig vom

---

[312] Preisendanz DAR 1981, S. 310.
[313] Ebenda.
[314] Ebenda, S. 309.
[315] Preisendanz BA 1981, S. 94.
[316] Cramer, Unfallprophylaxe, S. 57.

Zufall ab und kann damit dann zur Klärung der Eignungsfrage des Täters zum Führen von Kraftfahrzeugen nichts beitragen.[317] Selbst, wenn man den Gefährdungserfolg als Indiz mangelnder Eignung ansieht,[318] bedarf es weiterer Feststellungen, um tatsächlich von der Ungeeignetheit des Täters zum Führen von Kraftfahrzeugen ausgehen zu können.[319]

bbb. § 316 StGB

Auch gegen die Trunkenheit im Verkehr als Katalogtat für die Entziehung der Fahrerlaubnis (vgl. § 69 II Nr. 2 StGB) bestehen aus Maßregelsicht Bedenken. § 316 StGB ist vom Gesetzgeber wegen der ungewöhnlichen Gefährlichkeit des Alkohols im Straßenverkehr in den Regelkatalog des § 69 II StGB aufgenommen worden.[320] Trunkenheitstäter stellen jedoch nur dann - wie für eine Entziehung der Fahrerlaubnis erforderlich - eine weitere Gefahr für die Straßenverkehrssicherheit dar, wenn sie wieder trinken sollten.[321] Da eine Prognose in der Weise, daß wieder angetrunken fährt, wer dies schon einmal getan hat, nicht haltbar ist,[322] müßte gerade bei Ersttätern zur Beurteilung der Rückfallwahrscheinlichkeit eine umfassende Würdigung der Persönlichkeit stattfinden.[323] Insgesamt stellt sich die Gruppe der Trunkenheitstäter also als zu unterschiedlich dar, als daß man bei ihnen regelmäßig ohne Würdigung der Persönlichkeit von der Ungeeignetheit zum Führen von Kraftfahrzeugen ausgehen könnte.[324]

ccc. § 142 StGB

Des weiteren verträgt es sich mit dem Maßregelcharakter der Entziehung der Fahrerlaubnis nicht, daß ein unerlaubtes Entfernen vom Unfallort (§ 142 StGB) dann gemäß § 69 II Nr. 3 StGB zu den Regelbeispielen zählt, wenn der Täter wußte oder wissen konnte, daß bei dem Unfall ein Mensch getötet oder nicht unerheblich verletzt worden oder an fremden Sachen bedeutender Schaden entstanden ist. Bereits die Aufnahme des § 142 StGB in den Katalog der Regelbeispiele ist verfehlt.

---

[317] Ebenda, S. 57.
[318] so Kulemeier, Fahrverbot (§ 44 StGB) und Entzug der Fahrerlaubnis (§§ 69 ff. StGB), S. 298.
[319] Ebenda.
[320] Oberpottkamp, S. 75; Lackner JZ 1965, S. 211.
[321] Preisendanz BA 1981, S. 94; Schultz BA 1982, S. 321.
[322] Ebenda.
[323] Kulemeier, Fahrverbot (§ 44 StGB) und Entzug der Fahrerlaubnis (§§ 69 ff. StGB), S. 299.
[324] Ebenda, S. 298.

Nach ganz herrschender Meinung in Rechtsprechung[325] und Literatur[326] schützt § 142 StGB ausschließlich das private Interesse der Unfallbeteiligten und Geschädigten an möglichst umfassender Aufklärung des Unfallherganges, um Schadensersatzansprüche zu sichern oder abzuwenden.

Da § 142 StGB somit nicht dem Schutze der Straßenverkehrssicherheit dient[327] und ein unerlaubtes Entfernen vom Unfallort zudem auch unabhängig von dem Schutzzweck dieser Vorschrift nichts über die Eignung oder Nichteignung zum Führen von Kraftfahrzeugen aussagt,[328] zumal unter den Begriff des Unfallbeteiligten im Sinne des § 142 IV StGB auch Personen fallen, die gar nicht schuldhaft am Verkehrsunfall mitgewirkt haben, sondern nur in irgendeiner Weise an diesem beteiligt gewesen sind,[329] kann aus der Verwirklichung des § 142 StGB nicht, wie für die Entziehung der Fahrerlaubnis erforderlich, auf eine künftige Gefährdung im Straßenverkehr geschlossen werden.[330]

Unabhängig davon, daß bereits die Aufnahme des § 142 StGB in den Katalog der Regelbeispiele des § 69 II StGB mit dem Maßregelcharakter der Entziehung der Fahrerlaubnis nicht vereinbar ist, widerspricht es auch diesem Charakter, daß die Frage, ob ein unerlaubtes Entfernen vom Unfallort bei der Verursachung fremden Sachschadens ein Regelbeispiel im Sinne des § 69 II Nr. 3 StGB darstellt, von der Bedeutung des Sachschadens abhängt. Die Größe des Schadens wird nämlich von zahlreichen Faktoren mitbestimmt, aus denen sich überhaupt keine Schlüsse über die Eignung oder Nichteignung zum Führen von Kraftfahrzeugen ziehen lassen, so daß es geradezu absurd ist, die Ungeeignetheit des Täters von der Bedeutung des Sachschadens abhängig zu machen.[331]

Der Regelung des § 69 II Nr. 3 StGB kommt damit, da sie lediglich den Anspruchsschutz des § 142 StGB verstärkt, dies aber mit der Intention, die die Entziehung der Fahrerlaubnis als Maßregel der Besserung und Sicherung verfolgt, nichts zu tun hat, Strafcharakter zu.[332]

---

[325] BVerfGE 16, 191 (193); BGHSt 8, 263 (265); 24, 382 (385).
[326] Lackner/Kühl, 23. Aufl., § 142 Rdn 1; Schönke/Schröder/Cramer, 25. Aufl., § 142 Rdn 1; Dünnebier GA 1957, S. 33.
[327] Kulemeier, Fahrverbot (§ 44 StGB) und Entzug der Fahrerlaubnis (§§ 69 ff. StGB), S. 299; Lackner/Kühl, 23. Aufl., § 142 Rdn 1.
[328] Kulemeier, Fahrverbot (§ 44 StGB) und Entzug der Fahrerlaubnis (§§ 69 ff. StGB), S. 299.
[329] Lackner/Kühl § 142 Rdn 3; Baumann, Forensia, 1987, S. 50, 51; Kulemeier, Fahrverbot (§ 44 StGB) und Entzug der Fahrerlaubnis (§§ 69 ff. StGB) S. 299.
[330] Kulemeier, Fahrverbot (§ 44 StGB) und Entzug der Fahrerlaubnis (§§ 69 ff. StGB), S. 299.
[331] Ebenda.
[332] Baumann, Forensia, 1987, S. 51.

ddd. Vollrausch (§ 323 a StGB), der sich auf eine der Taten nach den Nummern 1 bis 3 bezieht

Da die Aufstellung der Katalogtaten des § 69 II Nummer 1 bis 3 mit dem Maßregelcharakter der Entziehung der Fahrerlaubnis nicht vereinbar ist, ist zwangsläufig auch die Aufnahme des Vollrausches, der sich auf eine der Taten nach den Nummern 1 bis 3 bezieht, in den Regelkatalog des § 69 II StGB (vgl. § 69 II Nr. 4 StGB) maßregelwidrig.

cc. Mindestsperrfristen für die Erteilung einer neuen Fahrerlaubnis (§ 69 a I 1 und § 69 a III StGB)

Auch die in § 69 a I 1 und § 69 a III StGB geregelten Mindestsperrfristen für die Erteilung einer neuen Fahrerlaubnis sind mit dem Maßregelcharakter des Instituts der Entziehung der Fahrerlaubnis nicht vereinbar.

Da es aus Maßregelsicht nur darauf ankommen kann, den Täter so lange aus dem Straßenverkehr auszuschließen, wie er ungeeignet zum Führen von Kraftfahrzeugen ist, läßt es sich nicht begründen, weshalb die Sperrfrist mindestens sechs Monate (§ 69 a I 1 StGB) bzw. ein Jahr (§ 69 a III StGB) betragen muß.[333] Gleiches gilt für die in § 69 a IV 2 StGB enthaltene Regelung, daß die Sperrfrist bei der Berücksichtigung vorläufiger Maßnahmen drei Monate nicht unterschreiten darf. Ebenso wenig wie sich die Behauptung rechtfertigen läßt, eine Ungeeignetheit zum Führen von Kraftfahrzeugen dauere immer mindestens sechs Monate bzw. in den Fällen des § 69 a III StGB mindestens ein Jahr, entbehrt die Fiktion, daß der ungeeignete Kraftfahrer unabhängig davon, wie lange er bis zum Zeitpunkt der Hauptverhandlung durch vorläufige Maßnahmen vom Straßenverkehr ferngehalten worden ist, nach der Hauptverhandlung noch mindestens drei Monate ungeeignet bleibt, jeglicher Grundlage.[334]

dd. Ausnahmen bestimmter Kraftfahrzeuge von der Sperrfrist (§ 69 a II StGB) und von der vorläufigen Fahrerlaubnisentziehung (§ 111 a I 2 StPO)

Weiterhin verträgt es sich nur schwerlich mit dem Maßregelcharakter der Entziehung der Fahrerlaubnis, daß das Gericht bestimmte Kraftfahrzeuge nach § 69 a II StGB von der festzusetzenden Sperrfrist oder nach § 111 a I 2 StPO von der vorläufigen Fahrerlaubnisentziehung ausnehmen kann, soweit der Zweck der jeweiligen Maßnahme nicht entgegensteht. Durch diese Regelungen hat der Ge-

---

[333] Cramer NJW 1968, S. 1764, Fußn. 13.

[334] Kulemeier, Fahrverbot (§ 44 StGB) und Entzug der Fahrerlaubnis (§§ 69 ff. StGB), S. 348.

setzgeber die Prämisse einer Teilbarkeit des Ungeeignetheitsbegriffes aufgestellt,[335] die Entscheidungen der Rechtsprechung zeigen jedoch, daß sich die Annahme einer beschränkten Fahrtauglichkeit für Kraftfahrzeuge, auf die die Fahrerlaubnis beschränkt werden kann,[336] nicht maßregelgerecht begründen läßt.[337] Ausnahmen bestimmter Kraftfahrzeuge von der Sperrfrist oder von der vorläufigen Fahrerlaubniserteilung werden ausschließlich zugelassen, wenn der Betroffene aus wirtschaftlichen Gründen auf das Kraftfahrzeug angewiesen ist. Da aber wirtschaftliche Aspekte die Anordnung einer Fahrerlaubnisentziehung nicht rechtfertigen dürfen, wird versucht, die Ausnahmen durch andere Argumente zu begründen, die aber insgesamt nicht überzeugend eine weitere Gefährdung anderer Verkehrsteilnehmer ausschließen können.[338] Allenfalls ließe es sich maßregelgerecht rechtfertigen, eine beschränkte Fahrtauglichkeit[339] für Kraftfahrzeuge anzunehmen, die bauartbedingt nur eine geringe Höchstgeschwindigkeit erreichen.[340]

ee. Nichtgeltung des Verhältnismäßigkeitsgrundsatzes

Als weiterer gesetzlicher Anhaltspunkt gegen den Maßregelcharakter der Entziehung der Fahrerlaubnis wird teilweise in der Literatur angeführt, daß § 69 I 2 StGB den nach § 62 StGB allgemein für Maßregeln geltenden Verhältnismäßigkeitsgrundsatz gerade für die Anordnung der Entziehung der Fahrerlaubnis ausschlösse.[341] § 69 I 2 StGB spreche zwar nur davon, daß es einer weiteren Prüfung der Verhältnismäßigkeit nicht bedürfe, die Voraussetzungen der Fahrerlaubnisentziehung wären jedoch nicht genau genug geregelt, um ihrerseits bereits dem Verhältnismäßigkeitsprinzip zu genügen.[342] Es wäre nicht einzusehen, daß bei anderen von ihren Voraussetzungen her eindeutiger geregelten Maßregeln wie der Unterbringung in einem psychiatrischen Krankenhaus oder einer Entziehungsanstalt eine Verhältnismäßigkeitsprüfung stattzufinden habe, auf diese aber gerade dann verzichtet werden soll, wenn sie, wie bei der Anordnung der Fahrerlaubnisentziehung aufgrund der weniger fest umrissenen Voraussetzungen, erforderlich wäre.[343] Diese Auffassung überzeugt jedoch aus folgenden Gründen nicht:

---

[335] Ebenda, S. 307.
[336] Diese Arten von Kraftfahrzeugen können von der Sperre und von der vorläufigen Entziehung ausgenommen werden; s.o. S. 34.
[337] Kulemeier, Fahrverbot (§ 44 StGB) und Entzug der Fahrerlaubnis (§§ 69 ff. StGB), S. 307.
[338] Ebenda, S. 307, 350.
[339] Ebenda, S. 307.
[340] Ebenda, S. 350 u. 358.
[341] Cramer, Unfallprophylaxe, S. 56, Fußn 3; Baumann, Forensia 1987, S 49, 50.
[342] Baumann, Forensia 1987, S. 50.
[343] Ebenda.

Die Voraussetzungen für eine Anordnung der Fahrerlaubnisentziehung sind zwar schwer festzustellen. Dies liegt jedoch nicht daran, daß der Gesetzgeber diese Voraussetzungen nicht hinreichend genug geregelt hat, sondern an den Schwierigkeiten, die (wie im einzelnen noch darzulegen sein wird) die Auslegung des unbestimmten Rechtsbegriffs der Ungeeignetheit mit sich bringt. Sofern man jedoch wie der Gesetzgeber davon ausgeht, daß der Strafrichter die Ungeeignetheit eindeutig feststellen kann, wäre es verfehlt, eine weitere Verhältnismäßigkeitsprüfung zu verlangen, weil das Übermaßverbot bei eindeutiger Ungeeignetheit nicht verletzt sein kann.[344]

Daß bei den anderen Maßregeln trotz Vorliegens ihrer Voraussetzungen noch eine Verhältnismäßigkeitsprüfung stattzufinden hat, bei der Fahrerlaubnisentziehung dagegen nicht, ist zudem dadurch gerechtfertigt, daß die anderen Maßregeln die Freiheit der von ihnen Betroffenen erheblicher einschränken als die Entziehung der Fahrerlaubnis.[345]

ff. „Anrechnung" vorläufiger Maßnahmen auf die Sperrfrist der endgültigen Fahrerlaubnisentziehung (§§ 69 a IV 1 und 69 a VI StGB)

Teilweise wird in der Literatur auch die Auffassung vertreten, die in den §§ 69 a IV 1 und 69 a VI StGB geregelte Anrechnung einer vorläufigen Fahrerlaubnisentziehung bzw. einer Führerscheinsicherstellung oder Beschlagnahme auf die Sperrfrist der endgültigen Fahrerlaubnisentziehung vertrage sich nur schwerlich mit der Einordnung der Fahrerlaubnisentziehung als einer Maßregel der Besserung und Sicherung.[346]

Dieser Auffassung kann jedoch nicht gefolgt werden, weil die ganz herrschende Ansicht in Rechtsprechung und Literatur unter Hinweis auf die amtliche Begründung zum 2. VerkSichG richtigerweise davon ausgeht, daß durch die Regelungen in §§ 69 a IV 1 und VI StGB gar keine Anrechnung im eigentlichen Sinne gewährleistet werden soll, sondern diese Vorschriften lediglich den Ermessenspielraum des Richters erweitern, indem er die Dauer der vorläufigen Maßnahmen bei der Bemessung der Sperrfrist der endgültigen Fahrerlaubnisentziehung berücksichtigen kann.[347]

---

[344] h.M. Lackner/Kühl, 23. Aufl., § 69 Rdn 9; Tröndle/Fischer § 69 Rdn 15, OLG Zweibrükken VM 1976, S. 77; a.A. AG Bad Homburg NJW 1984, S. 2840.
[345] Schönke/Schröder/Stree, 25. Aufl., § 69 Rdn 56.
[346] Peters DAR 1978, S. 185; Schultz BA 1982, S. 321; Cramer, Unfallprophylaxe, S. 57.
[347] s.o. S. 34.

gg. Anrechnung der Dauer einer vorläufigen Entziehung der Fahrerlaubnis bzw. einer Verwahrung, Sicherstellung oder Beschlagnahme des Führerscheins auf ein Fahrverbot (§ 51 V StGB)

Ein weiteres gewichtiges Argument gegen den Maßregelcharakter der Entziehung der Fahrerlaubnis wird teilweise in der Vorschrift des § 51 V StGB gesehen, nach der die Dauer einer vorläufigen Entziehung der Fahrerlaubnis (§ 51 V 1 StGB) bzw. einer Verwahrung, Sicherstellung oder Beschlagnahme des Führerscheins (§ 51 V 2 StGB) auf ein Fahrverbot angerechnet wird.[348] Aus dieser Anrechnungsmöglichkeit zeige sich, wie auch das OLG Frankfurt in einer Entscheidung vom 23.8.1967[349] ausgeführt habe, die Wesensgleichheit der Fahrerlaubnis und des Fahrverbots.[350] Diese Ansicht überzeugt jedoch nicht. Der Vorschrift des § 51 V StGB liegt lediglich der Gedanke zugrunde, daß die vorläufigen Maßnahmen den Täter in gleicher Weise belasten wie ein Fahrverbot und es daher - da der Täter durch die vorläufigen Maßnahmen gewissermaßen bereits einen Teil des zu verhängenden Fahrverbots verbüßt hat - aus Billigkeitsgründen einer Anrechnung bedarf.[351] Allein daraus, daß den vorläufigen Maßnahmen im praktischen Ergebnis die gleiche Wirkung wie einem Fahrverbot zukommt und diese Maßnahmen daher auf ein solches anzurechnen sind, auf die Wesensähnlichkeit zwischen Fahrerlaubnisentziehung und dem Fahrverbot zu schließen, ist jedoch verfehlt.[352] Von einer Wesensähnlichkeit zweier Maßnahmen kann man nämlich richtigerweise nur dann sprechen, wenn sie die gleiche Zielrichtung haben[353] und der Gesetzgeber hat durchaus eine Anrechnung auch bei staatlichen Reaktionen mit unterschiedlicher Zielrichtung zugelassen, wie sich aus § 51 I 1 StGB ergibt.[354] Nach § 51 I 1 StGB kann nämlich eine aus Anlaß der Tat erlittene Untersuchungshaft auf eine (zeitige) Freiheitsstrafe oder eine Geldstrafe angerechnet werden. Die Untersuchungshaft soll nach dem Willen des Gesetzgebers unzweifelhaft keine Strafe sein, sondern die Durchführung eines Strafverfahrens sichern (§ 112 StPO).[355] Die Anrechenbarkeit der Untersuchungshaft auf eine (zeitige) Freiheitsstrafe oder Geldstrafe zeigt somit, daß der Schluß verfehlt wäre, allein aus dem Bestehen der Vorschrift des § 51 V StGB auf die Wesensähnlichkeit von Fahrerlaubnisentziehung und Fahrverbot zu schließen und die Regelung des § 51 V StGB daher als Anhaltspunkt gegen den Maßregelcharakter der Fahrerlaubnisentziehung zu betrachten.

---

348 Koch DAR 1973, S. 15; Koch DAR 1977, S. 92.
349 NJW 1968, S.1793 f.
350 Koch DAR 1977, S. 92.
351 Hentschel ZRP 1975, S. 211; Oberpottkamp, S. 78; Berz VGT 1980, S. 307.
352 Berz VTG 1980, S. 307.
353 Ebenda.
354 Ebenda.
355 Ebenda.

b. Rechtsprechung

Auch die Rechtsprechung verhängt die Fahrerlaubnisentziehung bei schuldhaft handelnden Verkehrssündern vielfach nicht im Sinne einer Maßregel der Besserung und Sicherung, sondern handhabt diese praktisch wie eine Nebenstrafe.[356]

Diese Handhabung zeigt sich insbesondere an folgendem:

aa. „Zusammenhangstaten" (§ 69 I 1 2. Alt. StGB)

Da der Wortlaut des § 69 I 1 StGB auch Taten erfaßt, die im Zusammenhang mit dem Führen eines Kraftfahrzeuges begangen worden sind (§ 69 I 1 2. Alt. StGB), ist die Entziehung der Fahrerlaubnis nicht nur bei Verkehrsdelikten, sondern auch bei Taten möglich, die keine Verletzung der spezifisch dem Kraftfahrer obliegenden Pflichten erfordern.[357] Maßregelgerecht dürften derartige Zusammenhangstaten nur dann einen Entzug der Fahrerlaubnis rechtfertigen, wenn sie eine erhöhte Gefahr für andere Verkehrsteilnehmer geschaffen haben,[358] und die Befürchtung besteht, daß der Täter die Verkehrssicherheit auch künftig durch solche Taten gefährden wird.

Die Rechtsprechung läßt unter Hinweis auf den Gesetzeswortlaut und die Motive zum 1. StVerkSichG, wo ein Zusammenhang (beispielhaft) schon dann bejaht wurde, „wenn der Täter sich mit dem Kraftfahrzeug an den Tatort begeben oder wenn er es benutzt hat, um die Beute wegzuschaffen",[359] zahlreiche Delikte als Anlaßtaten für einen Fahrerlaubnisentzug zu. Die von der Rechtsprechung selbst geprägte Formel, wonach ein Zusammenhang mit dem Führen eines Kraftfahrzeuges immer dann gegeben ist, wenn das Fahrzeug als Fortbewegungsmittel zur Vorbereitung, Durchführung, Ermöglichung, Verdeckung oder Ausnutzung der Straftat dient, wird dabei nicht einheitlich angewandt und teilweise ganz ignoriert.[360]

Im einzelnen hat die Rechtsprechung beispielsweise folgende Nichtverkehrsdelikte als taugliche Anlaßtaten für einen Fahrerlaubnisentzug wegen einer im Zusammenhang mit dem Führen eines Kraftfahrzeuges begangenen Tat angesehen:

---

[356] Schultz BA 1980, S. 8; Preisendanz DAR 1981, S. 308.
[357] Cramer, Unfallprophylaxe, S. 58.
[358] Himmelreich/Hentschel, Bd. I, 8. Aufl., Rdn 18.
[359] BT-Drucksache I/2674; Geppert in LK, 11. Aufl., § 69 Rdn 33.
[360] Kulemeier NZV 1993, S. 214-215.

- Betrug, wenn der Täter das Kraftfahrzeug benutzt, um seine Beute abzutransportieren,[361] ein fremdes Kraftfahrzeug betrügerisch zur Vortäuschung eigener Kreditwürdigkeit im Rahmen von Zechprellereien oder dem Ankauf von Treibstoff einsetzt,[362] auf betrügerische Weise versucht, von einem Autovermieter einen Mietwagen zu erlangen[363] oder sich Benzin oder andere Tankstellenleistungen erschwindelt.[364]

- Versicherungsbetrug[365] durch gestellte oder provozierte Unfälle.

- Hehlerei, wenn die Hehlerware mit dem Kraftfahrzeug transportiert wird[366] und die Tat noch nicht beendet ist,[367] nicht jedoch bei bloßem Ablegen der Hehlerware im Kraftfahrzeug[368] oder wenn das Kraftfahrzeug selbst Tatobjekt der Hehlerei ist.[369]

- Raub und Diebstahl, wenn das Kraftfahrzeug zum Aufsuchen und Auskundschaften der Tatorte,[370] zur eingeplanten Flucht vom Tatort[371] und zum Abtransport der Beute[372] benutzt wird, nicht jedoch, sofern das Kraftfahrzeug nur als reines Beförderungsmittel[373] oder als Versteck der Beute[374] dient oder wenn die Beute nachträglich nochmals transportiert wird.[375]

- Urkundsdelikte, wenn der Täter einen gefälschten Führerschein dazu verwendet, ein Kraftfahrzeug bei einem Autovermieter zu mieten[376] oder ihn einem Polizisten im Rahmen einer Verkehrskontrolle vorweist,[377] nicht jedoch, wenn ein gefälschter Führerschein nicht zum Nachweise der Legitimation vorgelegt wird.[378]

---

[361] BGH b. Spiegel DAR 1977, S. 151.
[362] BGHSt 5, 179 = NJW 1954, 163 = JZ 1954, 126; Geppert in LK § 69 Rdn 40.
[363] BGH VRS 15, 112.
[364] BGH VRS 30, 275.
[365] OLG München NJW 1992, S. 2777.
[366] OLG Köln MDR 1972, S. 621.
[367] OLG Stuttgart NJW 1973, 2214.
[368] OLG Köln MDR 1972, S. 621; BGH VRS 67, 1.
[369] OLG Stuttgart NJW 1973, S. 2214.
[370] Für Bankraub: BGH b. Martin DAR 1968, 124; BGH.; für Diebstahl: BGH b. Spiegel DAR 1977, 151; BGH b. Holtz MDR 1978, 986; OLG Düsseldorf VRS 67, 255.
[371] BGH NStZ 95, 229.
[372] OLG Düsseldorf VRS 67, 255.
[373] BGH NStZ 95, 229.
[374] OLG Köln MDR 72, 622.
[375] Geppert in LK, 11. Aufl., § 69 Rdn 43.
[376] OLG Köln MDR 72, 621.
[377] OLG Hamm VRS 63, 348; BayObLG VRS 51, 27.
[378] OLG Köln MDR 72, 621 (622).

- Körperverletzungen und Beleidigungen nach einem Verkehrsvorgang, wenn die Auseinandersetzung ihren Anlaß in einem Streit über das Fahrverhalten der Beteiligten hat.[379]

- Widerstand gegen Vollstreckungsbeamte im Rahmen einer Polizeikontrolle[380] und gewaltsame Nötigungen, mit denen andere Verkehrsteilnehmer zum Anhalten gezwungen werden sollen.[381]

- Betäubungsmitteldelikte, wenn die Täter sich für ihre Durchführung eines Kraftfahrzeugs bedienen,[382] wobei die Rechtsprechung neuerdings die Voraussetzungen für einen Fahrerlaubnisentzug allerdings nur dann für gegeben hält, wenn die Täter bereits mehrfach ein Kraftfahrzeug zum Transport von Drogen benutzt haben.[383]

- Sexualdelikte, sofern sich der Täter zur Begehung seiner Tat eines Kraftfahrzeugs bedient hat[384] und den Entschluß zu dem Delikt bereits während der Fahrt gefaßt hat.[385]

Die Rechtsprechung verlangt für einen Zusammenhang mit dem Führen eines Kraftfahrzeugs, der eine Fahrerlaubnisentziehung rechtfertigen kann, auch nicht, daß der Täter das Fahrzeug eigenhändig gelenkt hat, so daß auch Beifahrern[386] oder Haltern[387] die Fahrerlaubnis entzogen werden kann, wenn sie in ihrer Person eine mit Strafe bedrohte Anlaßtat verwirklicht haben.[388] Beim Versicherungsbetrug durch gestellte oder provozierte Unfälle soll sogar ein Fahrerlaubnisentzug für den KFZ-Sachverständigen in Betracht kommen, der sich dadurch

---

379 Geppert in LK, 11. Aufl., § 69 Rdn 39; OLG Köln NJW 63, 2379; OLG Karlsruhe Justiz 89, 53; OLG Hamm VRS 28, 260; BayObLG NJW 1959, 2127; BayObLG b. Rüth DAR 1966, 259.

380 OLG Hamm VRS 8, 46, 47.

381 OLG Hamm VRS 25, 186 und BayObLG NJW 1959, 2126 = JR 1959, 470. Geppert in LK, 1.. Aufl., § 69 Rdn 39.

382 BGH VRS 81, 369; OLG Düsseldorf NZV 1992, 331.

383 BGH NZV 1993, 35.

384 BGHSt 7, 165 (167); BGH b. Martin DAR 1968, 124; BGH VRS 36, 266; BGHSt 22, 329; BGH DRiZ 1981, 338.

385 BGH VRS 36, 266; BGHSt 22, 286 (329); BGH DRiZ 1981, 338.

386 BGHSt 10, 333 (336); BGH b. Holtz MDR 1978, S. 986; OLG Oldenburg VRS 21, 111; BGH VRS 18, 420; LG Ravensburg NZV 93, 325.

387 SchlHA 62, S. 148; OLG Stuttgart NJW 1961, S. 690.

388 Geppert in LK, 11. Aufl., § 69 Rdn 44.

als Mittäter strafbar macht, daß er in Kenntnis des Sachverhalts ein Schadensgutachten erstattet.[389]

Wie die soeben dargestellten Fallgruppen zeigen, legt die Rechtsprechung den Begriff der Zusammenhangstaten, die einen Fahrerlaubnisentzug rechtfertigen können, sehr weit aus. Eine derartige extensive Auslegung ist jedoch mit dem Maßregelcharakter der Entziehung der Fahrerlaubnis nicht vereinbar:

Die Entscheidungen, in denen die Rechtsprechung eine Fahrerlaubnisentziehung darauf gestützt hat, daß der Täter den Besitz seines Kraftfahrzeuges oder Führerscheines zur Begehung von Betrügereien ausgenutzt oder in betrügerischer Weise den Besitz eines Kraftfahrzeuges erlangt hatte, verstoßen schon gegen den Wortlaut des § 69 I 1 2. Alt. StGB, da dieser - der Entziehung der Fahrerlaubnis als Maßregel zur Aufrechterhaltung der Verkehrssicherheit entsprechend - einen Zusammenhang mit dem Führen und nicht nur mit dem Besitz eines Kraftfahrzeuges verlangt.[390] Auch an der Begründung, die für eine Entziehung der Fahrerlaubnis in diesen Fällen gegeben wird, nämlich, daß ein Eignungsmangel im Sinne von § 69 StGB nicht so ausgelegt werden dürfe, daß darunter nur Mängel in der Fähigkeit, ein Kraftfahrzeug sicher zu führen, fallen, sondern auch Charaktermängel, die in der Tat zutage getreten sind, zur Anwendung des § 69 StGB führen müßten, wenn wegen ihres Vorliegens, die für die Führung eines Kraftfahrzeuges allgemein erforderliche Zuverlässigkeit fehle,[391] zeigt sich die maßregelwidrige Handhabung. Eine derartige Auslegung des Eignungsbegriffes hätte nämlich in konsequenter Fortführung zur Folge, daß jede strafbare Handlung mit dem Ziel, ein Kraftfahrzeug führen zu können, die Anwendung des § 69 StGB rechtfertigen würde.[392] „Da es [jedoch] kaum bestritten werden kann, daß mancher Ganove besser fährt und damit für den Verkehr ungefährlicher ist, als ein sich im Verkehr unsicher benehmender, im übrigen aber sehr charaktervoller Sonntagsfahrer",[393] würde die Entziehung der Fahrerlaubnis, sofern man sie wie die Rechtsprechung auch auf Charaktermängel anwendet, die die Verkehrssicherheit nicht beeinträchtigt haben, ihren spezifischen Charakter als Maßnahme im Dienste der allgemeinen Verkehrssicherheit verlieren und zu einer Sanktion zur Bekämpfung allgemeiner Kriminalität verfälscht werden.[394]

---

[389] OLG München NJW 1992, 2777
[390] Himmelreich/Hentschel, Bd. I, 8. Aufl., Rdn 27; Geppert in LK, 11. Aufl, § 69 Rdn 40.
[391] BGH NJW 54, 163; 62, 1211; s.a. VRS 82, 342; BGHSt 5, 179 (180, 181); 17, 218, 220; BGH VRS 36, 265, 266.
[392] Himmelreich/Hentschel Bd I, 8. Aufl., Rdn 28; Geppert in LK, 11. Aufl., § 69 Rdn 40
[393] Cramer, Unfallprophylaxe, S. 60.
[394] Geppert in LK, 11. Aufl., Rdn 40; Kulemeier NZV 1993, S. 214; Cramer, Unfallprophylaxe, S. 60.

Des weiteren ist es nach überzeugender Ansicht im Schrifttum auch verfehlt, für Zusammenhangstaten, die einen Fahrerlaubnisentzug rechtfertigen können, wie die Rechtsprechung auf ein eigenhändiges Lenken des Kraftfahrzeugs zu verzichten. Ein derartiger Verzicht führt nämlich wiederum dazu, die Entziehung der Fahrerlaubnis auch an Charaktermängel anzuknüpfen, die sich nicht negativ auf die Verkehrssicherheit ausgewirkt haben, und die Maßregel somit zu einer Sanktion zur Bekämpfung allgemeiner Kriminalität umzufunktionieren.[395] Da Charaktermängel, die nicht beim eigenhändigen Lenken eines Kraftfahrzeuges auftreten, die Verkehrssicherheit nur dann gefährden können, wenn sie sich als Verletzung der Pflichten eines Kraftfahrzeugführers darstellen, kann bei ihnen maßregelgerecht eine Fahrerlaubnisentziehung nur unter den weitergehenden Voraussetzungen der 3. Alternative des § 69 I 1 StGB in Betracht kommen.[396]

Des weiteren ist es mit dem Maßregelcharakter der Entziehung der Fahrerlaubnis auch nicht zu vereinbaren, daß die Rechtsprechung immer dann einen Fahrerlaubnisentzug für gerechtfertigt hält, wenn das Fahrzeug zur Durchführung, Ermöglichung, Verdeckung oder Ausnutzung der Straftat dient. Das Aufsuchen und Auskundschaften der Tatorte, die Flucht vom Tatort, der Transport der Beute und Betäubungsmitteldelikte unter Verwendung eines Kraftfahrzeuges sowie der während der Fahrt gefaßte Entschluß, nach Beendigung der Fahrt ein Sexualdelikt zu begehen, implizieren noch keine Unfähigkeit zur Benutzung von Kraftfahrzeugen.[397] Sicherlich kann es bei diesen Taten zu einer Gefährdung der Verkehrssicherheit kommen, wenn der Täter sich zur Vermeidung des Entdekkungsrisikos verkehrswidrig verhält. Da man dem Täter ein solches Verhalten jedoch nicht allein aus der Begehung dieser Taten unterstellen kann, kommt in derartigen Fällen meines Erachtens nur dann ein Fahrerlaubnisentzug in Betracht, wenn die Verkehrssicherheit wegen dieser Taten konkret beeinträchtigt worden ist.

Da die Rechtsprechung nach § 69 I 1 2. Alt. StGB auch Tätern die Fahrerlaubnis entzieht, die die Verkehrssicherheit nicht beeinträchtigt haben, handhabt sie die Fahrerlaubnisentziehung in diesen Fällen praktisch wie eine Nebenstrafe.

---

395 Geppert in LK, 11. Aufl., § 69 Rdn 45; Himmelreich/Hentschel , Bd. I, 8. Aufl., Rdn 24, 25, 26; Kulemeier, Fahrverbot (§ 44 StGB) und Entzug der Fahrerlaubnis (§§ 69 ff. StGB), S. 286.

396 Geppert in LK, 11. Aufl., § 69 Rdn 45.

397 So auch Cramer, Unfallprophylaxe, S. 58; v. Weber JZ 1961, S. 53; Kulemeier, Fahrverbot (§ 44 StGB) und Entzug der Fahrerlaubnis (§§ 69 ff. StGB), S. 284, 297; a. A. Himmelreich/Hentschel, 8. Aufl. Bd. I, Rdn 20, 21, 22, 30; Geppert in LK, 11. Aufl., § 69 Rdn 36, 41.

bb. Schwere des Tatvorwurfs als maßgeblicher Faktor für die Entziehung der Fahrerlaubnis

Für die nebenstrafartige Handhabung der Entziehung der Fahrerlaubnis in der Rechtsprechung spricht des weiteren, daß maßgeblicher Faktor sowohl für das „Ob“ der Entziehung der Fahrerlaubnis als auch für die Dauer der Sperrfrist nach § 69 a StGB in der Rechtsprechung nicht, wie für diese Maßregel vom Gesetz vorausgesetzt, die Ungeeignetheit des Täters zum Führen von Kraftfahrzeugen ist, sondern die Schwere des Tatvorwurfs, wie die nachstehenden Ausführungen belegen.

aaa. Entwicklung von Richtlinien für Erst-, Zweittäter und mehrfach Rückfällige

Für die Frage, ob und wie lange dem schuldhaft handelnden Täter die Fahrerlaubnis entzogen werden soll, haben sich in der gerichtlichen Praxis längst feste Maßstäbe entwickelt, die zwar von Ort zu Ort variieren, aber von den einzelnen Gerichten durchweg an dem Gedanken von Unrecht und Schuld orientiert sind,[398] anstatt der Größe des Unrechts und der Schwere der Schuld maßregelgerecht nur insoweit Bedeutung zukommen zu lassen, als sie Rückschlüsse auf den Grad der Ungeeignetheit zulassen.

Insbesondere bei den Trunkenheitsdelikten der §§ 315 c, 316 StGB hat die Praxis der Gerichte sogenannte Empfehlungen (Richtlinien, Taxen) entwickelt für die Behandlung von Ersttätern, Zweittätern und – unabhängig von der Mindeststrafe des § 69 a III StGB – Rückfalltätern.[399] Diese Handhabung ist eindeutig nicht an der Geeignetheit des Täters zum Führen von Kraftfahrzeugen, sondern an den Gesichtspunkten von Unrecht und Schuld orientiert.

bbb. Beurteilung der Ungeeignetheit nach Promillewerten

Aus den gleichen Gründen ist es mit dem Maßregelcharakter der Entziehung der Fahrerlaubnis nicht vereinbar, daß die gerichtliche Praxis „die Ungeeignetheit nach Promillewerten beurteilt, so z.B. bei 1,8 Promille sei jeder (also auch dieser) Alkoholtäter (z.B.) nach neun Monaten, bei 2,0 Promille nach zwölf Mona-

---

[398] Cramer, Unfallprophylaxe, S. 56; Cramer NJW 1968, S. 1764; Schreiber BA 1979, S. 24.

[399] Koch DAR 1977, S. 91; Cramer, Unfallprophylaxe, S. 56; Cramer NJW 1968, S. 1764; OLG Köln DAR 1982, S. 27 in der es implizit auf die in seinem Bezirk für Ersttäter einer folgenlosen Trunkenheitsfahrt „geltende“ neunmonatige Taxe Bezug nimmt; s.a. LG Krefeld VRS 56, S. 284.

ten wieder ein geeigneter Fahrer, vorbehaltlich der Entscheidung der Verwaltungsbehörde (usw.)".[400]

Auch durch eine solche Beurteilung wird ebenso wie bei der Beurteilung nach Ersttätern, Zweittätern und mehrfach Rückfälligen nicht darüber befunden, ob jemand geeignet oder nicht geeignet ist, am Straßenverkehr teilzunehmen, „sondern ein dienliches Strafensystem entwickelt".[401] Eine Eignung zur Teilnahme am Straßenverkehr aus Promillewerten zum Tatzeitpunkt abzuleiten, wäre nämlich schlichtweg unmöglich.[402]

ccc. Berücksichtigung der Folgen einer Trunkenheitsfahrt bei Bemessung der Sperrfrist

Daß maßregelwidrig bei der Entziehung der Fahrerlaubnis an die Schwere des Tatvorwurfs und nicht an die Geeignetheit zum Führen von Kraftfahrzeugen angeknüpft wird, läßt sich des weiteren auch daran erkennen, daß die Sperrfrist gemäß § 69 a StGB für die Erteilung einer neuen Fahrerlaubnis bei einer folgenlosen Trunkenheitsfahrt in der gerichtlichen Praxis wesentlich geringer bemessen wird als bei einer Trunkenheitsfahrt, die zu einem Unfall geführt hat.[403] Ob eine Trunkenheitsfahrt folgenlos geblieben ist oder nicht, hängt nämlich oft von Umständen ab, auf die der Kraftfahrer keinen Einfluß hat,[404] so daß der Schluß, je folgenschwerer eine Trunkenheitsfahrt ausgegangen ist, desto ungeeigneter sei der Kraftfahrer, verfehlt ist und damit die Handhabung der Gerichte unzulässigerweise an den Gesichtspunkten von Unrecht und Schuld, und damit an Strafkriterien orientiert ist.

ddd. Feste Maßstäbe für die Frage, wann statt einer Fahrerlaubnisentziehung ein Fahrverbot verhängt zu werden braucht

Mit dem Rechtscharakter der Entziehung der Fahrerlaubnis läßt sich auch nicht vereinbaren, daß sich in der Rechtsprechung feste Maßstäbe für die Frage herausgebildet haben, wann statt der Entziehung der Fahrerlaubnis nach § 69 StGB

---

[400] Koch DAR 1977, S. 317.
[401] Ebenda.
[402] Ebenda.
[403] Preisendanz DAR 1981, S. 309; Dencker StV 1988, S. 455.
[404] Dencker StV 1988, S. 455: „gesetzgeberischer Grund für die Poenalisierung von Trunkenheitsfahrten ist gerade, daß bei ihnen die Vermeidung schlimmer Folgen für den Fahrer nicht mehr beherrschbar ist".

nur ein Fahrverbot nach § 44 StGB verhängt zu werden braucht.[405] Eine solche Handhabung läßt nämlich wiederum eine Geeignetheitsprüfung im Einzelfall vermissen und ist damit am Tatschuldgedanken und keineswegs am Sicherheitsbedürfnis orientiert.[406]

Anhand der geschilderten Handhabung der Entziehung der Fahrerlaubnis in der Rechtsprechung kann die zum Teil vertretene Ansicht, für die bestimmten festen Maßstäbe, nach denen die Rechtsprechung vorgehe, sei die Sicherung der Allgemeinheit maßgeblich,[407] nur als wirklichkeitsfremd abgetan werden. Bei sachgerechter Betrachtung läßt sich vielmehr nicht mehr leugnen, daß die Rechtsprechung durch die Heranziehung dieser genannten festen Maßstäbe die Entziehung der Fahrerlaubnis wie eine Nebenstrafe handhabt.

cc. Verhängung der Fahrerlaubnisentziehung allein wegen zu geringen zeitlichen Rahmens des Fahrverbots

Nicht maßregelgerecht, sondern als Quasi-Nebenstrafe verhängt die Rechtsprechung die Entziehung der Fahrerlaubnis auch dadurch, daß sie diese vielfach deshalb anordnet, weil sie den zeitlichen Rahmen, den das Fahrverbot für einen Verkehrsausschluß gewährt, für zu niedrig hält, um die notwendige spezialpräventive Einwirkung auf den Täter zu garantieren.[408]

dd. Abstimmen von Strafe und Fahrerlaubnisentzug

Für die nebenstrafartige Handhabung der Fahrerlaubnisentziehung läßt sich des weiteren anführen, daß die Rechtsprechung die zu verhängende Strafe und den Fahrerlaubnisentzug (vielfach) in der Weise aufeinander abstimmt, daß sie die neben der Maßregel verhängte Strafe wegen der spezialpräventiven und sichernden Funktion der Maßregel geringer bemißt.[409] Eine derartige Abstimmung, die von der herrschenden Ansicht im Schrifttum gebilligt wird[410] und für deren Notwendigkeit in der Literatur teilweise[411] auch die amtliche Begründung zum 1. Straßenverkehrssicherungsgesetz angeführt wird, wo es heißt, „der Strafrich-

---

[405] Cramer NJW 1968, S. 1764; Cramer, Unfallprophylaxe, S. 56.
[406] Cramer NJW 1968, S. 1764.
[407] so Janiszewski DAR 1977, S. 314.
[408] Cramer StVR, 2. Aufl., § 69 Rdn 7.
[409] Vgl. OLG Hamm DAR 1955, 222; OLG Zweibrücken MDR 1970, S. 434; OLG Frankfurt NJW 1971, S. 669.
[410] Geppert in LK, 11. Auf. § 69 Rdn 3; Tröndle/Fischer, 49. Aufl., § 69 Rdn 2; Jagusch/Hentschel, 35. Aufl., § 69 StGB Rdn 1; Oberpottkamp, S. 64-65.
[411] Oberpottkamp, S. 64-65; Geppert in LK, 11. Aufl., Rdn 3.

ter könne die zu verhängende Strafe nur dann gerecht bemessen, wenn er auch die Möglichkeit habe, gleichzeitig über die Entziehung der Fahrerlaubnis zu entscheiden",[412] ist nach überzeugender Ansicht nur zwischen Haupt- und Nebenstrafen, nicht jedoch zwischen Strafen und Sicherungsmaßnahmen sachgerecht.[413] Der herrschenden Auffassung in der Literatur ist zwar darin rechtzugeben, daß nach dem geltenden Strafsystem sowohl Strafen als auch Maßregeln Funktionen der Sicherung und Spezialprävention haben.[414] Da aber die Anordnung einer Maßregel voraussetzt, daß die Allgemeinheit vor weiterer Gefährdung durch den Täter geschützt werden muß, müßte der Richter an sich zunächst die gerechte Strafe verhängen und erst danach entscheiden, ob darüber hinaus zum Schutze der Verkehrssicherheit ein Fahrerlaubnisentzug notwendig ist.[415]

ee. Urteilsbegründungen

Des weiteren zeigt sich auch an den Urteilsbegründungen, daß die Entziehung der Fahrerlaubnis bei schuldhaft handelnden Tätern wie eine Nebenstrafe gehandhabt wird.

aaa. Anknüpfen der Tatsacheninstanzen an Strafzumessungsgesichtspunkte

Die Urteilsgründe der erstinstanzlichen Gerichte knüpfen bei der Entziehung der Fahrerlaubnis in zunehmendem Maße an Strafzumessungsgesichtspunkte an. In erstinstanzlichen Urteilen finden sich nicht selten derartige Formulierungen: „Durch die Tat hat sich der Angeklagte als ungeeignet zum Führen von Kraftfahrzeugen erwiesen. Es liegt ein Regelfall im Sinne des § 69 II StGB vor. Dem Angeklagten war deshalb die Fahrerlaubnis zu entziehen. Bei Bemessung der Sperrfrist waren zu seinen Gunsten und zu seinen Lasten im wesentlichen die gleichen Gesichtspunkte zu berücksichtigen, die schon bei der Strafzumessung maßgeblich waren. Bei Würdigung dieser Umstände sowie in Hinblick auf vergleichbare Fälle erschien eine Sperrfrist von ... Monaten einerseits ausreichend, andererseits aber auch unbedingt erforderlich, um die Allgemeinheit zu schützen und den Angeklagten nachhaltig auf seine Pflichten im Straßenverkehr hinzuweisen."[416] Ferner: „Von der Verhängung einer Freiheitsstrafe sei abgesehen

---

[412] Amtl. Begründung z. 1. StVerkSichG, BT-Drucksache I/2674.

[413] Kulemeier, Fahrverbot (§ 44 StGB) und Entzug der Fahrerlaubnis (§§ 69 ff. StGB), S. 278; Schmidt-Leichner NJW 1953, S. 1850.

[414] Oberpottkamp, S. 64-65: Müller-Metz NZV 1994, S. 94.

[415] Kulemeier, Fahrverbot (§ 44 StGB) und Entzug der Fahrerlaubnis (§§ 69 ff. StGB), S. 278; Schmidt-Leichner NJW 1953, S. 1850.

[416] Preisendanz DAR 1981, S. 309.

worden, weil der Täter durch die Entziehung der Fahrerlaubnis empfindlich getroffen werde."[417]

Des weiteren wird eine längere Sperrfrist des öfteren auch damit gerechtfertigt, „daß sie in ihrer Wirkung auf den Angeklagten (speziell) wie auch in den Augen der Öffentlichkeit – d.h.: ‚potentieller Täter' – (generell) als ‚die eigentliche Strafe' empfunden werde und dadurch – wenn bei bestimmten Delikten andere Strafen nach Art und Höhe sich als nahezu wirkungslos erwiesen haben – eine wirksame und darum so zu benutzende ‚Waffe' zur Bekämpfung einer bestimmten Erscheinungsform der Kriminalität sei."[418]

Neben dieser offenen Anknüpfung an Strafzumessungsgesichtspunkte wie Sühne und Generalprävention betreiben die erstinstanzlichen Gerichte bei der Verhängung der Entziehung der Fahrerlaubnis auch teilweise insoweit Strafzumessung, als daß sie die persönlichen und wirtschaftlichen Verhältnisse des Kraftfahrers bei der Bemessung der Sperrfrist nach § 69 a StGB in Extremfällen berücksichtigen, d.h. wenn die Entziehung der Fahrerlaubnis zu schweren beruflichen Nachteilen oder zu anomal schweren wirtschaftlichen Einbußen führt.[419]

Zwar wird zum Teil versucht, das Anknüpfen an diese persönlichen und wirtschaftlichen Verhältnisse mit Maßregelgesichtspunkten zu rechtfertigen, indem gesagt wird, „bestimmte Personengruppen werden durch den Verlust der Fahrerlaubnis so stark beeindruckt, daß bei Ihnen die begründete Aussicht auf eine schnellere positive Änderung ihrer Einstellung zu den Erfordernissen des Straßenverkehrs besteht und der Schutz der Allgemeinheit deshalb auch durch eine kürzere Sperrfrist gewährleistet erscheint".[420]

Diese Begründung kann jedoch als nichts anderes angesehen werden als der Versuch, den Begriff der Strafempfindlichkeit zu vermeiden, genau diesen aber für die Verhängung der Maßregel als relevant einzustufen, und ist damit nichts anderes als die Verschleierung der wahren Kriterien der Verhängung der Fahrerlaubnisentziehung, um einen Systemfehler zu vermeiden.[421]

---

[417] So die Formulierung eines amtsgerichtlichen Urteils (DAR 1955, S. 222).
[418] Koch DAR 1973, S. 14
[419] Vgl. AG Bad Homburg NJW 1984, S. 2840-2841; AG Bonn DAR 1980, S. 52-53.
[420] Preisendanz DAR 1981, S. 310; vgl. auch Koch DAR 1977, S. 92 und AG Bonn DAR 1980, S. 52-53
[421] Preisendanz DAR 1981, S. 310; Koch DAR 1977, S. 92.

bbb. Verhalten der Obergerichte

Die Obergerichte haben diese Rechtsprechung der Tatsacheninstanzen in vielen Fällen wegen Beachtung maßregelwidriger Aspekte kritisiert und aufgehoben, wobei dies bei den Tatsacheninstanzen meist lediglich dazu führte, daß diese ihre Urteilsgründe in Zukunft anders – d.h. maßregelgerechter – faßten, ohne aber andere Kriterien für die Verhängung der Maßregel Entziehung der Fahrerlaubnis anzuwenden.[422] Beachtenswert ist aber, daß die Obergerichte des öfteren auch den Tatsacheninstanzen „bedingte Gefolgschaft"[423] leisten, indem sie versuchen, deren maßregelwidrige Formulierungen maßregelgerecht auszulegen und teilweise sogar selbst der Entziehung der Fahrerlaubnis Strafcharakter nicht absprechen können und auf das Strafzumessungsvokabular zurückgreifen.

Daß die Obergerichte teilweise versuchen, maßregelwidrige Formulierungen der Instanzgerichte maßregelgerecht auszulegen, zeigt sich beispielsweise an einem Urteil des OLG Hamm vom 3.5.1955.[424] In dem amtsrichterlichen Urteil, das zur Überprüfung durch das OLG stand, fand sich die Formulierung „von der Verhängung einer Freiheitsstrafe sei abgesehen worden, weil der Täter durch die Entziehung der Fahrerlaubnis empfindlich getroffen werde".[425] Das OLG Hamm hielt zwar diese Formulierung für bedenklich, weil die Fahrerlaubnisentziehung als Maßregel der Besserung und Sicherung keineswegs zur Sühne der Tatschuld verhängt werden dürfe, man jedoch meinen könnte, der Amtsrichter habe die Fahrerlaubnisentziehung als Vergeltungsmaßnahme angesehen und wegen der ihr schon zukommenden Strafwirkung das schuldangemessene, zur Sühne der Tat erforderliche Maß der Strafe unterschritten, hob das amtsrichterliche Urteil jedoch trotz dieser Formulierung nicht auf.[426] Zur Begründung führte das OLG Hamm an: „Die Unterscheidung von Strafe und Sicherungsmaßregel sei so grundlegend und jedem Rechtskundigen vertraut, daß auch die Wendung des Urteils, mit Rücksicht auf die Wirkung der Sicherungsmaßregel habe man es bei einer Geldstrafe bewenden lassen können, bei näherer Prüfung nicht auf den Vergeltungscharakter der Strafe bezogen werden könne. Erkennbar habe der Richter vielmehr der Sicherungsmaßregel abschreckende Wirkung auf den Angeklagten beigemessen und in Hinblick auf diese Nebenwirkung der Sicherungsmaßregel von der Verhängung der Freiheitsstrafe abgesehen. Das erschiene in einem Fall wie dem vorliegenden nicht unzulässig. Im allgemeinen solle die Strafe dem Täter seine Schuld zum Bewußtsein bringen und den Entschluß

---

[422] Koch DAR 1977, S. 91; ders. DAR 1973, S. 14.
[423] Koch DAR 1977, S. 91; ders. DAR 1973, S. 14.
[424] DAR 1955, S. 222.
[425] Ebenda.
[426] Ebenda.

zu künftigem gesetzmäßigen Verhalten auslösen. Die gleiche Wirkung könne aber auch eine Maßregel der Sicherung haben."[427]

Diese Auslegung der Formulierung des „Vorderrichters" durch das OLG Hamm zeigt aber doch nichts anderes als den krampfhaften Versuch, Praxis und Systematik trotz ihrer Unvereinbarkeit miteinander in Einklang bringen zu wollen.[428]

Darüber hinaus finden sich in einigen Urteilsbegründungen der Obergerichte zur Fahrerlaubnisentziehung auch Formulierungen, die eindeutig dem Strafzumessungsvokabular zuzuordnen sind.[429] In einem Urteil des BayObLG vom 30.9.1970 findet sich z. B. folgende Formulierung: „So kann die Notwendigkeit für die Entziehung der Fahrerlaubnis entfallen, wenn der Täter durch die vorläufige Entziehung der Fahrerlaubnis bereits nachhaltig beeindruckt ist."[430]

In einem Urteil des OLG Hamm vom 4.6.1971 ist folgende Passage enthalten: „Zu beachten ist auch, daß der vom Entzug der Fahrerlaubnis für den Täter und die Allgemeinheit ausgehende Abschreckungseffekt erhalten bleibt",[431] wobei sich dort zur Begründung auf einen Beschluß des BGH[432] bezogen wird, dessen Leitsatz („ ... Dem Strafzweck, insbesondere der Abschreckung des Täters und der Allgemeinheit kann in diesen Fällen durch geeignete Bewährungsauflagen (vor allem eine empfindliche Geldbuße), durch die Festsetzung einer über der Mindestgrenze des § 24 IV StGB liegenden Bewährungszeit und durch den längeren Entzug der Fahrerlaubnis im allgemeinen ausreichend Rechnung getragen werden.") gleichermaßen wegen maßregelwidriger Berücksichtigung des Gedankens der Generalprävention zu beanstanden ist.[433]

ff. Zeitweilige Entziehung der Fahrerlaubnis bei charakterlicher Ungeeignetheit

Teilweise wird in der Literatur für die maßregelgerechte Handhabung der Entziehung der Fahrerlaubnis auch angeführt, daß die Rechtsprechung bei charakterlicher Ungeeignetheit zum Führen von Kraftfahrzeugen die Fahrerlaubnis regelmäßig nur zeitweilig entzieht.[434] Persönlichkeitsbestimmende Charaktermän-

---

427 DAR 1955, S. 222.
428 Koch DAR 1977, S. 91.
429 Koch DAR 1973, S. 15.
430 VRS 40, 13; Koch DAR 1973, S. 15.
431 NJW 1971, S. 1619.
432 Beschl. vom 19.7.1968 – 4 StR 4/68.
433 Geppert NJW 1971, S. 2156.
434 Cramer, Unfallprophylaxe, S. 60-63; ders. DAR 1975, S. 228; Rebmann DAR 1978, S. 300; Koch DAR 1977, S. 92.

gel, bei denen der Täter seine eigenen Ziele über die im Straßenverkehr angebrachte Rücksichtnahme stelle, wie z.B. übermäßige Aggressionstriebe, Geltungssucht oder Machtstreben[435] seien nämlich grundsätzlich nur bei jüngeren Menschen, bei denen der Reifeprozeß noch nicht beendet sei, behebbar.[436] Täter mit abgeschlossenem Reifeprozeß dagegen würden ihren Charakter nicht ändern,[437] es sei denn, es käme zu einer gänzlichen Umgestaltung ihrer Lebenssituation, beispielsweise durch Berufswechsel, Eheschließung, Wechsel des Bekannten- und Freundeskreises etc.,[438] so daß bei ihnen grundsätzlich nur eine Fahrerlaubnisentziehung auf Lebenszeit in Betracht käme.[439]

Diese Auffassung ist jedoch nicht überzeugend. Sicherlich gibt es Charaktermängel, die nicht behoben werden können. Auf eine Änderung des Charakters des Täters kann es jedoch, da es nicht Aufgabe des Erwachsenenstrafrechts ist, die Persönlichkeit des Täters moralisch-ethisch zu bessern,[440] und die Verkehrssicherheit bereits dann nicht mehr gefährdet ist, wenn sich die mißbilligten Charakterzüge des Täters nicht mehr negativ auf diese auswirken,[441] für die Wiedererteilung der Fahrerlaubnis nicht ankommen. Dem Täter muß bereits dann wieder gestattet werden, am Straßenverkehr teilzunehmen, wenn bei ihm eine Verhaltensänderung in der Weise stattgefunden hat, daß er in der Lage ist, seine negativen Charakterzüge in Situationen, die die Verkehrssicherheit beeinträchtigen könnten, zu beherrschen.[442] Die Möglichkeit, eine derartige Verhaltensänderung anzuzweifeln, hieße, sämtliche strafrechtliche Maßnahmen, durch die eine Besserung des Täters eintreten soll, in Frage zu stellen, und nur die sichernde Freiheitsstrafe als Reaktion auf Straftaten zuzulassen. Sofern man jedoch richtigerweise in Anerkennung des geltenden Sanktionensystems davon ausgeht, daß ein Täterverhalten gerade auch durch die verhängte Sanktion änderbar ist, wäre es verfehlt, bei charakterlicher Ungeignetheit zum Führen von Kraftfahrzeugen nur eine lebenslange Fahrerlaubnisentziehung zuzulassen.[443]

---

[435] Koch DAR 1977, S. 92; Cramer, Unfallprophylaxe, S. 61.

[436] Cramer, Unfallprophylaxe, S. 63; ders. in: Gedächtnisschrift für Horst Schröder, S. 539.

[437] Rebmann DAR 1978, S. 300; Koch DAR 1977, S. 92; Cramer, Unfallprophylaxe, S. 63; ders. in: Gedächtnisschrift für Horst Schröder, S. 539.

[438] Cramer in: Gedächtnisschrift für Horst Schröder, S. 539.

[439] Cramer, Unfallprophylaxe, S. 63; Rebmann DAR 1977, S. 92; Koch DAR 1977, S. 92.

[440] Kürschner ZRP 1986, S. 306.

[441] Oberpottkamp, S. 67; Seib BA 1980, S. 40.

[442] Koch DAR 1977, S. 92; Kürschner ZRP 1986, S. 306; Kulemeier, Fahrverbot (§ 44 StGB) und Entzug der Fahrerlaubnis (§§ 69 ff. StGB), S. 302; Oberpottkamp, S. 67.

[443] Kulemeier, Fahrverbot (§ 44 StGB) und Entzug der Fahrerlaubnis (§§ 69 ff. StGB), S. 302.

gg. Keine reformatio in peius bei Übergang vom Führerscheinentzug zum Fahrverbot

Teilweise wird in der Literatur[444] auch die Auffassung vertreten, daß die Rechtsprechung die Entziehung der Fahrerlaubnis praktisch wie eine Nebenstrafe ansehe und handhabe, ließe sich auch daraus erkennen, daß sie einen Übergang von Führerscheinentzug zum Fahrverbot in der Rechtsmittelinstanz als keinen Verstoß gegen das Verschlechterungsverbot der §§ 331, 358 II StPO betrachte.[445] In einem solchen Übergang keine reformatio in peius zu sehen, sei nur dann möglich, wenn man die Sanktionen Fahrerlaubnisentziehung und Fahrverbot praktisch gleichsetzen könne, wovon die Rechtsprechung als einzig mögliche Legitimation für ihre Entscheidungen dann auch ausgehe.[446] Richtig an dieserAuffassung ist, daß die Rechtsprechung ihre Entscheidungen teilweise damit begründet, daß Fahrerlaubnisentzug und Fahrverbot in ihrer praktischen und kriminalpolitischen Wirkung und Zielsetzung durchaus wesensähnlich seien,[447] und die Fahrerlaubnisentziehung somit tatsächlich als eine Sanktion ansieht, der zumindest auch nebenstrafartiger Charakter zukommen soll.[448]

Nicht gefolgt werden kann dieser Auffassung jedoch darin, daß ein Verstoß gegen das Verschlechterungsverbot nur dann verneint werden könne, wenn die Fahrerlaubnisentziehung und das Fahrverbot in ihrer praktischen und kriminalpolitischen Wirkung u n d Zielsetzung wesensähnlich seien. Hierauf kommt es nämlich - unabhängig von der Richtigkeit dieser These - entgegen der teilweise in der Rechtsprechung aus ihren Urteilsbegründungen ersichtlichen Auffassung gar nicht an. Ob die Verhängung einer anderen Sanktion in der Rechtsmittelinstanz einen Verstoß gegen das Verschlechterungsverbot darstellt oder nicht, hängt einzig und allein von den tatsächlichen Auswirkungen der Rechtsfolge auf den Betroffenen ab.[449]

Die tatsächliche Lage des Angeklagten wird jedoch bei einem Übergang vom Führerscheinentzug zum Fahrverbot in der Rechtsmittelinstanz nicht verschlechtert, da das Fahrverbot zu einem kürzeren Ausschluß aus dem Straßen-

---

[444] Cramer NJW 1968, S. 1765; Hentschel ZRP 1975, S. 210.
[445] OLG Frankfurt, NJW 1968, 1794; OLG Stuttgart NJW 1968, 1793; OLG Karlsruhe VRS 34, 192 ff; LG Baden-Baden DAR 1981, 232.
[446] Cramer NJW 1968, S. 1765.
[447] OLG Frankfurt, NJW 1968, S. 1793-1794; OLG Stuttgart, NJW 1968, S. 1792-1793.
[448] OLG Frankfurt NJW 1968, S. 1793-1794.
[449] vgl. BGHSt 7, 86; 11, 323; Oberpottkamp, S. 99; Kulemeier, Fahrverbot (§ 44 StGB) und Entzug der Fahrerlaubnis (§§ 69 ff. StGB), S. 276.

verkehr führt als die Fahrerlaubnisentziehung und im Gegensatz zu dieser die Fahrerlaubnis in ihrem Bestande unberührt läßt.[450]

c. Empfinden des Täters

Nicht nur die aufgezeigten Anhaltspunkte im Gesetz und die Handhabung in der Praxis, sondern auch das Empfinden des betroffenen Verkehrssünders spricht gegen die Ausgestaltung der Fahrerlaubnisentziehung als Maßregel der Besserung und Sicherung.

Da der Fahrerlaubnisentzug eine erhebliche Beschränkung der persönlichen Bewegungsfreiheit mit sich bringt[451] und nicht selten zum Verlust des Arbeitsplatzes, mindestens aber zu einer erheblichen Einkommensminderung führt,[452] stellt er sich für den betroffenen Kraftfahrer praktisch als eine Nebenstrafe dar, die für ihn in vielen Fällen ein weitaus größeres Übel bedeutet als die verhängte Strafe.[453]
Dieses Empfinden wird deutlich an den Reaktionen der Verkehrssünder im Strafprozeß. Gegen den Antrag der Staatsanwaltschaft auf Geldstrafe oder Freiheitsstrafe mit Bewährung wird oft nichts eingewendet, aber den Führerschein möchten die Betroffenen nicht abgeben oder wenigstens frühzeitig zurückbekommen.[454]

Um den Verlust der Fahrerlaubnis oder die Festsetzung einer längeren Sperrfrist für den Neuerwerb zu verhindern, wären viele Verkehrssünder sogar bereit, eine höhere Geldstrafe als die eigentlich verwirkte zu bezahlen.[455]

Daß die Betroffenen die Fahrerlaubnisentziehung als Strafe empfinden, spricht nach überzeugender Ansicht gegen ihre Ausgestaltung als Maßregel der Besserung und Sicherung. Das Laienempfinden kann nämlich entgegen teilweise vertretener Auffassung[456] für die rechtliche Einordnung einer Sanktion maßgeblich sein, weil nach kriminologischen Erkenntnissen Gesetzesbefehle nur dann die

[450] Oberpottkamp, S. 99; Kulemeier, Fahrverbot (§ 44 StGB) und Entzug der Fahrerlaubnis (§§ 69 ff. StGB), S. 276.
[451] Koch DAR 1977, S. 90-91.
[452] Preisendanz DAR 1981, S. 308; Schreiber BA 1979, S. 23.
[453] Preisendanz DAR 1981, S. 308.
[454] Koch DAR 1977, S. 91; Koch DAR 1973, S. 15.
[455] Hentschel ZRP 1975, S. 210; Preisendanz DAR 1981, S. 308.
[456] Kulemeier, Fahrverbot (§ 44 StGB) und Entzug der Fahrerlaubnis (§§ 69 ff. StGB), S. 276; Janiszewski VGT 1977, 66 und GA 1981, 390; Mollenkott BA 1980, 367; Seib BA 1980, 45; Berz VGT 1980, S. 306.

gewünschte Wirkung erzielen können, wenn sie von ihrem Adressatenkreis adaptiert werden.[457]

Eine solche Adaption findet aber gerade bei der Fahrerlaubnisentziehung als Maßregel der Besserung und Sicherung nicht statt. Die Betroffenen verstehen nicht, warum die Gerichte die wirtschaftlichen Nachteile, die bei ihnen durch die Entziehung der Fahrerlaubnis entstehen, nicht berücksichtigen dürfen.[458] Außerdem ist es für sie unbegreiflich, warum die Fahrerlaubnisentziehung, die wegen der Notwendigkeit des Neuerwerbs des Führerscheins und wegen des längeren Ausschlusses aus dem Kraftfahrzeugverkehr für sie ein größeres Übel darstellt als ein Fahrverbot,[459] im Gegensatz zu demselben keine Strafe sein soll.[460] Aufgrund dieses Unverständnisses und des daraus resultierenden Empfindens der Ungerechtigkeit[461] ist der erzieherische Zweck, den der Führerscheinentzug in seiner Ausgestaltung als Maßregel der Besserung und Sicherung verfolgt, sehr in Frage gestellt.[462]

Da bei der Fahrerlaubnisentziehung somit das Empfinden des Betroffenen der Verwirklichung der gesetzgeberischen Intention entgegensteht, ist die Ansicht, der Einschätzung durch den Verkehrssünder dürfe für die Rechtsnatur der Sanktion Entziehung der Fahrerlaubnis allenfalls untergeordnete Bedeutung zukommen,[463] verfehlt. Dieser Ansicht ist zwar zuzugeben, daß auch andere Maßregeln, wie z.B. die Sicherungsverwahrung (§ 66 StGB), das Berufsverbot (§ 70 StGB) oder die Fürsorgeerziehung bei Jugendlichen (§§ 9 Nr. 9, 12 JGG, § 64 JGG) von den Betroffenen als Strafe empfunden werden,[464] diese Tatsache liefert jedoch keine Begründung für die Notwendigkeit der Ausgestaltung der Entziehung der Fahrerlaubnis als Maßregel der Besserung und Sicherung, sondern wirft viel eher die Frage auf, ob nicht auch bei den genannten Maßnahmen wie Sicherungsverwahrung, Berufsverbot und Fürsorgeerziehung über ihre Rechtsnatur als Maßregeln der Besserung und Sicherung nachgedacht werden sollte.[465]

---

[457] Schultz BA 1980, S. 8 u. 10.
[458] Ebenda, S. 9.
[459] Peters DAR 1978, S. 185.
[460] Schultz BA 1980, S. 8.
[461] Ebenda, S. 10.
[462] Himmelreich DAR 1977, S. 85.
[463] Janiszewski GA 1981, S. 391; Mollenkott BA 1980, S. 367.
[464] Janiszewski GA 1981, S. 350; Mollenkott BA 1980, S. 367.
[465] Peters DAR 1978, S. 185.

2. Gefahr der Prozeßverschleppung

Die Ausgestaltung der Fahrerlaubnisentziehung als Maßregel der Besserung und Sicherung ist des weiteren deswegen problematisch, weil sie viele Angeklagte zu einem Hinauszögern des Strafprozesses verleitet.[466]

Da es für die Feststellung des Eignungsmangels auf den Zeitpunkt der letzten tatrichterlichen Entscheidung ankommt und es anerkannt ist, daß der Eignungsmangel bereits durch eine längere vorläufige Entziehung der Fahrerlaubnis bzw. längere, der vorläufigen Entziehung gleichgestellte vorläufige Maßnahme behoben sein kann,[467] was dann zur Folge hat, daß die Entziehung der Fahrerlaubnis selbst dann nicht mehr angeordnet werden kann, wenn die nach § 69 a StGB an sich geltenden Mindestsperrfristen noch nicht erreicht sind,[468] legen viele Angeklagte Rechtsmittel allein mit dem Ziel ein, ihren Führerschein vom Strafrichter zurückzuerhalten.[469] Obwohl es nach § 473 V StPO nicht als Erfolg des Rechtsmittels anzusehen ist, wenn die Fahrerlaubnisentziehung nur deshalb nicht mehr angeordnet werden kann, weil ihr Zweck bereits durch vorläufige Maßnahmen erreicht worden ist,[470] und die Angeklagten daher die Kosten derartiger Rechtsmittel zu tragen haben, werden Rechtsmittel dennoch deshalb oft mit dem alleinigen Ziel, eine strafrichterliche Rückgabe des Führerscheins durch Fristablauf zu erwirken,[471] eingelegt, weil dadurch der mühevolle Weg einer Neubeantragung der Fahrerlaubnis bei der Verwaltungsbehörde umgangen wird.[472]

Mit solchem Ziel eingelegte Rechtsmittel sind nach überzeugender Ansicht zwar nicht rechtsmißbräuchlich, „denn es ist das gute Recht eines Angeklagten, von einem gesetzlich vorgesehenen Rechtsmittel in legitimer Weise Gebrauch machen zu dürfen“.[473] Dennoch läßt es sich nicht leugnen, daß die Ausgestaltung der Entziehung der Fahrerlaubnis als Maßregel der Besserung und Sicherung

---

[466] Kulemeier, Fahrverbot (§ 44 StGB) und Entzug der Fahrerlaubnis (§§ 69 ff. StGB), S. 305; Oberpottkamp, S. 100; Schultz BA 1982, S. 321; Preisendanz BA 1981, S. 95.

[467] Vgl. Geppert in LK, 11. Aufl., § 69 Rdn 95; Tröndle/Fischer, 49. Aufl., § 69 Rdn 17; Himmelreich/Hentschel, Bd. I, 8. Aufl., Rdn 238; OLG Bremen VRS 31, 454; OLG Düsseldorf DAR 94, 248; Janiszewski DAR 1989, 137.

[468] Meyer MDR 1976, S. 630; Geppert in LK, 11.. Aufl., § 69 Rdn 96; Tröndle/Fischer, 49. Aufl., § 69 Rdn 17; BayObLG 70, 180.

[469] Kulemeier, Fahrverbot (§ 44 StGB) und Entzug der Fahrerlaubnis (§§ 69 ff. StGB), S. 305; Geppert ZRP 1981, 89; Schultz BA 1982, S. 321.

[470] Kleinknecht/Meyer-Goßner, 44. Aufl., § 473 Rdn 30.

[471] Kulemeier, Fahrverbot (§ 44 StGB) und Entzug der Fahrerlaubnis (§§ 69 ff. StGB), S. 305.

[472] Meyer MDR 1976, S. 630; Geppert in LK, 11. Aufl., § 69 Rdn 252; Oberpottkamp, S. 100; Preisendanz BA 1981, S. 95.

[473] Geppert in LK, 11. Aufl., § 69 Rdn 252; Hentschel DAR 1976, S. 150; Janiszewski DAR 1989, 137; LG Berlin VRS 49, S. 276; Beine BA 1981, S. 430; Meyer MDR 1976, S. 632.

viele Angeklagte zu einer Prozeßverschleppung verleitet und diejenigen Täter benachteiligt, die gegen eine an sich richtige Entscheidung keine Rechtsmittel einlegen und ihre Fahrerlaubnis somit nur durch einen Antrag bei der Verwaltungsbehörde zurückerhalten können.[474]

3. Indirekte Privilegierung der Katalogtaten des § 69 II StGB

An der heutigen Ausgestaltung der Entziehung der Fahrerlaubnis ist des weiteren zu kritisieren, daß durch die Aufstellung der sogenannten Regelbeispiele in § 69 II StGB die Täter derartiger Delikte indirekt priviligiert werden.[475] Bei dem Vorliegen eines Regelbeispieles kommt es, weil dieses grundsätzlich die Ungeeignetheit des Täters indiziert, mit größerer Wahrscheinlichkeit zu vorläufigen prozessualen Maßnahmen als bei Delikten, die auch eine Entziehung der Fahrerlaubnis rechtfertigen können, jedoch keine Katalogtaten im Sinne des § 69 II StGB darstellen.[476] Da jedoch vorläufige prozessuale Maßnahmen bei längerer Dauer den Eignungsmangel beheben können und daher keine Entziehung der Fahrerlaubnis mehr angeordnet werden darf, steht der Täter einer Katalogtat, dessen Eignungsmangel durch vorläufige Maßnahmen beseitigt worden ist, durch die dann folgende strafrichterliche Rückgabe des Führerscheins besser da als ein Täter, dem die Fahrerlaubnis erst in der Hauptverhandlung entzogen wird und der daher seine Fahrerlaubnis nur im Rahmen des verwaltungsrechtlichen Wiedererteilungsverfahrens zurückerhalten kann.[477]

Die derzeitige Regelung führt somit zu ungerechtfertigten Vorteilen für gerade die Täter, die der Gesetzgeber als besonders gefährlich eingestuft hat.

4. Kritik an der Maßregeltheorie

Des weiteren wird gegen die derzeitige Ausgestaltung der Fahrerlaubnisentziehung als Maßregel der Besserung und Sicherung teilweise auch eingewandt, daß sich Maßregeln als Reaktionen auf schuldhafte Taten nicht legitimieren lassen.[478]

---

474 Oberpottkamp, S. 100.

475 Kulemeier, Fahrverbot (§ 44 StGB) und Entzug der Fahrerlaubnis (§§ 69 ff. StGB), S. 300, 301, 305.

476 Ebenda, S. 300.

477 Ebenda, S. 300, 301 u. 305.

478 Köhler, Strafrecht AT, S. 55 u. S. 58; ders.: Der Begriff der Strafe, S. 80-81; Mayer, Strafrecht, 1953, S. 40; ders.; Strafrechtsreform für heute und morgen, 1962, S. 122; Dreher ZStW 65, 1953, S. 487 ff.; Kohlrausch ZStW 44, 1924, S. 33 ff.

Die Frage nach der Rechtfertigung von Maßregeln der Besserung und Sicherung als Reaktionen auf schuldhafte Taten läßt sich nur über eine auf das gesamte strafrechtliche Sanktionensystem beziehbare Sanktionsbegründung für schuldhafte Taten beantworten.

Nach überzeugender Auffassung kann eine Sanktionsbegründung für schuldhafte Taten nur straf- und schuldtheoretisch im Rahmen eines freiheitsgesetzlichen Strafbegriffes geleistet werden.[479]

Die freiheitsgesetzliche Strafauffassung, die auch als sogenannte absolute Straftheorie bezeichnet wird, knüpft an Grundgedanken an, die in der Philosophie des deutschen Idealismus insbesondere von Immanuel Kant und Georg Wilhelm Friedrich Hegel entwickelt worden sind.[480]

Sie bestimmt als Strafzweck „negativ die Aufhebung des im Verbrechen betätigten Verletzungswillens und positiv die Restitution des Rechtes auch in der Normhaltung des Täters".[481] Sie beruht auf folgender Begründung: Durch die Straftat hat sich der Täter in einen Widerspruch zu den Normen der Gesellschaft gesetzt, indem er die äußere Freiheit anderer verletzt hat.[482] Da der Täter aber auf der anderen Seite „vernünftiger Mitkonstituent des Rechtsverhältnisses" ist,[483] hat er durch die Straftat „sich als Subjekt des von ihm mitkonstituierten Rechtsverhältnisses und damit dieses selbst" negiert.[484] Strafe ist notwendig zur Aufhebung dieses Widerspruches.[485]

Nach dem freiheitsgesetzlichen Strafbegriff darf die Strafe daher als „freiheitsgesetzlich vermittelte Aufhebung des Verbrechens"[486] „nach einer allgemeinen Rechtsvernunft, an der auch der Täter teilhat,"[487] lediglich einen „der Tatschuld entsprechend-angemessenen, ausgleichenden Eingriff in die dem Täter an sich

[479] Köhler, Strafrecht AT, S. 37, 39, 43, 46, 51, 57, 591; ders.: Der Begriff der Strafe, S. 69, 79.
[480] Köhler, Strafrecht AT, S. 43.
[481] Köhler/Beck JZ 1991, S. 802; Köhler GA 1987, S. 155-156.
[482] Köhler, Strafrecht AT, S. 48; ders.: Der Begriff der Strafe, S. 41.
[483] Köhler, Strafrecht AT, S. 48.
[484] Ebenda.
[485] Köhler, Strafrecht AT, S. 48, 49-50; ders.: Der Begriff der Strafe, S. 41.
[486] Köhler GA 1987, S. 155-156.
[487] Köhler, Strafrecht AT, S. 48. I. Kant („Kritik der praktischen Vernunft", Akademieausg., Werke Bd. 5, S. 37) schreibt, die Strafe müsse gerechtfertigt sein, „so daß der Gestrafte ... selbst gestehen muß, es sei ihm Recht geschehen, und sein Loos sei seinem Verhalten vollkommen angemessen."

gewährleistete äußere Freiheit"[488] vornehmen. Präventionszwecke oder andere Intentionen dürfen somit für die Strafverhängung keine eigenständige Bedeutung haben, sondern sind nur im Rahmen des schuldangemessenen Freiheitseingriffes zu verwirklichen und zu berücksichtigen.[489]

Im Gegensatz zu den sogenannten relativen Straftheorien, die mit der Strafe insbesondere selbständige Präventionszwecke verfolgen, d.h. diesen strafbegründende Bedeutung zukommen lassen, kommt einer freiheitsgesetzlichen Strafbegründung damit „eingriffsbegrenzende schützende Qualität zu".[490] Es wird verhindert, daß der Staat aus Anlaß des Verbrechens mit der verhängten Sanktion beliebige moralische Pressionen oder sonstige Zwecke verfolgen kann[491] und der Täter somit zum bloßen „Objekt fremder Zweckbestimmung" herabgesetzt werden würde.[492]

Zudem wird anders als bei der von der heutigen Rechtsprechung[493] und von einem überwiegenden Teil der Literatur[494] vertretenen Vereinigungstheorie, die sämtliche Strafzwecke in ein ausgewogenes Verhältnis bringen will, wobei dem Schuldprinzip Grenzfunktion zukommen soll, vermieden, daß die Strafe nach unterschiedlichen Gesichtspunkten bestimmt wird.[495]

Da nach dieser freiheitsgesetzlichen Strafbegründung auf die schuldhafte Tat nur mit der gerechten Strafe reagiert werden darf und Sicherungs- sowie Besserungszwecke nur als „Teilmomente der Wirklichkeit gerechter Strafe"[496] eine Rolle spielen dürfen, lassen sich die systematisch zum gefahrvorbeugenden Polizeirecht gehörenden Maßregeln der Besserung und Sicherung als Reaktionen

---

488 Köhler JZ 1988, S. 750.

489 Köhler, Der Begriff der Strafe, S. 65. Bei I. Kant („Reflexionen zur Moralphilosophie", Akademieausg., Werke Bd. 19, S. 97 -) heißt es: „Der Nutz vieler giebt ihnen kein Recht gegen einen." G.W.F. Hegel schreibt in den „Grundlinien der Philosophie des Rechts" (§ 100): „Ferner ist nicht nur der Begriff des Verbrechens, das Vernünftige desselben an und für sich, mit oder ohne Einwilligung der Einzelnen, was der Staat geltend zu machen hat, sondern auch die formelle Vernünftigkeit, das Wollen des Einzelnen, liegt in der Handlung des Verbrechers. Daß die Strafe darin als sein eigenes Recht enthaltend, angesehen wird, darin wird der Verbrecher als Vernünftiges geehrt.- Die Ehre wird ihm nicht zu Theil, wenn aus seiner That selbst nicht der Begriff und der Maßstab seiner Strafe genommen wird; - ebenso wenig auch, wenn er nur als schädliches Thier betrachtet wird, das unschädlich zu machen sey, oder in den Zwecken der Abschreckung und Besserung."

490 Köhler JZ 1988, S. 750.

491 Ebenda.

492 Köhler, Der Begriff der Strafe, S. 26.

493 vgl. BGHSt 20, 264 (267); 24, 132 (133, 134); BVerfGE 45, 187 (253-259).

494 vgl. Jeschek/Weigend, Strafrecht AT, S. 75 ff.; Bruns, Strafzumessungsrecht, S. 217 f.

495 Köhler, Strafrecht AT, S. 44.

496 Köhler, Der Begriff der Strafe, S. 80.

auf schuldhaftes Verhalten des Täters ebensowenig wie eine über das Maß der Schuld hinausgehende Sicherungsstrafe legitimieren.[497] Schuldhaft-charakterliche Fehlhaltungen und -handlungen sind vielmehr allein im Rahmen der konkreten Strafzumessungsschuld zu berücksichtigen, wobei sich das Schuldmaß nur durch den Einbezug der lebensgeschichtlich gebildeten, in der Tat manifestierten Unrechtshaltung bestimmen läßt.[498] Nach einem der Strafbegründung entsprechenden Schuldbegriff ist die Schuld nämlich als sich vollziehender selbstwidersprüchlicher Entscheidungsprozeß gegen die konkrete Rechtsnorm zu verstehen[499] und kann nicht wie von der seit geraumer Zeit in Literatur[500] und Rechtsprechung[501] vorherrschenden sogenannten normativen Schuldtheorie als bloße Vorwerfbarkeit des rechtswidrigen Verhaltens angesehen werden. Das Schuldigwerden als Entscheidungsprozeß gegen die konkrete Rechtsnorm zu begreifen, muß jedoch dazu führen, das Maß der Schuld nicht nur von der jeweiligen Betroffenheit des einzelnen Verletzten, sondern auch von der Allgemeinbedeutung für die Gesamtheit abhängig zu machen,[502] d.h. es danach zu bestimmen, mit welcher Allgemeingültigkeit sich die verkehrte Unrechtsmaxime behauptet.[503] Daher erhöht sich das Schuldmaß bei habitueller Delinquenz (sog. Hang/Gewohnheit), da die schuldhafte Unrechtsentscheidung

---

[497] Köhler, Strafrecht AT, S. 55 u. S. 58. Gegen Maßregeln der Besserung und Sicherung als Reaktionen auf schuldhaftes Verhalten des Täters haben sich zwar auch Mayer (Strafrecht, 1953, S. 40 und: Strafrechtsreform für heute und morgen, 1962, S. 122), Dreher (ZStW 65, 1953, S. 487 ff.) und Kohlrausch (ZStW 44, 1924, S. 33 f.) ausgesprochen; sie wollen dem Sicherungsbedürfnis der Gesellschaft jedoch durch die Konzeption einer sogenannten Sicherungsstrafe Rechnung tragen. Diese Konzeption, bei der das Ob der Strafe von der Schuld des Täters abhängt, bei ihrer Bemessung und Ausgestaltung hingegen dem Sicherungsbedürfnis der Gemeinschaft Rechnung getragen werden darf (Dreher ZStW 65, 1953, S. 487-488), so daß eine zeitlich unbemessene Strafe (Mayer, Strafrecht, 1953, S. 40) oder zumindest eine relativ unbestimmte Verurteilung (Dreher ZStW 65, 1953, S. 491 f.; Kohlrausch ZStW 44, 1924, S. 33 f.) bei gefährlichen Tätern in Betracht kommt, ist aber aus den gleichen Gründen wie die Maßregeln der Besserung und Sicherung als Reaktion auf schuldhaftes Verhalten abzulehnen. Durch eine Sicherungsstrafe wäre nämlich auch eine über das Maß der Schuld hinausgehende Bestrafung möglich, und ein derartiges Verlassen der schuldbegrenzenden Wirkung der Strafe würde den Täter somit in gleicher Weise wie die Maßregeln der Besserung und Sicherung zum Objekt fremder Zweckmäßigkeitserwägungen herabsetzen (Köhler, Strafrecht AT, S. 57-58; ders.: Der Begriff der Strafe, S. 80).

[498] Köhler, Strafrecht AT, S. 582.

[499] Köhler, Der Begriff der Strafe, S. 66; ders., Strafrecht AT, S. 362.

[500] Frank, S. 11; Gallas, S. 55 ff.; Jescheck, Strafrecht AT, 4. Aufl., § 38 II 5; Wessels, Strafrecht AT, 23. Aufl., § 10 I 3.

[501] BGHSt 2, 194 (200).

[502] Köhler, Der Begriff der Strafe, S. 73.

[503] Köhler, Strafrecht AT, S. 364.

in diesen Fällen Ausdruck einer systematisch negativen Grundhaltung zur Rechtsnorm ist.[504]

In Übereinstimmung mit der hier vertretenen Auffassung, daß auf schuldhafte Taten nur mit der gerechten Strafe reagiert werden darf, d.h. sich Prävention gerade auch im Hinblick auf schwere habituelle Delinquenz in gerechter Schuldstrafe aufheben muß,[505] steht auch der Vorentwurf zu einem Deutschen Strafgesetzbuch (1909), der anstatt einer Sicherungsverwahrung als Maßregel der Besserung und Sicherung in § 89 auch für Gewohnheitstäter ihrer Dauer nach fest zu bestimmende Strafen mit insbesondere folgender Begründung vorgesehen hat: „Der Entwurf verwirft somit die sichernde Maßnahme der Verwahrung, und zwar sowohl statt als auch neben der Strafe, und schreibt auch gegen die sogenannten Unverbesserlichen von dem Richter ihrer Dauer nach festzubestimmende Strafen vor. Jedoch trifft er Vorsorge, daß diese Strafen stets nachdrücklich und von genügend langer Dauer sind, die einerseits der schweren Verschuldung des Täters entsprechen, andererseits die Gesellschaft auf angemessene Zeit gegen neue Straftaten des Verurteilten sichern. Er geht dabei von der Erwägung aus, daß die Strafe im gerechten Verhältnis zur Schuld zu stehen hat, die nach der Tat und der Persönlichkeit des Täters zu bemessen ist, und daß sich die Unschädlichmachung des Verbrechers darüber hinaus aus Gründen polizeilicher Natur strafrechtlich nicht rechtfertigen läßt. Zudem sind auch derartige weitergehende Maßnahmen nicht geeignet, einen sicheren und zuverlässigen Schutz zu gewähren, da auch bei ihnen die Freilassung gefährlicher, fälschlich für gebessert und ungefährlich erachteter Verbrecher erfolgen kann und erfolgen wird."[506]

Die unterschiedlichen Ansätze, mit denen versucht worden ist, die geltende Regelung, nach der Maßregeln auch als Reaktionen auf schuldhafte Taten angeordnet werden dürfen, zu legitimieren, überzeugen nicht. Sie erklären lediglich die Existenz von Maßregeln, rechtfertigen diese aber nicht.[507]

Die heute vorherrschende Ansicht in der Literatur stützt Maßregeln der Besserung und Sicherung in Übereinstimmung mit ihrer theoriegeschichtlichen Entwicklung[508] auf das Sicherungsbedürfnis der staatlichen Gemeinschaft sowie

---

[504] Köhler, Strafrecht AT, S. 363; ders., Der Begriff der Strafe, S. 73. „Der Einwand, durch den Einbezug der Habitualität werde die Tatschuldgrundlage verlassen, trifft nicht zu, denn das verschuldete Tatunrecht bleibt der Strafbarkeit notwendig vorausgesetzt." (Köhler, Strafrecht AT, S. 364.)

[505] Köhler, Die bewußte Fahrlässigkeit, S. 439.

[506] Vorentwurf zu einem Deutschen Strafgesetzbuch. Begründung. Allgemeiner Teil. Berlin 1909. S. 361.

[507] so auch Kulemeier, S. 315.

[508] Mit dem „Gesetz gegen gefährliche Gewohnheitsverbrecher und über Maßregeln der Sicherung und Besserung" vom 24.11.1933 (RGBl I, 995) wurde erstmals im deutschen Straf-

deren Verpflichtung, besserungsfähige Täter nach Möglichkeit zu resozialisieren.[509] Eine derartige, auf bloße spezialpräventive Zweckmäßigkeitserwägungen gestützte Begründung der Maßregeln leistet nichts für deren normative Legitimation[510] und kann zu einem grenzenlosen technischen Behandeln führen, was insbesondere durch die in der NS-Zeit vorgenommene Sicherungsverwahrung und Sicherungstötung von „gefährlichen Gewohnheitsverbrechern" und „Sittlichkeitsverbrechern" deutlich geworden ist.[511]

Ein anderer Teil des Schrifttums begründet die Notwendigkeit der Anordnung von Maßregeln der Besserung und Sicherung generalpräventiv. Maßregeln seien notwendig zur Erhaltung der Normgeltung in der Gemeinschaft.[512] Eine derartige, auf generalpräventive Zweckmäßigkeitserwägungen gestützte Begründung, die zur Folge hat, den Täter für andere zu instrumentalisieren,[513] ist jedoch ebensowenig wie die auf spezialpräventive Zweckmäßigkeitserwägungen gestützte Begründung geeignet, Maßregeln normativ zu legitimieren.[514]

Teilweise wird im Schrifttum auch versucht, Maßregeln über ein Prinzip des überwiegenden Interesses zu rechtfertigen.[515] Für Maßregeln bestünde zwar ein gegenüber der Strafe erhöhter Legitimationsbedarf, weil mit Maßregeln trotz ihrer Beschränkung durch den verfassungsrechtlichen Verhältnismäßigkeitsgrundsatz in ihrer Wirkung weitaus schwerwiegendere Eingriffe in die Freiheitsgrundrechte des Betroffenen verbunden seien als mit der am Schuldgrundsatz orientierten und dadurch auch begrenzten Strafe[516] und ein vorbeugender Eingriff gegenüber verantwortlichen Tätern darauf hinauslaufe, daß man ihnen für die Zukunft die mit der Verantwortlichkeit verbundene Fähigkeit zu richti-

---

recht zur Sicherung der Allgemeinheit vor gefährlichen Straftätern ein Maßregelkatalog eingeführt (Kretschmer, S. 19; Naucke, S. 94). Die Ergänzung im Sanktionenkatalog, die das Ergebnis einer jahrzehntelangen kontroversen Auseinandersetzung und Diskussion war (Kretschmer, S. 19), ist insbesondere zurückzuführen auf das Gedankengut der „modernen Schule" Franz von Liszts (zu dem Einfluß der von Liszt entwickelten Idee einer unbestimmten Sicherungsstrafe umfassend Frisch ZStW 94, 1982, S. 565-598) und die Gesetzesvorschläge, die der Schweizer Strafrechtslehrer Carl Stooß für das Schweizer Strafgesetzbuch unterbreitet hatte (Kretschmer, S. 19 u. Naucke, S. 94).

[509] Schönke/Schröder/Stree, 25. Aufl., § 61 Vorbem. Rdn 2; Stree, Deliktsfolgen und Grundgesetz, S. 217 ff.

[510] Köhler, Der Begriff der Strafe, S. 82, Fußn. 133; Nowakowski in: Festschrift für Hellmuth v. Weber, S. 100; Kretschmer, S. 40; Naucke, S. 95 Rdn 33.

[511] Köhler, Strafrecht AT, S. 56 u. S. 448; Kaiser, S. 10.

[512] Jakobs, Strafrecht AT, 2. Aufl., 1991, S. 32 Rdn 56.

[513] Köhler, Strafrecht AT, S. 57.

[514] Köhler, Der Begriff der Strafe, S. 82, Fußn 133.

[515] Nowakowski in: Festschrift für Hellmuth v. Weber, S. 98, 103 ff; Kaiser, S. 12 f, 48 f; Frisch ZStW 102, 1990, S. 367 ff; Kretschmer, S. 42.

[516] Kretschmer, S. 39; Kaiser, S. 3.

gem Handeln absprechen;[517] da der Staat jedoch gleichermaßen verpflichtet sei, die Gesellschaft vor künftigen Gefahren zu schützen und die Rechte des vor staatlichen Eingriffen Betroffenen zu wahren,[518] seien Maßregeln dann gerechtfertigt, wenn die Sicherheit der staatlichen Gemeinschaft, die allein durch die gerechte Strafe wegen ihrer Bindung an das Schuldprinzip nicht hinreichend gewährleistet werden könne,[519] gegenüber dem Nachteil, der den Betroffenen zu ihrer Beseitigung zugefügt werden müsse, in dem konkreten Fall als das höherwertige Gut anzusehen sei.[520] Diese Auffassung gewährleistet zwar - da Wert und Würde der Person in der Abwägung ein verhältnismäßiges Gewicht behalten -, daß eine instrumentale Behandlung des Betroffenen an enge Voraussetzungen geknüpft ist, sie überzeugt jedoch als normative Rechtfertigung der Maßregeln auch nicht.[521] Sie liefert nämlich keine Begründung dafür, Kollisionen, die aufgrund des schuldhaften Verhaltens des Täters zwischen den Rechten des Betroffenen und dem Sicherungsbedürfnis der staatlichen Gemeinschaft entstehen, über die schuldgerechte Strafe hinaus berücksichtigen zu dürfen.[522]

Ein weiterer Teil des Schrifttums stützt eine Maßregelrechtfertigung auf das Recht der Gemeinschaft zur Notwehr.[523] Auch diese Auffassung ist nicht überzeugend, weil künftig zu erwartende Straftaten etwas grundsätzlich anderes sind als ein gegenwärtiger rechtswidriger Angriff.[524]

Eine andere Ansicht in der Literatur versucht, Maßregeln der Besserung und Sicherung mit Freiheitsverwirkung zu legitimieren. Nach dieser Auffassung sind Maßregeln der Besserung und Sicherung gegenüber Personen, denen die innere Freiheit zu sittlicher Selbstbestimmung fehle, zulässig, da man äußere Freiheit nur insoweit beanspruchen könne, wie man innere Freiheit besitze.[525] Dieser Ansatz vermag jedoch keine Rechtfertigung für Maßregeln gegenüber voll ver-

---

517 Frisch ZStW 102, 1990, S. 373-374; so auch Köhler, Strafrecht AT, S. 589 („Negation ihrer Rechtssubjektivität").

518 Frisch ZStW 102, 1990, S. 368-369.

519 Frisch ZStW 102, 1990, S. 390-391; Kaiser, S. 9; Kretschmer, S. 35-36.

520 Nowakowski in: Festschrift für Hellmuth v. Weber, S. 103; Frisch ZStW 102, 1990, S. 368-369; Kretschmer, S. 42; Kaiser, S. 48; Müller-Dietz, Grundfragen des strafrechtlichen Sanktionensystems, S. 72; Müller-Christmann JuS 1990, S. 803.

521 Kulemeier, Fahrverbot (§ 44 StGB) und Entzug der Fahrerlaubnis (§§ 69 ff. StGB), S. 315-316.

522 Köhler, Strafrecht AT, S. 57.

523 Sax in: Die Grundrechte, Bd III/ 2, 2. Aufl., 1972, S. 960 ff, 963, 965; zustimmend Hanack in LK, 11. Aufl., vor §§ 61 ff Rdn 29.

524 Nowakowski in: Festschrift für Hellmuth v. Weber, S. 109; Frisch ZStW 102, 1990, S. 367.

525 Welzel, Das deutsche Strafrecht, 11. Aufl., 1969. S. 245; ders.: 3. Sitzung der Großen Strafrechtskommission. Niederschriften, Bd. I, S. 60; Bockelmann, S. 56; Lang-Hinrichsen, S. 42 ff; Grünwald ZStW 76, 1964, S. 634 f.

antwortlichen Rechtsbrechern zu liefern. Da voll schuldfähige Täter durch die verhängte Strafe für den Gebrauch ihrer Freiheit voll einstehen müssen, müßten sie auch die volle Freiheit beanspruchen können.[526] Es ist grundwidersprüchlich, den Täter auf der einen Seite durch die schuldangemessene Strafe als rechtsvernünftig und damit grundsätzlich fähig zu rechter Ausübung von Freiheit zu behandeln und auf der anderen Seite wegen Unfähigkeit einer derartigen Ausübung von Freiheit eine Maßregel verhängen zu wollen.[527] Darüber hinaus ist die Auffassung, daß es Menschen gibt, denen kraft ihrer persönlichen Artung kein Anspruch auf äußere Freiheit zustehe, auch mit rechtsstaatlichen Prinzipien nicht zu vereinbaren.[528] Die Menschenwürde und die sonstigen Grundrechte stehen im Rahmen einer rechtsstaatlichen Verfassung jedem Menschen zu, unabhängig von der Beschaffenheit seiner Persönlichkeit und daraus resultierendem Fehlverhalten.[529] Daher können Beschränkungen von Persönlichkeitsrechten lediglich darauf gestützt werden, daß sie zur Wahrung bestimmter Interessen des Betroffenen selbst oder anderer - etwa auch der Gesellschaft - geboten und angemessen sind, nicht aber damit gerechtfertigt werden, daß bestimmten Menschen aufgrund einer Eigenschaft ihrer Person Persönlichkeitsrechte gar nicht mehr zustehen.[530]

Eine andere Auffassung in der Literatur will Maßregeln der Besserung und Sicherung über eine sogenannte „Gemeinschaftsgebundenheit der Freiheit“ rechtfertigen.[531] Bei Annahme einer Gemeinschaftsgebundenheit der Freiheit vermag eine Straftat zwar zu begründen, daß sich der Täter nicht mehr im Rahmen der ihm innerhalb der Gemeinschaft zustehenden Freiheit bewegt hat, nicht jedoch, daß er gewissermaßen schon vor dem staatlichen Eingriff seine Freiheiten verloren habe und daher einem Maßregelrecht zu unterwerfen sei.[532]

Da sich somit Maßregeln der Besserung und Sicherung als Reaktionen auf schuldhafte Taten nicht legitimieren lassen, fragt es sich, inwieweit die derzeitige Ausgestaltung der Fahrerlaubnisentziehung als Maßregel der Besserung und Sicherung der Kritik unterliegt.

---

[526] Jakobs, Strafrecht, Strafrecht AT 1991, 2. Aufl., 1. Abschn. Rdn 54; Stratenwerth Strafrecht AT I, 3. Aufl., 1981, S. 27; Frisch ZStW 102, 1990, 366; Hanack in LK, 11. Aufl., vor §§ 61 ff Rdn 31; Köhler AT, S. 56-57.; ders.: Der Begriff der Strafe, S. 81.

[527] Köhler Strafrecht AT, S. 56-57; ders.: Der Begriff der Strafe, S. 81; Grünwald ZStW 76, 1964, S. 636.

[528] Nowakowski in: Festschrift für Hellmuth v. Weber, S. 107.

[529] Ebenda.

[530] Ebenda, S. 108.

[531] Jescheck, Lehrbuch des Strafrechts AT, S. 77.

[532] Frisch, ZStW 102, 1990, S. 366.

Daß sich Maßregeln als Reaktionen auf das schuldhafte Verhalten des Täters nicht legitimieren lassen, bedeutet selbstverständlich nur, daß ihre Verhängung aus Gründen, auf denen bereits der Schuldvorwurf beruht, ausgeschlossen ist. Soweit aber durch die schuldhafte Tat Eigenschaften des Täters zutage getreten sind, für deren Vorliegen an sich dem Täter kein Schuldvorwurf gemacht wird, die jedoch eine künftige Gefahr für die Gesellschaft mit sich bringen, ist die Anordnung von Maßregeln durch den Strafrichter gerechtfertigt, da die Anwendung gefahrvorbeugenden Polizeirechts als Reaktion auf schuldhafte Taten natürlich nur in dem Bereich ausgeschlossen ist, auf den mit der schuldangemessenen Strafe zu reagieren ist.

Hieraus folgt für die Verhängung einer Fahrerlaubnisentziehung als Maßregel folgendes: Sie ist nicht für eine sich aus einer Straftat ergebende charakterliche Ungeeignetheit zum Führen von Kraftfahrzeugen legitimierbar. Wegen seines charakterlichen Fehlverhaltens wird dem Täter nämlich bereits ein Schuldvorwurf gemacht, und daher darf auf dieses Fehlverhalten einzig und allein mit der schuldangemessenen Strafe reagiert werden, so daß die Anwendung gefahrvorbeugenden Polizeirechts insoweit ausgeschlossen ist.

Sofern die zugrunde liegende Straftat jedoch darin besteht, daß der Täter trotz Kenntnis oder Kennenmüssens von körperlichen oder geistigen Mängeln am Straßenverkehr teilgenommen hat, basiert der Schuldvorwurf nicht auf dem Bestehen dieser Mängel, sondern darauf, daß der Täter trotz dieser Mängel ein Kraftfahrzeug geführt hat.[533] Da in diesem Fall der Schuldvorwurf somit nur das charakterliche Fehlverhalten betrifft, nicht jedoch das Bestehen der körperlichen oder geistigen Mängel, ist die Anwendung gefahrvorbeugenden Polizeirechtes insoweit ausgeschlossen, als daß sie sich auf das charakterliche Fehlverhalten stützt. Wegen des Bestehens der körperlichen oder geistigen Mängel ist jedoch, da dem Täter insoweit kein Schuldvorwurf gemacht wird, eine gefahrvorbeugende strafrichterliche Fahrerlaubnisentziehung als Annex zum strafrichterlichen Sanktionensystem gerechtfertigt.

An der derzeitigen Ausgestaltung der Fahrerlaubnisentziehung als Maßregel ist somit zu kritisieren, daß sie wegen charakterlicher Ungeeignetheit zum Führen von Kraftfahrzeugen angeordnet werden darf. Auf eine charakterliche Ungeeignetheit zum Führen von Kraftfahrzeugen, die sachgerecht dahingehend ausgelegt werden muß, daß eine schon verfestigte Haltung zu erheblichen Verkehrsstraftaten vorliegt,[534] darf nur mit der schuldgerechten Strafe reagiert werden, wobei sich das Maß der Schuld danach bestimmt, inwieweit die Tat Ausdruck einer systematisch negativen Grundhaltung zur Rechtsnorm ist.

---

[533] vgl. v. Weber JZ 1960, S. 53.

[534] s.o. B. I. 1. a. Vgl. auch Köhler, Strafrecht AT, S. 661.

Aus dieser Auffassung folgt natürlich zwangsläufig, daß sich auch eine verwaltungsrechtliche Kompetenz für einen Fahrerlaubnisentzug aufgrund sich aus Straftaten ergebender charakterlicher Ungeeignetheit zum Führen von Kraftfahrzeugen nicht legitimieren läßt.

Des weiteren ist es auch nicht zu rechtfertigen, daß die Verwaltungsbehörde die Erst- oder Wiedererteilung einer Fahrerlaubnis aufgrund in Straftaten manifestierter charakterlicher Ungeeignetheit zum Führen von Kraftfahrzeugen versagen darf, da das Prinzip, daß auf das schuldhaft-charakterliche Fehlverhalten des Täters ausschließlich mit Strafe zu reagieren ist, unterlaufen wird, wenn die Verwaltungsbehörde das vom Strafrichter abgeurteilte oder noch abzuurteilende schuldhaft-charakterliche Fehlverhalten zum Anlaß nimmt, die Erst- oder Wiedererteilung einer Fahrerlaubnis zu versagen.

II. Bewertung der Reformvorschläge, die auf der kritischen Betrachtung der Ausgestaltung der Fahrerlaubnisentziehung als Maßregel der Besserung und Sicherung aufbauen

1. Sogenannte Große Reform, d.h. Erweiterung des Anwendungsbereiches der Nebenstrafe Fahrverbot und für die Fahrerlaubnisentziehung ausschließliche Zuständigkeit der Verwaltung

a. Darstellung der Großen Reform

Die Vertreter der sogenannten Großen Reform[535] kritisieren die Ausgestaltung der strafricherlichen Fahrerlaubnisentziehung als Maßregel der Besserung und Sicherung richtigerweise aufgrund des oben aufgezeigten Etikettenschwindels und wollen als strafrechtliche Sanktion nur noch ein erweitertes Fahrverbot als Nebenstrafe zulassen, wobei für den zeitlichen Rahmen dieses Fahrverbots unterschiedliche Vorschläge gemacht werden.[536]

---

[535] Der Begriff Große Reform ist geprägt worden in dem jahrzehntelang ausgetragenen Meinungsstreit über den „Etikettenschwindel" in Abgrenzung zu der Auffassung in der Literatur, die die derzeitige Ausgestaltung der Fahrerlaubnisentziehung als Maßregel für sachgerecht hält und nur geringfügige Änderungen vorschlägt und daher als sogenannte Kleine Reform bezeichnet wird (vgl. Schöch, C 114 f.). Für eine Große Reform haben sich insbesondere Cramer, Koch, Beine, Himmelreich und Rebmann ausgesprochen.

[536] Koch (DAR 1977, S. 93) schlägt beispielsweise vor, die Fahrverbotsfrist drei Monate bis fünf Jahre betragen zu lassen; Cramer (Unfallprophylaxe, S. 223) ein Fahrverbot mit einer Verbotsdauer von drei Monaten bis zu drei Jahren.

Da die Vertreter der Großen Reform unter Prognoseentscheidungen zu treffende Fahrerlaubnisentziehungen unter den gleichen Voraussetzungen wie im geltenden Recht, d.h. bei charakterlicher, körperlicher und geistiger Ungeeignetheit zum Führen von Kraftfahrzeugen, neben dem strafrechtlichen Fahrverbot für notwendig erachten, jedoch der Ansicht sind, daß der Strafrichter mit den notwendigen Prognoseentscheidungen überfordert ist und die Verwaltungsbehörde diese Prognoseentscheidungen besser treffen könnte, plädieren sie für eine im ausschließlichen Zuständigkeitsbereich der Verwaltung liegende Fahrerlaubnisentziehung neben dem strafrechtlichen Fahrverbot.

Wie oben ausgeführt, unterliegen unter Prognoseentscheidungen zu treffende Fahrerlaubnisentziehungen bei schuldhaften Taten der Kritik, sofern sie wegen charakterlicher Ungeeignetheit zum Führen von Kraftfahrzeugen angeordnet werden, da auf schuldhaft-charakterliche Fehlhaltungen und -handlungen ausschließlich mit Strafe reagiert werden darf.[537] Daher erweist sich die Große Reform schon insofern als nachteilig, als daß sie die bisherige Maßregelqualität der Fahrerlaubnisentziehung auch bei charakterlicher Ungeeignetheit zum Führen von Kraftfahrzeugen beibehalten will. Fraglich ist jedoch, ob sich die Große Reform, sofern man - entgegen der in dieser Arbeit vertretenen Auffassung - die Maßregelqualität der Fahrerlaubnisentziehung auch bei einer charakterlichen Ungeeignetheit zum Führen von Kraftfahrzeugen für gerechtfertigt hält, im Verhältnis zur heutigen Regelung als vorteilhaft darstellt oder nicht.

b. Bewertung der Großen Reform im Verhältnis zur heutigen Regelung

aa. Vorteile der Großen Reform im Verhältnis zur heutigen Regelung

Die Große Reform würde sich gegenüber der geltenden Regelung als vorteilhaft darstellen, wenn tatsächlich eine Überforderung des Strafrichters bei den für einen Fahrerlaubnisentzug notwendigen Prognoseentscheidungen gegeben und die Verwaltungsbehörde tatsächlich besser in der Lage wäre, Prognoseentscheidungen über die künftige Gefährlichkeit des Täters zu treffen.

---

[537] s.o. B. I. 4.

aaa. Höhere Kompetenz der Verwaltungsbehörde bei dem Treffen und Begründen im Rahmen der Fahrerlaubnisentziehung notwendiger Prognoseentscheidungen?

Zuzugeben ist den Vertretern der Großen Reform, daß die Verhängung einer Fahrerlaubnisentziehung nach geltendem Recht von dem Strafrichter schwierige Prognoseentscheidungen erfordert.

Zur Verdeutlichung hier noch einmal eine knappe Darstellung der im Kapitel über die geltende Regelung ausführlich geschilderten Beurteilungsmaßstäbe für die Verhängung der Fahrerlaubnisentziehung.

Für die Frage, ob dem Täter die Fahrerlaubnis zu entziehen ist, hat der Strafrichter darüber zu befinden, ob der Täter im Zeitpunkt der Urteilsfindung und für die Zukunft als ungeeignet zum Führen von Kraftfahrzeugen im Sinne des § 69 StGB anzusehen ist. Für die im Falle einer Entziehung der Fahrerlaubnis nach § 69 a StGB erforderliche Festsetzung einer Sperrfrist für die Erteilung einer neuen Fahrerlaubnis hat der Strafrichter darüber hinaus zu prognostizieren, wie lange die Ungeeignetheit des Kraftfahrzeugführers voraussichtlich andauern wird. Von dem Strafrichter wird somit im Rahmen der §§ 69 ff StGB verlangt, daß er „über den Täter aus der Vergangenheit in der Gegenwart für die Zukunft Feststellungen trifft".[538]

Bei der Beurteilung der Ungeeignetheit des Täters, die aufgrund körperlicher, geistiger oder charakterlicher Mängel gegeben sein kann, ist der Strafrichter an diverse Entscheidungskriterien gebunden. Der Strafrichter hat über das Vorliegen oder Nichtvorliegen eines Eignungsmangels nach objektiven Gesichtspunkten zu urteilen. Er ist jedoch nicht zu einer die gesamte Persönlichkeit des Kraftfahrers umfassenden charakterologischen Überprüfung berechtigt. Sein Beurteilungsspielraum ist nämlich in der Weise eingeschränkt, daß er nur solche Eignungsmängel berücksichtigen darf, die sich aus der rechtswidrigen Tat, welche den Gegenstand seines Verfahrens bildet, ergeben. „Eignungsmängel, die zur Tat nicht beigetragen haben, sei es, daß sie schon vorher vorhanden waren, sich aber auf die Tat selbst nicht ausgewirkt haben, oder sei es, daß sie erst später eingetreten sind, haben außer Betracht zu bleiben."[539] Die Persönlichkeit des Täters, seine bisherige Lebensführung und alle sonstigen Umstände, die außer der Tat selbst für einen Eignungsmangel relevant sein könnten, darf der Strafrichter somit nur ausschnittsweise berücksichtigen, d.h. nur dann, wenn sie diese beeinflußt haben.

---

[538] Wimmer DAR 1959, S. 255.

[539] Cramer, Unfallprophylaxe, S. 63.

Von der im Rahmen dieses Beurteilungsspielraums vorzunehmenden sorgfältigen Abwägung aller für einen Eignungsmangel relevanten Umstände wird der Strafrichter nur bei den in § 69 II StGB genannten Fällen befreit, da diese sogenannten Regelbeispiele die Ungeeignetheit des Täters indizieren, so daß in diesen Fällen lediglich zu prüfen ist, ob besondere Gründe vorliegen, die dafür sprechen, den Täter ausnahmsweise dennoch als geeignet zum Führen von Kraftfahrzeugen anzusehen.

Hinsichtlich der Dauer der gemäß § 69 a StGB festzulegenden Sperrfrist für die Erteilung einer neuen Fahrerlaubnis bieten die Regelbeispiele dem Strafrichter jedoch keine Erleichterung, d.h. er muß diesbezüglich genau wie in allen anderen Fällen eine sorgfältige Abwägung im Rahmen seines Beurteilungsspielraums treffen.

Auch an die Abfassung der Urteilsgründe sind bei Verhängung einer Fahrerlaubnisentziehung hohe Anforderungen gestellt.

In den Urteilsgründen hat der Strafrichter grundsätzlich gemäß § 267 IV 1 StPO darzulegen, weshalb er die Entziehung der Fahrerlaubnis angeordnet hat. Dazu muß er die Verhängung dieser Maßregel in tatsächlicher und rechtlicher Hinsicht begründen.[540] „Die bloße Wiedergabe des Wortlauts der angewendeten Bestimmungen reicht deshalb nicht aus,[541] weil die Begründung die Anfechtungsberechtigten in die Lage versetzen soll, eine sachgemäße Entscheidung über die Einlegung eines Rechtsmittels zu treffen[542] und sie zudem dem Rechtsmittelgericht eine Grundlage für seine Prüfung bietet.“[543] Im Rahmen dieser Begründungspflicht hat der Richter u.a. darzulegen, daß die Ungeeignetheit des Täters noch im Zeitpunkt des Urteils vorgelegen hat[544] und weshalb die im Urteil festgelegte Dauer der Sperrfrist angebracht ist.[545] Die Dauer der Sperrfrist ist dann besonders ausführlich zu begründen, wenn dem Täter zum ersten Male die Fahrerlaubnis entzogen wird und ihn eine längere Sperre in seiner beruflichen Betätigung und Entwicklung einschneidend treffen würde.[546] Ebenfalls einer besonders ausführlichen Begründung bedarf die Dauer der Sperrfrist dann, wenn die Sperre im Verhältnis zu der ausgesprochenen Strafe relativ lang ist oder wenn sie das in § 69 a StGB bestimmte zeitliche Höchstmaß erreicht.[547] Von der durch

---

[540] Beine ZRP 1977, S. 296; Schreiner DAR 1978, S. 272; Kleinknecht/Meyer-Goßner, 44. Aufl., § 267 Rdn 36.
[541] Beine ZRP 1977, S. 296; Kleinknecht/Meyer-Goßner, 44. Aufl., § 34 Rdn 4.
[542] Beine ZRP 1977, S. 296.
[543] Beine ZRP 1977, S. 296; Kleinknecht/Meyer-Goßner, 44. Aufl., § 34 Rdn 1.
[544] Beine BA 1978, S. 266; BGH VRS 45, 177.
[545] Beine BA 1978, S. 266.
[546] Ebenda.
[547] Beine BA 1978, S. 266; ders.: BA 1979, S. 351; BGH DAR 69, 49; 68, 23; VRS 31, 106.

§ 267 VI 1 StPO zwingend vorgesehenen ausdrücklichen und ausführlichen Urteilsbegründung hinsichtlich der Verhängung der Entziehung der Fahrerlaubnis[548] wird der Strafrichter nur in einigen Fällen befreit. Ordnet er die Fahrerlaubnisentziehung im Strafbefehlsverfahren an, so genügt der bloße Hinweis auf die §§ 69, 69 a StGB.[549] Gemäß § 267 IV StPO werden an die Begründungspflicht des Strafrichters auch dann reduzierte Anforderungen gestellt, „wenn alle zur Anfechtung Berechtigten auf Rechtsmittel verzichten oder innerhalb der Frist kein Rechtsmittel eingelegt wird“ (sog. abgekürztes Urteil).[550]

Bei den sogenannten Regelbeispielen im Sinne des § 69 II StGB ist, da ihr Vorliegen die Ungeeignetheit des Täters indiziert, zwar eine sorgfältige Abwägung aller für einen Eignungsmangel relevanten Umstände und damit - wie sich aus dem Umkehrschluß zu § 267 VI 2 StPO ergibt[551] - auch eine Begründung des Eignungsmangels überflüssig,[552] begründet werden muß aber in diesen Fällen, die wie üblich zu treffende Prognose über die Dauer der Sperrfrist.[553]

Daß der Strafrichter sowohl mit dem Treffen als auch mit dem Begründen der im Rahmen der Fahrerlaubnisentziehung notwendigen Prognoseentscheidungen überfordert sei, wird von den Vertretern der Großen Reform folgendermaßen begründet:

Angesichts der Massendelinquenz im Bereich der Straßenverkehrsdelikte müsse der Strafrichter, der als Amtsrichter teilweise bis zu 20 Strafsachen an einem Vormittag zu erledigen habe[554] und der „unter dem Diktat des Pensenschlüssels“ stehe,[555] in vielen Fällen in einer kurzen, zumeist unpersönlich durchgeführten Hauptverhandlung über die Entziehung der Fahrerlaubnis urteilen.[556]

In einer derartigen Hauptverhandlung könne er aber gar nicht in der Lage sein, sowohl die Ungeeignetheit des Kraftfahrers festzustellen[557] als auch noch dar-

---

548 Beine ZRP 1977, S. 296; Peters, Strafprozeß, 2. Aufl., 1966, S. 411.
549 Schreiner DAR 1978, S. 272.
550 Sunder BA 1979, S. 70; Beine BA 1979, S. 351; Schreiner DAR 1978, S. 272.
551 Schreiner DAR 1978, S. 272.
552 Sunder BA 1979, S. 70.
553 Beine BA 1979, S. 348 u. 350.
554 Cramer in: Gedächtnisschrift für Horst Schröder, S. 537; Hentschel DAR 1975, S. 289.
555 Scherer BA 1983, S. 130.
556 Rebmann DAR 1978, S. 300; Scherer BA 1983, S. 130; Cramer in: Gedächtnisschrift für Horst Schröder, S. 536-537.
557 Koch DAR 1977, S. 92; Cramer in: Gedächtnisschrift für Horst Schröder, S. 536-537; Hentschel DAR 1975, S. 289; Rebmann DAR 1978, S. 300.

über hinlänglich sicher zu prognostizieren, wie lange diese voraussichtlich andauern werde.[558]

Die Feststellung über das Vorliegen eines Eignungsmangels des Kraftfahrers bereite dem Strafrichter jedoch nicht nur aus Zeitgründen Schwierigkeiten, sondern auch deshalb, weil es ihm im Rahmen seines Beurteilungsspielraums in vielen Fällen nicht möglich sei, über dessen Verkehrsfähigkeit einigermaßen sicher zu urteilen.[559]

„Prognosen über die Verkehrsfähigkeit eines Verkehrsstraftäters, die ohnehin mit einem hochgradig unsicheren Charakter behaftet" seien,[560] seien dem Strafrichter insbesondere bei Trunkenheitsdelikten von Ersttätern nicht möglich.[561] Diese Täter stellten nur dann eine Gefahr dar, wenn sie wieder trinken sollten.[562] Da eine Prognose in der Weise, daß in Zukunft wieder angetrunken fährt, wer dies schon einmal getan habe, bei Ersttätern nicht haltbar sei, würde die in § 69 II StGB aufgestellte Vermutung, daß, wer ein Delikt nach § 315 c oder § 316 StGB begangen habe, in der Regel als ungeeignet zum Führen von Kraftfahrzeugen anzusehen sei, in der Praxis grundsätzlich als unwiderlegliche Vermutung gehandhabt, d.h. Ausnahmen von dieser Regelung würden grundsätzlich mangels Erkenntnismöglichkeiten diesbezüglich weder geprüft, noch verhängt.[563]

Auf noch größere Schwierigkeiten stoße der Strafrichter, wenn er eine Prognose über die Ungeeignetheit eines Täters zum Führen von Kraftfahrzeugen stellen müsse, der ein Delikt begangen habe, das nicht im engeren Sinne zu den Verkehrsdelikten zähle.[564] Bei den nach ständiger Rechtsprechung vom Anwendungsbereich des § 69 StGB erfaßten Delikten, „die mehr oder weniger zufällig im Zusammenhang mit der Benutzung eines Kraftfahrzeugs" stünden „wie beispielsweise Betrügereien an Tankstellen, gegenüber Fahrzeugvermietern oder die Ausnutzung des Kraftfahrzeuges als Grundlage für einen Kreditbetrug",[565] würde die Feststellung der Ungeeignetheit des Täters zum Führen von Kraftfahrzeugen zur reinen Fiktion.[566] Denn derartige Taten ließen zwar Charakter-

---

[558] Koch DAR 1977, S. 91-92; Cramer in: Gedächtnisschrift für Horst Schröder, S. 537-538; Rebmann DAR 1978, S. 300.

[559] Cramer in: Gedächtnisschrift für Horst Schröder; S. 535-536; Cramer, Unfallprophylaxe, S. 64.

[560] Denzlinger ZRP 1988, S. 371.

[561] Cramer in: Gedächtnisschrift für Horst Schröder, S. 536.

[562] Ebenda.

[563] Ebenda, S. 536 u. Fußnote 15.

[564] Ebenda, S. 536.

[565] Ebenda.

[566] Ebenda.

mängel zutage treten, sie böten aber keinerlei Grundlage für die Beurteilung, ob jemand zum Führen von Kraftfahrzeugen geeignet sei oder nicht.[567]

Neben der Feststellung des Eignungsmangels sei der Strafrichter oft auch mit der Festsetzung der Dauer der Sperrfrist überfordert.[568] Zu beurteilen, wann der in der Tat zum Ausdruck gekommene Eignungsmangel behoben sein werde, sei noch schwieriger zu bestimmen als die Frage, ob überhaupt ein Eignungsmangel vorliege.[569] Hierzu bedürfe es „geradezu prophetischer Gaben".[570] Der Strafrichter müßte nämlich „unter Berücksichtigung der Persönlichkeit, der bisherigen Lebensführung des Angeklagten, etwaiger einschlägiger Vorstrafen oder Vorverurteilungen bzw. entsprechender Bußgeldbescheide der Verwaltungsbehörden nach dem OwiG feststellen",[571] wie lange es dauere, bis dem Kraftfahrer als Verkehrsteilnehmer wieder getraut werden könne.[572] Da eine derartige Feststellung dem Strafrichter in einer kurzen, schnell durchgeführten Hauptverhandlung mit den ihm dazu zur Verfügung gestellten Mitteln nicht möglich sei,[573] bestehe (auch) bezüglich der Dauer der Sperrfrist „die Gefahr eines oft mehr nebulösen justitiellen Orakels".[574]

Diese Überforderung des Strafrichters bei der erforderlichen Prognoseentscheidung hinsichtlich der voraussichtlichen Dauer der Ungeeignetheit sei in besonderem Maße bei dem Entzug der Fahrerlaubnis wegen verkehrserheblicher Charaktermängel gegeben.[575]
Neben der in einer kurzen Hauptverhandlung ohnehin kaum zu treffenden Feststellung über das Vorliegen derartiger Charaktermängel[576] würde hier von dem Strafrichter Unmögliches verlangt, nämlich, daß er in der Lage sei zu beurteilen, nach welcher genau bestimmten Zeit der Täter seinen Charakter ändere.[577]

Insgesamt zeige sich, daß die Entscheidung über die Entziehungsfrage dem Strafrichter oft Prognoseentscheidungen abverlange, die er allein nicht treffen könne.

---

[567] Ebenda.
[568] Wimmer DAR 1959, S. 256; Beine BA 1979, S. 347; Koch DAR 1977, S. 91.
[569] Cramer in: Gedächtnisschrift für Horst Schröder, S. 537.
[570] Hentschel DAR 1975, S. 290; Koch DAR 1977, S. 291; Cramer in: Gedächtnisschrift für Horst Schröder, S. 538.
[571] Cramer in: Gedächtnisschrift für Horst Schröder, S. 538.
[572] Cramer in: Gedächtnisschrift für Horst Schröder, S. 538; Denzlinger ZRP 1988, S. 371.
[573] Koch DAR 1977, S. 92; Cramer in: Gedächtnisschrift für Horst Schröder, S. 538.
[574] Koch DAR 1977, S. 92; Nehm DAR 1996, S. 437.
[575] Cramer in: Gedächtnisschrift für Horst Schröder, S. 538; Hentschel DAR 1975, S. 290; Nehm DAR 1996. S. 437.
[576] Preisendanz DAR 1981, S. 310.
[577] Cramer in: Gedächtnisschrift für Horst Schröder, S. 538; Nehm DAR 1996, S. 437.

Da er „über die Genese der Tat aus den umweltlichen und tieferen biopsychischen Bedingungen, aus Anlage und erworbenen Eigenschaften, aus der Lebensgeschichte des Täters (außer den Bestrafungen) in der Regel fast nichts wissen oder nur das als unwiderleglich unterstellen“ könne, „was der Täter zu eigenem Gunsten“ behaupte,[578] bedürfte es bei der Frage über die Entziehung der Fahrerlaubnis in vielen Fällen einer „eingehenden medizinisch-psychologischen Begutachtung durch einen auf Kraftfahrer spezialisierten Sachverständigen, der umfangreiche Tatsachenfeststellungen vorauszugehen hätten“.[579] Da die Strafrichter durch die Einholung solcher medizinisch-psychologischer Gutachten aber die Vielzahl der von ihnen zu erledigenden Verkehrsstrafsachen nicht mehr bewältigen könnten,[580] würden sie versuchen, die im Rahmen der Entziehungsfrage erforderlichen Prognoseentscheidungen überwiegend mit der sogenannten intuitiven Methode zu treffen.[581] Bei dieser sogenannten intuitiven Methode versuchten die Strafrichter, aus ihren Erfahrungen im Umgang mit Straftätern die Täterpersönlichkeit gefühlsmäßig zu erfassen, um daraus dann deren weiteres Verhalten prognostizieren zu können.[582] Die Beurteilungsmaßstäbe würden bei dieser Methode von der Werthierarchie des Strafrichters beeinflußt.[583]

Medizinisch-psychologische Gutachten würden von den Strafrichtern grundsätzlich nur bei der Annahme von körperlichen oder geistigen Mängeln des Verkehrsstraftäters eingeholt,[584] also in Fällen, in denen die intuitive Methode nicht anwendbar sei.

Daß die Strafrichter bei dem Treffen und Begründen der von ihnen im Rahmen der Entziehung der Fahrerlaubnis abverlangten Prognoseentscheidungen aufgrund ihres eingeschränkten Beurteilungsspielraums und der aus Zeitgründen bei charakterlichen Mängeln nicht möglichen Einholung medizinisch-psychologischer Gutachten oft überfordert seien, zeige sich in vielen Urteilsbegründungen.

Die eingeschränkte Überprüfungsmöglichkeit des Strafrichters, d.h., bei der Entziehung der Fahrerlaubnis nur solche Eignungsmängel berücksichtigen zu dürfen, welche sich aus der rechtswidrigen Tat, die den Gegenstand seines Verfah-

---

[578] Wimmer DAR 1959, S. 256.
[579] Wimmer DAR 1959, S. 256; Koch DAR 1977, S. 93; Kulemeier, Fahrverbot (§ 44 StGB) und Entzug der Fahrerlaubnis (§§ 69 ff. StGB), S. 323
[580] Hentschel DAR 1975, S. 290.
[581] Kulemeier, Fahrverbot (§ 44 StGB) und Entzug der Fahrerlaubnis (§§ 69 ff. StGB), S. 321.
[582] Ebenda, S. 322.
[583] Ebenda.
[584] Ebenda.

rens bildet, würde nicht immer konsequent beachtet.[585] Vielmehr erfolge des öfteren eine von der Tatschuld unabhängige und damit zu weit gehende charakterologische Überprüfung.[586] So finde sich beispielsweise in einem Urteil des OLG Frankfurt vom 5.7.1972 folgende Formulierung: „Seine von der Tatschuld möglicherweise unabhängige persönliche Qualifikation und prognostische Erwägungen über sein künftiges Verhalten im Straßenverkehr müssen bei der Bemessung der Sperrfrist aber zumindest dann entscheidend ins Gewicht fallen, wenn – wie hier – die Würdigung der Täterpersönlichkeit im übrigen besonders günstig ausfällt."[587]

Des weiteren sei bei vielen Urteilsbegründungen der Tatrichter zu beobachten, daß diese, um den Anforderungen der Revision zu genügen, zu Aushilfen griffen.[588] In den schriftlichen Urteilsgründen würden „mehr oder weniger gewagte Ausdeutungen und Kombinationen so behandelt, als seien das echte Feststellungen und diese durch Erwägungen derart verknüpft, daß der Anschein eines gesicherten individuellen Eignungsbildes" herauskäme.[589] „Die meist sehr einfachen Gesichtspunkte, die den Tatrichter zu seiner Entscheidung über die Entziehungsfrage wirklich bestimmt" hätten, würden „durch Phrasen überdeckt, die aus Präjudizien" stammten.[590]

Die Revisionsgerichte beanstandeten diese Vorgehensweise der Tatrichter, wenn sie die Entscheidung über die Fahrerlaubnisentziehung an sich für sachgerecht hielten, vielfach nicht, weil sie keine Möglichkeit sähen, „wie man ohne unverhältnismäßigen und möglicherweise nutzlosen Aufwand für die individuelle Eignung eine bessere tatsächliche Entscheidungsgrundlage gewinnen könnte".[591] Daß mangelnde Urteilsbegründungen der Tatrichter bei der Entziehung der Fahrerlaubnis in großem Umfange vorkämen, sei auch durch ein Rechtsgutachten, das Beine und Lange im Auftrag des Ministers für Wirtschaft, Mittelstand und Verkehr des Landes Nordrhein-Westfalen erstattet haben,[592] überzeugend belegt. In diesem Rechtsgutachten haben Beine und Lange anhand von 50 Strafakten und 50 Verwaltungsstreitverfahren des Landes Nordrhein-Westfalen geprüft, ob die Strafgerichte bei der Entziehung der Fahrerlaubnis und die Ver-

[585] Koch DAR 1977, S. 92.
[586] Ebenda.
[587] VRS 44, S. 186
[588] Wimmer DAR 1959, S. 256.
[589] Ebenda.
[590] Ebenda.
[591] Ebenda.
[592] Rechtsgutachten Beine/Lange „Zur Problematik der Entziehung der Fahrerlaubnis für die Führung von Kraftfahrzeugen durch die Gerichte und der Wiedererteilung der Fahrerlaubnis durch die Verwaltungsbehörden und Vorschläge für gesetzliche Änderungen nach Überprüfung von fünfzig Straf- und Verwaltungsakten." (unveröffentlicht).

waltungsbehörden bei der Wiedererteilung der Fahrerlaubnis ihre Entscheidungen an den ihnen jeweils vom Gesetz für ihre Maßnahme vorgegebenen Kriterien ausrichten.[593] Die 50 wahllos herausgegriffenen einschlägigen Strafakten[594] enthalten unter anderem auf etwa 10.000 Blatt Akten 60 Strafurteile von 50 verschiedenen Amtsgerichten des Landes Nordrhein-Westfalen aus den Jahren 1957 bis 1974 mit Entziehungen der Fahrerlaubnis, die gemäß § 267 I, II, III und VI prozessual zu behandeln waren.[595] Bei 30 dieser 60 Strafurteile bezog sich die Untersuchung speziell auf die Dauer der Sperre für die Neuerteilung einer Fahrerlaubnis, ihre Prognose und deren Begründung.[596]

Bei der Analyse ihres Rechtsgutachtens hinsichtlich dieser 50 Strafakten kamen Beine und Lange zu dem Ergebnis, daß die Strafrichter die ihnen für die Entziehung der Fahrerlaubnis sowie die Verhängung und Abkürzung von Sperrfristen gemäß den §§ 69, 69 a StGB materiell- und formellrechtlich vom Gesetzgeber vorgegebenen Erfordernisse in ihren Urteilsbegründungen meistens nicht hinreichend berücksichtigt hätten.[597] Im einzelnen wurde von Beine und Lange insbesondere beanstandet: „Die weitaus meisten der untersuchten Strafurteile" enthielten „keine sorgfältige, der Bedeutung der Maßregel der Sicherung und Besserung entsprechende und überzeugende schriftliche Begründung."[598] „Die Begründung für die Entziehung der Fahrerlaubnis" sei „vielmehr in der Mehrzahl der Fälle zu generalisierend und plakativ."[599] Es fehle „fast immer eine sorgfältige Abwägung der Gesamtumstände unter Berücksichtigung der Persönlichkeit des Angeklagten."[600] „Die Strafurteile" enthielten „regelmäßig keine charakterologische Würdigung der Täter" und ließen „fundierte Prognosen über das zukünftige Verhalten des Verurteilten im Verkehr vermissen."[601]

Die Analyse der 50 Verwaltungsstreitverfahren aus dem Lande Nordrhein-Westfalen hätte dagegen ergeben, daß die Verwaltungsbehörden die Erfordernisse, die bei der Wiedererteilung der Fahrerlaubnis gemäß den §§ 2, 4 StVG und § 15 c StVZO[602] zu beachten waren, in hinreichendem Maße berücksichtigt hätten.[603] Im Wiedererteilungsverfahren würden die Verwaltungsbehörden re-

---

[593] Beine ZRP 1977, S. 296-297.
[594] Ebenda, S. 296.
[595] Sunder BA 1979, S. 69; Beine BA 1979, S. 348.
[596] Beine BA 1979, S. 348.
[597] Ebenda, S. 267.
[598] Beine ZRP 1977, S. 296 u. Beine BA 1978, S. 267.
[599] Ebenda.
[600] Ebenda.
[601] Beine ZRP 1977, S. 297.
[602] Beine BA 1979, S. 352.
[603] Beine ZRP 1977, S. 297.

gelmäßig medizinisch-psychologische Gutachten einholen, diese kritisch würdigen und als Entscheidungshilfen benutzen.[604]

Den Vertretern der Großen Reform ist insoweit zuzustimmen, als daß das Treffen und Begründen der im Rahmen der Fahrerlaubnisentziehung notwendigen Prognoseentscheidungen die Strafrichter aus den zutreffenderweise angeführten Gründen vor erhebliche Schwierigkeiten stellt, wie insbesondere die von Beine und Lange untersuchten Urteilsbegründungen zeigen.

Soweit teilweise in der Literatur die Ergebnisse des Rechtsgutachtens von Beine und Lange hinsichtlich der 50 Strafakten kritisiert worden sind, hat Beine diese Kritik überzeugend als unbegründet zurückgewiesen. Gegen die in der Literatur zum Teil erhobene Kritik, Beine und Lange hätten mit 50 Strafakten ein „außerordentlich schmales Material aus der Spruchrichterpraxis“ untersucht[605] und damit beruhe das Urteil auf keiner repräsentativen Grundlage,[606] hat sich Beine folgendermaßen sachgerecht verteidigt: Es sei schwierig, zeitraubend und kostspielig, Strafverfahren, die mit der Entziehung der Fahrerlaubnis beschäftigt sind, zu besorgen, aufzubereiten und zu analysieren.[607] Die von ihm zusammen mit Lange gemachte Untersuchung habe mit 60 Strafurteilen über die Entziehung der Fahrerlaubnis auf 10.000 Blatt Akten schon einen erheblichen Umfang[608] und sei insbesondere deshalb aussagefähig, weil die behandelten Strafurteile von 50 verschiedenen Amtsgerichten (von insgesamt 577 Amtsgerichten im Bundesgebiet) erlassen worden seien und ihre Begründungen zur Entziehung der Fahrerlaubnis und der Dauer der Sperrfrist der ständigen Rechtsprechung dieser 50 Gerichte entspreche.[609]

Soweit gegen diese Verteidigung von den Kritikern des Gutachtens anführt wird, bei den weitaus meisten der von Beine und Lange analysierten Urteile handele es sich um Straftaten, die Regelfälle des § 69 II StGB zum Gegenstand hätten bzw. um solche, die nur die gesetzlich vorgeschriebene Minimalbegründung enthielten[610] - in diesen Fällen müßten die Strafrichter sich wegen der im Falle eines Regelfalles indizierten Ungeeignetheit des Täters oder wegen der reduzierten Anforderungen des § 267 IV StPO an die Urteilsgründe in diesen nicht „ausführlich und tiefschürfend, unter sorgfältiger Abwägung objektiver

[604] Kulemeier, Fahrverbot (§ 44 StGB) und Entzug der Fahrerlaubnis (§§ 69 ff. StGB), S. 321; Beine ZRP 1977, S. 297.
[605] Sunder BA 1979, S. 70.
[606] Schreiner DAR 1978, S. 272; Sunder BA 1979, S. 70.
[607] Beine BA 1979, S. 348.
[608] Ebenda.
[609] Ebenda.
[610] Sunder BA 1979, S. 70; Schultz BA 1980, S. 12; Schreiner DAR 1978, S. 272.

und subjektiver Gegebenheiten des Einzelfalles mit der Frage der Ungeeignetheit auseinandersetzen",[611] sondern hätten die Entziehung nur knapp zu begründen.[612] Da die Mehrzahl der von Beine und Lange analysierten Fälle demnach keine ausführliche Begründung erforderten, „eignete sich überhaupt nur eine Handvoll Urteile zu der von ihnen vorgenommenen Überprüfung – und einem solchen Material könne das Prädikat repräsentativ in der Tat nicht zuerkannt werden".[613] - hat Beine auch diesen Einwand mit folgender Begründung zu Recht als rechtsirrig bezeichnet: Richtig sei zwar, daß bei den sogenannten Regelbeispielen im Sinne des § 69 II StGB der Strafrichter von einer detaillierten Begründung hinsichtlich des Vorliegens eines Eignungsmangels befreit sei,[614] er habe jedoch auch in diesen Fällen die Sperre für die Erteilung der Fahrerlaubnis und ihre Dauer zu begründen.[615] Seine zusammen mit Lange in dem Rechtsgutachten erhobene Kritik richte sich in den Fällen, die Regelbeispiele zum Gegenstand gehabt hätten, gegen eine unterlassene bzw. fehlerhafte Begründung bei der Verhängung der nach § 69 a notwendigen Sperre für die Neuerteilung einer Fahrerlaubnis.[616] Mit diesen Ausführungen hat Beine somit überzeugend dargelegt, daß die von ihm und Lange untersuchten Fälle, die Regelbeispiele im Sinne des § 69 II betrafen, der vorgenommenen Überprüfung über eine richtige Begründung für die Dauer der Sperre zugänglich waren und somit nicht nur eine Handvoll, sondern alle untersuchten Urteile für die Frage der richtigen Begründung bei der Entziehung der Fahrerlaubnis repräsentativ waren.

Nicht überzeugend ist jedoch die Ansicht der Vertreter der Großen Reform, daß die Verwaltungsbehörde besser dazu in der Lage wäre, die im Rahmen der Fahrerlaubnisentziehung notwendigen Prognoseentscheidungen zu treffen. Soweit das Gutachten von Beine und Lange dies durch die vorgenommene Untersuchung der 50 Verwaltungsstreitverfahren meint belegen zu können, so ist dem in der Literatur entgegengehalten worden, das Gutachten ignoriere bei dem Vergleich zwischen 50 Strafakten über die Entziehung der Fahrerlaubnis und 50 Verwaltungsverfahren über die Wiedererteilung derselben „grundsätzliche Unterschiede zwischen richterlicher und verwaltungsrechtlicher Prognose"[617] bzw. wegen der grundlegend verschiedenen gesetzlichen Regelung würde Inkommensurables miteinander verglichen werden und damit sei das Rechtsgutachten nicht nur unfruchtbar, sondern unzulässig.[618]

---

[611] Sunder BA 1979, S. 70.
[612] Schultz BA 1980, S. 12.
[613] Sunder BA 1979, S. 70; Schultz BA 1980, S. 12.
[614] Beine BA 1979, S. 348.
[615] Ebenda, S. 348 u. 350.
[616] Ebenda, S. 348.
[617] Kulemeier, Fahrverbot (§ 44 StGB) und Entzug der Fahrerlaubnis (§§ 69 ff. StGB), S. 321.
[618] Sunder BA 1979, S. 74-75.

Diese Einwände hat Beine zwar folgendermaßen entkräftet: In dem Gutachten seien die gesetzlich verschiedenen Anforderungen, die an den Strafrichter bei der Entziehung der Fahrerlaubnis und an den Verwaltungsbeamten bei der Wiedererteilung der Fahrerlaubnis gestellt werden, sehr wohl beachtet worden und damit nichts Inkommensurables miteinander verglichen, sondern lediglich untersucht worden, ob auf beiden Gebieten die jeweils vom Gesetzgeber vorgegebenen Erfordernisse erfüllt worden seien.[619] Dennoch belegt das Gutachten meines Erachtens nicht, daß die Verwaltungsbehörde im Verfahren über die Entziehung der Fahrerlaubnis zu besseren Prognoseentscheidungen fähig wäre als der Strafrichter. Es ist nämlich verfehlt, aus dem Wiedererteilungsverfahren auf das Entziehungsverfahren zu schließen. Ob die Verwaltungsbehörde in den Fällen, in denen sie nach geltendem Recht zur Fahrerlaubnisentziehung zuständig ist, die Geeignetheit des Kraftfahrzeugführers genauso sorgfältig prüft wie im Wiedererteilungsverfahren und ob sie dies auch noch könnte, wenn ihr auch der gesamte Bereich, für den jetzt der Strafrichter zuständig ist, übertragen würde, läßt sich mit dem Gutachten nicht nachweisen. Daß die Verwaltunsgbehörde im Entziehungsverfahren zumindest mit der Feststellung der Gefährlichkeitsdauer des Kraftfahrers genauso große Schwierigkeiten hat wie der Strafrichter, ist vielmehr schon daraus erkennbar, daß sie bei Verhängung einer Fahrerlaubnisentziehung nach § 3 StVG[620] in über 99% der Fälle unbefristete Verkehrsausschlüsse verhängt.[621]

Außerdem spricht für eine Überlegenheit der strafrichterlichen gegenüber der verwaltungsrechtlichen Prognose, „daß im Strafprozeß zumindest in Grenzfällen aufgrund durchgeführter Hauptverhandlung entschieden wird“ und „diese wegen ihrer zeitlichen Nähe zum Tatgeschehen und wegen der sie beherrschenden Prinzipien der Unmittelbarkeit und Mündlichkeit der Beweisaufnahme ein besonders plastisches Bild von Tat und Täter, das Grundlage für die Prüfung ist, ob jemand infolge einer Straftat zum Führen von Kraftfahrzeugen ungeeignet ist, vermittelt.“[622]

Daß sich eine ausschließliche Zuständigkeit der Verwaltungsbehörde für die Fahrerlaubnisentziehung gegenüber der heutigen Regelung deshalb als vorteilhaft darstellt, weil die verwaltungsrechtliche Prognose der strafrichterlichen überlegen ist, haben die Vertreter der Großen Reform somit meines Erachtens nicht nachgewiesen, und es bestehen aus den oben genannten Gründen im übrigen auch erhebliche Zweifel an der Richtigkeit dieser These.

---

[619] Beine BA 1979, S. 352.
[620] Früher § 4 StVG.
[621] Kulemeier, Fahrverbot (§ 44 StGB) und Entzug der Fahrerlaubnis (§§ 69 ff. StGB), S. 323.
[622] Müller-Metz NZV 1994, S. 94.

Fraglich ist jedoch, ob es sonstige Gründe gibt, die Vorschläge der Großen Reform der heutigen Regelung vorzuziehen. Dazu bedarf es einer weiteren Untersuchung der Vor- und Nachteile der Großen Reform im Verhältnis zur heutigen Regelung.

bbb. Behebung des Etikettenschwindels

Vorteilhaft gegenüber der heutigen Regelung stellt sich die Große Reform insofern dar, als daß durch die Verhängung der Nebenstrafe Fahrverbot auch in den Fällen, in denen nach geltendem Recht eine Fahrerlaubnisentziehung in Betracht kommt, der oben aufgezeigte Etikettenschwindel behoben werden würde.

ccc. Entfallen der Gefahr einer Prozeßverschleppung

Auch die Gefahr einer Prozeßverschleppung mit dem Ziel, den Führerschein vom Strafrichter aufgrund der Beseitigung des Eignungsmangels durch längere vorläufige Maßnahmen zurückzuerhalten und so eine Neubeantragung der Fahrerlaubnis bei der Verwaltungsbehörde zu umgehen,[623] entfiele bei alleiniger Zuständigkeit der Verwaltungsbehörde für den Fahrerlaubnisentzug.

ddd. Entfallen der sogenannten indirekten Privilegierung der Katalogtaten des § 69 II StGB

Des weiteren würde ein ausschließlicher verwaltungsrechtlicher Fahrerlaubnisentzug die ungerechtfertigten Vorteile für besonders gefährliche Täter vermeiden, die bei einem strafrechtlichen Fahrerlaubnisentzug dadurch entstehen können, daß der Täter einer Katalogtat, also einer Tat, die der Gesetzgeber als besonders gefährlich eingestuft hat, seinen Führerschein im Falle der Behebung seines Eignungsmangels durch vorläufige Maßnahmen bereits durch den Strafrichter zurückerhält, während der Täter eines Deliktes, das auch eine Entziehung der Fahrerlaubnis rechtfertigt, jedoch keine Katalogtat darstellt, seine Fahrerlaubnis, da es in diesen Fällen meist nicht zu vorläufigen Maßnahmen kommt, in der Regel erst im Rahmen des verwaltungsrechtlichen Wiedererteilungsverfahrens wiedererlangen kann (sogenannte indirekte Privilegierung der Katalogtaten des § 69 II StGB).[624]

---

[623] s.o. B. I. 2.

[624] s.o. B. I. 3.

eee. Berücksichtigung der wirtschaftlichen und persönlichen Verhältnisse

Ein weiterer Vorteil der Großen Reform im Verhältnis zur heutigen Regelung besteht darin, daß der Strafrichter bei Verhängung eines erweiterten Fahrverbots anstelle einer Fahrerlaubnisentziehung die wirtschaftlichen und persönlichen Verhältnisse des Betroffenen zu berücksichtigen hätte.[625]

Bei einer Nebenstrafe hat der Strafrichter nämlich - anders als bei einer Sicherungsmaßregel - gemäß § 46 II StGB auf die Strafempfindlichkeit des Betroffenen Rücksicht zu nehmen, d.h., die rechtlich stärkere faktische Strafwirkung, die ein Fahrverbot gegenüber einem Berufskraftfahrer oder einem sonstigen beruflich oder privat auf ein Kraftfahrzeug Angewiesenen hat, ist bei seiner Bemessung zu beachten.[626]

fff. Anrechnung eines vorläufigen Ausschlusses aus dem Straßenverkehr unter den Voraussetzungen des § 51 StGB

Zudem würde die Lösung der Großen Reform eine Anrechnung eines vorläufigen Ausschlusses aus dem Straßenverkehr unter den Voraussetzungen des § 51 StGB ermöglichen und damit die Schwierigkeiten beheben, vor die der Strafrichter nach geltendem Recht bei der Berücksichtigung der Sperrfristbemessung für die Fahrerlaubnisentziehung nach vorangegangenen vorläufigen Maßnahmen gestellt ist,[627] weil die §§ 69 a IV und 69 VI StGB nach überzeugender Ansicht keine Anrechnung im eigentlichen Sinne gewährleisten, sondern lediglich den Ermessensspielraum erweitern, in dem die Dauer der vorläufigen Maßnahmen bei der Bemessung der Sperrfrist der endgültigen Fahrerlaubnisentziehung berücksichtigt werden.[628]

ggg. Aussetzung zur Bewährung

Als ein weiterer Vorteil der Großen Reform wird es von deren Vertretern teilweise angesehen, daß die Vollstreckung der Nebenstrafe Fahrverbot zur Bewährung ausgesetzt werden könnte und daher - wegen der Umwandlung der strafrichterlichen Fahrerlaubnisentziehung in ein längerfristiges Fahrverbot - (auch) in den Fällen, in denen der Strafrichter nach geltendem Recht auf Fahr-

---

[625] Schultz BA 1982, S. 321.
[626] Kulemeier, Fahrverbot (§ 44 StGB) und Entzug der Fahrerlaubnis (§§ 69 ff. StGB), S. 337 u 356.
[627] Geppert ZRP 1981, S. 86; Schultz BA 1980, S. 320.
[628] s.o. 34.

erlaubnisentziehung erkennt, eine Aussetzung der Strafvollstreckung zur Bewährung möglich wäre.

Dies wäre jedoch nur dann als ein Vorteil gegenüber der Beibehaltung der Maßregel Entziehung der Fahrerlaubnis anzusehen, wenn eine Aussetzung einer Vollstreckung der Entziehung der Fahrerlaubnis zur Bewährung bei Beibehaltung des Maßregelcharakters nicht möglich wäre, sich aber in einigen der Fälle, in denen die Maßregel nach geltendem Recht verhängt wird, als sachgerechte Reaktion auf das Fehlverhalten des Täters darstellen würde.

Bei der heutigen Ausgestaltung der Maßregel Entziehung der Fahrerlaubnis in den §§ 69, 69 a StGB ist eine Aussetzung der Vollstreckung zur Bewährung schon deshalb nicht möglich, weil sich die Vollstreckung durch die Regelung des § 69 III 1 StGB, daß die Fahrerlaubnis mit der Rechtskraft des Urteils erlischt, in der Vollstreckung der gemäß § 69 III 2 StGB gleichzeitig im Urteil auszusprechenden Einziehung des von einer deutschen Behörde erteilten Führerscheins erschöpft, d.h. darüber hinaus gar keine Vollstreckung stattfindet.[629]

Dies ist aber kein generelles Argument gegen die Möglichkeit, die Maßregel Entziehung der Fahrerlaubnis zur Bewährung auszusetzen. Man könnte nämlich - unter Beibehaltung des Maßregelcharakters – den § 69 III 1 StGB ohne weiteres so ändern, daß die Wirkung der Entziehung der Fahrerlaubnis eben nicht automatisch mit der Rechtskraft des Urteils, sondern erst mit einer Vollstreckung einträte.[630]

Für die Frage, ob die Vollstreckung der Entziehung der Fahrerlaubnis bei Beibehaltung des Maßregelcharakters zur Bewährung ausgesetzt werden könnte, muß daher vielmehr geklärt werden, ob der Maßregelcharakter per se oder die Zielsetzung dieser Maßregel – ungeeignete Kraftfahrer vom Straßenverkehr auszuschließen – gegen eine Aussetzung ihrer Vollstreckung zur Bewährung sprechen.

Allein die Ausgestaltung der Entziehung der Fahrerlaubnis als Maßregel der Besserung und Sicherung spricht noch nicht gegen die Möglichkeit, ihre Vollstreckung zur Bewährung auszusetzen.

Bei einigen der in § 61 StGB neben der Entziehung der Fahrerlaubnis geregelten Maßregeln der Besserung und Sicherung kann nämlich schon nach derzeit geltendem Recht deren Vollstreckung zur Bewährung ausgesetzt werden. So findet sich eine derartige Regelung für die Maßregeln Unterbringung in einem psychi-

---

[629] Hentschel ZRP 1975, S. 209.
[630] Ebenda..

atrischem Krankenhaus (vgl. § 61 Nr. 1 StGB) und Unterbringung in einer Entziehungsanstalt (vgl. § 61 Nr. 2 StGB) in § 67 b StGB und für das Berufsverbot (vgl. § 61 Nr. 6 StGB) in § 70 a StGB.[631]

Da sich somit der Maßregelcharakter der Fahrerlaubnisentziehung per se nicht gegen die Möglichkeit der Aussetzung ihrer Vollstreckung zur Bewährung heranziehen läßt, muß vielmehr geklärt werden, ob eine Aussetzung zur Bewährung eventuell der Zielsetzung der Maßregel Fahrerlaubnisentziehung zuwiderliefe.

Zielsetzung der Maßregel Entziehung der Fahrerlaubnis ist es, zur Hebung der Verkehrssicherheit ungeeignete Kraftfahrer für die Dauer ihrer Ungeeignetheit aus dem Straßenverkehr auszuschließen. Bei dieser Zielsetzung wäre aber eine Aussetzung der Vollstreckung der Entziehung der Fahrerlaubnis zur Bewährung ein Widerspruch in sich.[632] „Eine Aussetzung zur Bewährung setzt immer die Erwartung voraus, daß die Gefahr, wegen der eine Sanktion verhängt wurde, in Zukunft vom Täter nicht mehr ausgehe.“[633] Wenn das Gericht nun aber die Prognose getroffen hat, der Täter sei ungeeignet zum Führen von Kraftfahrzeugen, so hat es damit gleichzeitig festgestellt, daß eine Aussetzung zur Bewährung nicht in Betracht kommt. Wer nämlich die Eignung zum Führen von Kraftfahrzeugen nicht besitzt und sich dennoch in den Straßenverkehr begibt, stellt eine Gefahr für die Allgemeinheit dar[634] und kann daher auch nicht versuchsweise zum Verkehr zugelassen werden.[635]

Hat das Gericht dagegen die Erwartung, der Täter werde zukünftig keine Gefahr mehr für die Verkehrssicherheit darstellen, so muß es schon die mangelnde Eignung verneinen und darf dem Täter die Fahrerlaubnis gar nicht erst entziehen.[636]

Gegen diese Unvereinbarkeit der Zielsetzung der Entziehung der Fahrerlaubnis und ihrer Aussetzung zur Bewährung wird zum Teil eingewandt, daß der Schluß, aus dem diese Unvereinbarkeit gezogen wird, nämlich „entweder sei der Täter ungeeignet, dann müsse der Führerschein bedingungslos entzogen werden, oder er sei geeignet, dann müsse man ihm den Führerschein belassen“[637] nicht haltbar sei.[638]

---

[631] Schreiber BA 1979, S. 25; Janiszewski GA 1981, S. 393.
[632] Janiszewski GA 1981, S. 393; Schultz BA 1982, S. 323.
[633] Hentschel ZRP 1975, S. 212
[634] vgl. BGH NJW 1954, S. 159; 55, S. 557; 61, S. 683. OLG Düsseldorf VM 66, 60; OLG Karlsruhe NJW 1954, S. 1945.
[635] Schultz BA 1982, S. 323; Janiszewski GA 1981, S. 393.
[636] Hentschel ZRP 1975, S. 212.
[637] Schreiber BA 1979, S. 25.
[638] Schreiber BA 1979, S. 25; Bode DAR 1978, S. 313.

Es könne durchaus sein, daß ein Täter schon durch die Wirkung, die eine Aussetzung zur Bewährung mit sich brächte - nämlich die konkret drohende Vollziehung einer Entziehung[639] - so beeindruckt sei, daß er dadurch sein Trink- und Fahrverhalten ändere.[640] Außerdem könnte die Aussetzung der Fahrerlaubnisentziehung zur Bewährung abhängig gemacht werden von der Teilnahme des Täters an Nachschulungsmaßnahmen.[641]

Diese Argumente sprechen jedoch nur scheinbar für eine Möglichkeit, die Fahrerlaubnisentziehung als Maßregel der Besserung und Sicherung zur Bewährung aussetzen zu können. Wenn man sich verdeutlicht, daß es das Ziel der Maßregel Entziehung der Fahrerlaubnis ist, ungeeignete Kraftfahrer so schnell wie möglich aus dem Straßenverkehr auszuschalten,[642] können Änderungen im Täterverhalten für die Frage, ob dem Täter die Fahrerlaubnis entzogen wird, nur soweit berücksichtigt werden, als sie im Zeitpunkt der Urteilsfindung schon eingetreten sind.[643] Zukünftige Änderungen, d.h. Änderungen, die erst durch das Urteil oder den mit ihm verbundenen Auflagen bzw. Weisungen zu erwarten sind, können dagegen das Ob der Fahrerlaubnisentziehung nicht beeinflussen,[644] sondern sind nur für die Frage relevant, wie lange dem Täter die Fahrerlaubnis zu entziehen ist.

Da somit die Zielsetzung der Maßregel Entziehung der Fahrerlaubnis eine Aussetzung der Vollstreckung der Fahrerlaubnis zur Bewährung verbietet und bei einem Fahrverbot, da dieses im Gegensatz zur Fahrerlaubnisentziehung nicht an die Ungeeignetheit des Täters zum Führen von Kraftfahrzeugen anknüpft, sondern schuldabhängig zu verhängen ist, eine Aussetzung seiner Vollstreckung kein Widerspruch in sich wäre, stellt sich nunmehr die Frage, ob die mit der Umwandlung der strafrichterlichen Fahrerlaubnisentziehung in ein längerfristiges Fahrverbot verbundene Möglichkeit (auch) in den Fällen, in denen der Strafrichter nach geltendem Recht auf Fahrerlaubnisentziehung erkennt, eine Aussetzung der Strafvollstreckung zur Bewährung gewähren zu können,[645] sich gegenüber der heutigen Regelung als vorteilhaft darstellt.

---

[639] Schreiber BA 1979, S. 25.

[640] Ebenda.

[641] Bode DAR 1978, S. 313; Schreiber BA 1979, S. 25-26.

[642] Hentschel ZRP 1975, S. 212.

[643] Ebenda.

[644] Ebenda.

[645] Nach geltendem Recht besteht zwar noch keine Möglichkeit, die Vollstreckung eines Fahrverbots zur Bewährung aussetzen zu können, da § 56 StGB nur für Freiheitsstrafen gilt (Tröndle/Fischer, 49. Aufl., § 56 Rdn 2), nach der Rechtssystematik des geltenden Strafsystems ließe sich jedoch unproblematisch eine dem § 56 StGB entsprechende Regelung für das Fahrverbot schaffen.

Diese Frage wird von den Vertretern der Großen Reform, die sich für eine Aussetzung der Vollstreckung des Fahrverbots zur Bewährung einsetzen, aus folgenden Gründen bejaht:

Durch eine Aussetzung der Vollstreckung eines längerfristigen Fahrverbots zur Bewährung käme es zu einer Hebung der Verkehrssicherheit, weil dadurch durch einen längeren Ausschluß des Täters vom Straßenverkehr entstehende Erfahrungslücken vermieden würden, die zur Unfallursache werden könnten und nicht allein durch Nachschulungsmaßnahmen behebbar seien.[646] Außerdem würde ein unter Bewährung stehender Kraftfahrer im Wissen um die Nachteile erneuter Verfehlung bemüht sein, besondere Sorgfalt walten zu lassen, d.h. bewußter und vorsichtiger fahren.[647]

Dagegen wird von anderen Befürwortern und einigen Gegnern der Großen Reform die Aussetzung der Vollstreckung eines Fahrverbots zur Bewährung mit folgenden Argumenten als nachteilig beurteilt:

Die Verkehrssicherheit würde durch die Aussetzung der Vollstreckung eines Fahrverbots zur Bewährung erheblich geschwächt, weil bei Ersttätern die Aussetzung bei sonst günstiger Prognose die Regel wäre[648] und damit jegliche Abschreckungswirkung entfiele.[649] Wenn ein Kraftfahrer davon ausgehen könnte, bei seiner ersten Tat noch einmal glimpflich davonzukommen, d.h. neben einer Geldstrafe nur ein Fahrverbot zur Bewährung zu erwarten hätte, würde er nicht in ausreichendem Maße von Ersttaten im Straßenverkehr abgehalten werden.[650] Besonders bedenklich sei diese Kalkulierbarkeit, im Erstfall noch ohne spürbare Folgen davonzukommen, bei Trunkenheitsdelikten, also bei Tätern, die verantwortungslos Leib oder Leben der anderen Verkehrsteilnehmer aufs Spiel gesetzt hätten.[651] Diesen Tätern quasi eine „Freifahrt im Suff" zu gewähren,[652] würde ihre negative Einstellung, alkoholisiert am Straßenverkehr teilzunehmen, noch weiter fördern,[653] zumal jeder Fahrer angesichts der hohen Dunkelziffer bei der Entdeckung von Verkehrsstraftaten ohnehin damit rechnen könnte, „nur bei einem dummen Zufall entdeckt zu werden".[654]

646 Koch DAR 1977, S. 317; Himmelreich DAR 1977, S. 89.
647 Koch DAR 1977, S. 93; Koch DAR 1977, S. 317.
648 Schultz BA 1982, S. 323; Janiszewski DAR 1989, S. 135.
649 Janiszewski DAR 1989, S. 135; ders. DAR 1977, S. 315; Schultz BA 1982, S. 324.
650 Janiszewski DAR 1989, S. 135; Schultz BA 1982, S. 324.
651 Preisendanz DAR 1981, S. 313; Janiszewski DAR 1977, S. 315.
652 Peters DAR 1978, S. 187.
653 Schultz BA 1982, S. 324; Janiszewski DAR 1977, S. 315.
654 Janiszewski DAR 1989, S. 135; Schultz BA 1982, S. 323; Janiszewski GA 1981, S. 393.

Neben dem Entfallen der Abschreckungswirkung wird gegen eine Aussetzung der Vollstreckung eines Fahrverbots zur Bewährung noch eingewendet, daß ein unter Bewährung stehender Kraftfahrer nicht kontrollierbar sei. Außerdem würde bei einem Kraftfahrer, gegen den die Vollstreckung eines Fahrverbots zur Bewährung ausgesetzt würde, die Gefahr bestehen, daß dieser eine Unfallflucht begehe, damit ihm in der Bewährungszeit kein Fehlverhalten nachgewiesen werden könne.[655]

Nach dem in dieser Arbeit vertretenen freiheitsgesetzlichen Strafbegriff spielen weder die soeben geschilderten Pro- noch die Kontraargumente für die Frage, ob sich die Einführung der Möglichkeit, die Vollstreckung des Fahrverbots (auch) in den Fällen, in denen der Strafrichter nach geltendem Recht auf Fahrerlaubnisentziehung erkennt, zur Bewährung aussetzen zu können, als sachgerecht darstellt oder nicht, eine Rolle. Vielmehr kann es allein darauf ankommen, ob bei Verhängung eines Fahrverbots zum Ausgleich des Unrechts- und Schuldgehaltes der zugrunde liegenden Tat die Vollstreckung des verhängten Fahrverbots generell erforderlich ist oder ob nicht in einigen Fällen die Aussetzung seiner Vollstreckung tatangemessen wäre.[656] Da durch ein Fahrverbot in die Handlungsfreiheit, ein Fahrzeug zu führen, eingegriffen wird und dieser Sanktion daher eine erhebliche freiheitsbeeinträchtigende Qualität zukommt, stellt sich die Vollstreckung eines Fahrverbots nur dann als tatangemessen dar, wenn eine verfestigte Delinquenzhaltung des Täters in Bezug auf die Straßenverkehrssicherheit beeinträchtigende Straftaten vorliegt.[657] Auch in einigen der Fälle, in denen nach geltendem Recht auf Fahrerlaubnisentziehung erkannt wird, würde sich daher, da auch in diesen Fällen - wie oben aufgezeigt - nicht immer eine verfestigte Delinquenzhaltung des Täters vorliegt, eine Aussetzung der Vollstreckung des Fahrverbots als sachgerecht darstellen.

Die mit der Großen Reform verbundene Möglichkeit, die Vollstreckung des Fahrverbots (auch) in den Fällen, in denen der Strafrichter nach geltendem Recht auf Fahrerlaubnisentziehung erkennt, zur Bewährung aussetzen zu können, ist somit als Vorteil gegenüber der heutigen Regelung anzusehen.

Die große Reform hat somit gegenüber der geltenden Regelung folgende Vorteile:

- sie behebt den sogenannten Etikettenschwindel

[655] Peters DAR 1978, S. 187; Janiszewski GA 1981, S. 393; ders.: DAR 1977, S. 315.
[656] Köhler, Strafrecht AT, S. 648.
[657] Ebenda, S. 659.

- sie vermeidet die im strafrichterlichen Verfahren über die Entziehung der Fahrerlaubnis bestehende Gefahr einer Prozeßverschleppung und eine indirekte Privilegierung der Katalogtaten des § 69 II StGB

- sie ermöglicht die Berücksichtigung der wirtschaftlichen und persönlichen Verhältnisse des Betroffenen auch in den Fällen, in denen nach geltendem Recht die Fahrerlaubnis entzogen wird

- sie führt zu einer Anrechnung eines vorläufigen Ausschlusses aus dem Straßenverkehr unter den Voraussetzungen des § 51 StGB und behebt damit die Schwierigkeiten, vor die der Strafrichter nach geltendem Recht bei der Berücksichtigung der Sperrfristbemessung für die Fahrerlaubnisentziehung nach vorangegangenen vorläufigen Maßnahmen gestellt ist

- sie schafft - durch die Umwandlung der strafrichterlichen Fahrerlaubnisentziehung in ein längerfristiges Fahrverbot - die Möglichkeit (auch) in den Fällen, in denen der Strafrichter nach geltendem Recht auf eine Fahrerlaubnisentziehung erkennt, die Strafvollstreckung zur Bewährung auszusetzen.

Zur Beurteilung, ob die Große Reform wegen dieser Vorteile der geltenden Regelung vorzuziehen ist, bedarf es nunmehr der Untersuchung, inwiefern sich die Große Reform gegenüber der geltenden Regelung als nachteilig darstellt.

bb. Nachteile der Großen Reform im Verhältnis zur heutigen Regelung

aaa. Vorläufige Regelung

Ein Nachteil der Großen Reform könnte darin bestehen, daß durch die ausschließliche Zuständigkeit der Verwaltungsbehörde für die Fahrerlaubnisentziehung und den damit verbundenen Wegfall des § 69 StGB auch die in § 111 a StPO geregelte vorläufige strafrichterliche Fahrerlaubnisentziehung aufgrund ihres Bezuges auf § 69 StGB (vgl. § 111 a I 1 StPO) entfallen müßte.

Diese soeben genannte Folge würde dann einen Nachteil darstellen, wenn man im Bereich des Straßenverkehrs einen sofortigen Ausschluß gewisser Verkehrssünder für unverzichtbar hält, ein solcher bei einer Großen Reform jedoch nicht möglich wäre. Die Vertreter der Großen Reform und die Befürworter der geltenden Rechtslage halten einen sofortigen Zugriff auf gefährliche Verkehrsstraftäter aufgrund seiner sichernden sowie spezial- und generalpräventiven Wirkung trotz seiner Schwächen alles in allem für eine wirkungsvolle und nötige Waffe im Dienste der Verkehrssicherheit, auf die unter keinen Umständen verzichtet werden könne.[658]

Fraglich ist somit, ob sich die Große Reform, sofern man einen sofortigen Ausschluß des Kraftfahrers bei jeglicher Form der Ungeeignetheit zum Führen von Kraftfahrzeugen für notwendig und gerechtfertigt hält, im Verhältnis zur heutigen Rechtslage als nachteilig darstellt.

Einige Vertreter der Großen Reform sind der Auffassung, der Schutz der Allgemeinheit vor gefährlichen Verkehrsstraftätern könne durch ein vorläufiges Fahrverbot gewährleistet werden, das unter ähnlichen Voraussetzungen angeordnet werden dürfe, wie sie heute für die in § 111 a StPO geregelte vorläufige Fahrerlaubnisentziehung festgeschrieben sind.[659]

Fraglich ist jedoch, ob ein derartiges vorläufiges Fahrverbot mit dem in Art. 20 III GG verankerten Rechtsstaatsprinzip und mit Art. 6 II der Menschenrechtskonvention vereinbar wäre. Ein vorläufiges Fahrverbot unter ähnlichen Voraussetzungen anzuordnen wie die derzeitig in § 111 a StPO geregelte vorläufige Fahrerlaubnisentziehung, könnte gegen die im Rechtsstaatsprinzip begründete und in Art. 6 II der Menschenrechtskonvention niedergelegte Unschuldsvermutung verstoßen.[660]

Anders als bei einer vorläufigen Fahrerlaubnisentziehung wird der Schutzbereich der Unschuldsvermutung durch ein vorläufiges Fahrverbot tangiert, da vorläufige Maßnahmen den Charakter der endgültigen teilen und es sich bei einem Fahrverbot im Gegensatz zu einer Fahrerlaubnisentziehung um eine Strafe handelt.[661]

Fraglich ist also, wann Maßnahmen mit Strafcharakter, die vor rechtskräftigem Abschluß einer Hauptverhandlung getroffen werden und damit in den Schutzbe-

---

[658] Geppert ZRP 1981, S. 86; Schultz BA 1982, S. 322; Schöch, C 119; Müller-Metz VGT 1994, S. 126; Preisendanz DAR 1981, S. 312; Brockelt VGT 1980, S. 294.

[659] Beine BA 1978, S. 277; ders. ZRP 1977, S. 297; Preisendanz DAR 1981, S. 312.

[660] so Geppert ZRP 1981, S. 86; Janiszewski DAR 1977, S. 314; Schultz BA 1982, S. 322. Zur Begründung ihrer Auffassung ziehen Schultz und Janiszewski auch die Bedenken heran, die der Gesetzgeber hatte, den Führerschein des Täters ohne dessen Zustimmung auch dann noch einzubehalten, wenn das Gericht statt einer endgültigen Entziehung der Fahrerlaubnis nur noch ein Fahrverbot verhängt. In der amtlichen Begründung (BT-Drucksache IV/651) zu § 111 a V 2 StPO heißt es nämlich hierzu: „Das Fahrverbot ist nur eine kurzfristige Denkzettelstrafe und läßt die Eignung des Verurteilten zum Führen von Kraftfahrzeugen unberührt. Es kann deshalb nicht durch eine vorläufige Maßnahme zum Schutze der Allgemeinheit vorweggenommen werden; das wäre mit rechtsstaatlichen Grundsätzen kaum vereinbar."

[661] Müller-Metz VGT 1994, S. 128.

reich der Unschuldsvermutung eingreifen, einen Verstoß gegen dieselbe darstellen.

Das Bundesverfassungsgericht hat entschieden, daß die Unschuldsvermutung es grundsätzlich verbiete, einem lediglich Verdächtigen, ohne daß zuvor ein „rechtsstaatliches prozeßordnungsgemäßes Verfahren zur Schuldfeststellung" vorausgegangen sei, Nachteile aufzuerlegen, die einem Schuldspruch oder einer Strafe gleichkämen.[662] Nach diesem Grundsatz verstieße ein vorläufiges Fahrverbot als eine an einen bloßen Tatverdacht anknüpfende Maßnahme mit Strafcharakter gegen die Unschuldsvertmutung.[663]

Da das Bundesverfassungsgericht jedoch, wie sich aus seinen Entscheidungen zur Untersuchungshaft wegen Flucht- oder Verdunkelungsgefahr und zum Haftbefehl wegen Wiederholungsgefahr ergibt, nicht alle an einen bloßen Tatverdacht anknüpfenden Maßnahmen mit Strafcharakter als unvereinbar mit der Unschuldsvermutung angesehen hat, stellt sich die Frage, ob nach diesen Entscheidungen auch ein vorläufiges Fahrverbot unter ähnlichen Voraussetzungen wie die derzeit in § 111 a StPO geregelte vorläufige Fahrerlaubnisentziehung zulässig wäre.

Zur Vereinbarkeit der Untersuchungshaft wegen Flucht- oder Verdunkelungsgefahr mit der Verfassung hat das Bundesverfassungsgericht ausgeführt: Bei der Untersuchungshaft wegen Flucht- oder Verdunkelungsgefahr seien die Eingriffe in den Schutzbereich der Unschuldsvermutung und den in Art. 2 II GG geschützten Freiheitsanspruch des dringend Verdächtigen „durch das überwiegende, in der Verfassung ebenfalls verankerte öffentliche Interesse an einer effektiven Strafverfolgung gerechtfertigt, das die Untersuchungshaft zur Sicherung der Durchführung des Strafverfahrens erfordere".[664]

Diese Entscheidung des Bundesverfassungsgerichtes ist jedoch nicht auf ein vorläufiges Fahrverbot übertragbar, da ein vorläufiges Fahrverbot anders als die Untersuchungshaft wegen Flucht- oder Verdunkelungsgefahr nicht den Zweck verfolgt, die Durchführung des Strafverfahrens sicherzustellen.[665] Ein vorläufiges Fahrverbot dient nämlich nicht dazu, die Ahndung der Tat zu ermöglichen, sondern ist eine Präventivmaßnahme, die zum Schutze der Allgemeinheit be-

[662] BVerfGE 74, S. 358 (371); NJW 1990, S. 2741.
[663] Müller-Metz VGT 1994, S. 127.
[664] BVerfG NJW 1990, S. 2741.
[665] Preisendanz DAR 1981, S. 312; Janiszewski DAR 1977, S. 314; Müller-Metz VGT 1994, S. 127.

zweckt, den Kraftfahrer bereits vor Abschluß eines rechtskräftigen Strafverfahrens von der Teilnahme am Straßenverkehr auszuschließen.[666]

Da das Bundesverfassungsgericht jedoch nicht nur Maßnahmen, die die Durchführung des Strafverfahrens ermöglichen sollen, sondern, wie seine Entscheidungen zum Haftbefehl wegen Wiederholungsgefahr nach § 112 a StPO zeigen, auch eine Präventivmaßnahme zum Schutze der Allgemeinheit als vereinbar mit dem Grundgesetz erklärt hat, stellt sich die Frage, ob aus diesen Entscheidungen der Schluß gezogen werden kann, daß auch ein vorläufiges Fahrverbot unter ähnlichen Voraussetzungen wie die derzeit in § 111 a StPO geregelte vorläufige Fahrerlaubnisentziehung vor der Verfassung Bestand haben würde.

Den Haftbefehl wegen Wiederholungsgefahr hat das Bundesverfassungsgericht als vereinbar mit dem Grundgesetz erklärt, weil dem Schutze der Allgemeinheit ausnahmsweise Vorrang vor den grundrechtlich geschützten Belangen des noch nicht rechtskräftig Verurteilten zukommen könne.[667]

Aus dieser Entscheidung des Bundesverfassungsgerichtes zu folgern, daß ein vorläufiges Fahrverbot unter ähnlichen Voraussetzungen angeordnet werden könne wie die derzeit in § 111 a StPO geregelte Fahrerlaubnisentziehung,[668] ist jedoch meines Erachtens verfehlt. Der Haftbefehl wegen Wiederholungsgefahr nach § 112 a StPO ist nämlich an ganz enge Voraussetzungen geknüpft. Ein Haftgrund wegen Wiederholungsgefahr besteht nach § 112 a I 1 StPO nur, wenn der Beschuldigte dringend verdächtig ist, eine Straftat nach den §§ 174, 174 a, 176 bis 179 des Strafgesetzbuches (§ 112 a I 1 Nr. 1 StPO) oder wiederholt oder fortgesetzt eine die Rechtsordnung schwerwiegend beeinträchtigende Straftat nach § 125 a, den §§ 224 bis 227, nach den §§ 243, 244, 249 bis 255, 260, nach § 263, nach den §§ 306 bis 306 c oder 316 a des Strafgesetzbuches oder nach § 29 I Nr. 1, 4, 10 oder Abs. 3, § 29 a Abs. 1, § 30 Abs. 1, § 30 a des Betäubungsmittelgesetzes (§ 112 a I 1 Nr. 2 StPO) begangen zu haben, und bestimmte Tatsachen die Gefahr begründen, daß er vor rechtskräftiger Aburteilung weitere erhebliche Straftaten gleicher Art begehen oder die Straftat fortsetzen werde, die Haft zur Abwendung der drohenden Gefahr erforderlich ist und in den Fällen der Nummer 2 eine Freiheitsstrafe von mehr als einem Jahr zu erwarten ist.

Da die Entscheidung des Bundesverfassungsgerichtes, daß dem Schutze der Allgemeinheit ausnahmsweise Vorrang vor den grundrechtlich geschützten Belangen des noch nicht rechtskräftig Verurteilten zukommen könne,[669] somit nur

---

[666] Ebenda.
[667] BVerfGE 19, 342 (347); 35, 185.
[668] so Preisendanz DAR 1981, S. 312.
[669] BVerfGE 19, 342 (347); 35, 185.

Extremfälle betrifft, würde meines Erachtens ein vorläufiges Fahrverbot, weil die diesem zugrunde liegenden Straftaten nicht mit den Sittlichkeitsdelikten des § 112 a I 1 Nr. 1, sondern mit den in § 112 a I 1 Nr. 2 genannten Delikten vergleichbar sind, nur dann Bestand vor der Verfassung haben, wenn es auf Wiederholungstäter beschränkt würde, die erhebliche Straftaten begangen haben.

Zwar wird bei einem vorläufigen Fahrverbot nicht wie bei dem Haftbefehl wegen Wiederholungsgefahr neben der Unschuldsvermutung der Freiheitsanspruch (Art. 2 II GG) des Betroffenen tangiert, sondern nur sein Grundrecht auf allgemeine Handlungsfreiheit (Art. 2 I GG) und eventuell sein Grundrecht auf freie Berufsausübung (Art. 12 GG);[670] daraus jedoch zu schließen, daß an das vorläufige Fahrverbot unter dem Gesichtspunkt der Unschuldsvermutung geringere Anforderungen gestellt werden können als bei dem Haftbefehl wegen Wiederholungsgefahr,[671] vermag jedoch nicht zu überzeugen.

Die in § 112 a I 1 Nr. 2 StPO genannten Straftaten haben in der Regel einen wesentlich höheren Unrechtsgehalt als die Begehung von Straßenverkehrsdelikten, was sich auch aus dem Vergleich der vom Gesetzgeber für diese Straftaten und für Straßenverkehrsdelikte vorgesehenen Strafandrohungen ergibt.

Aufgrund des im Regelfall geringeren Unrechtsgehalts von Straßenverkehrsdelikten wäre bei einem vorläufigen Fahrverbot, obwohl dieses im Gegensatz zum Haftbefehl wegen Wiederholungsgefahr nicht in den Freiheitsanspruch des Betroffenen, also in ein Grundrecht mit überragender verfassungsrechtlicher Bedeutung eingreift, sondern nur in die allgemeine Handlungsfreiheit und eventuell in das Recht auf freie Berufsausübung, praktische Konkordanz zwischen dem Recht des Betroffenen, nicht vor einem rechtskräftigen Verfahren Nachteile auferlegt zu bekommen, die einem Schuldspruch oder einer Strafe gleichkommen, und den Interessen der Allgemeinheit an einer vorbeugenden Verbrechensbekämpfung nur hergestellt, wenn es auf Wiederholungstäter beschränkt würde, die erhebliche Straftaten begangen haben.[672]

Durch ein vorläufiges Fahrverbot könnte der Schutz der Allgemeinheit vor gefährlichen Verkehrsstraftätern somit nicht in gleichem Maße gewährleistet werden wie bei der nach derzeitigem Recht in § 111 a StPO geregelten vorläufigen Fahrerlaubnisentziehung.

---

[670] Müller-Metz VGT 1994, S. 128.
[671] so Preisendanz DAR 1981, S. 312.
[672] Müller-Metz VGT 1994, S. 128; Schöch, C 119.

Fraglich ist somit, ob es bei einer Großen Reform anderweitige Möglichkeiten eines vorläufigen Zugriffs auf gefährliche Verkehrsteilnehmer gäbe, die die Allgemeinheit in gleichem Maße schützen wie der derzeitige § 111 a StPO.

Cramer und Koch schlagen vor, eine dem § 111 a StPO entsprechende Vorschrift zu schaffen, die dem Strafrichter die Möglichkeit eröffnet, bei begründeter, d.h. nicht nur auf Vermutungen im Sinne des § 69 II StGB basierender Nichteignung dem Verkehrsstraftäter die Fahrerlaubnis vorläufig zu entziehen und der Verwaltungsbehörde eine Anweisung zur Einleitung eines Entziehungsverfahrens zu erteilen.[673] Unabhängig davon, daß es von Cramer und Koch inkonsequent ist, auf der einen Seite als Argument für eine Große Reform anzuführen, die Verwaltungsbehörden seien zu einer umfassenderen und genaueren Prüfung der Fahrtauglichkeit des Täters in der Lage als die Strafgerichte,[674] im Rahmen der vorläufigen Fahrerlaubnisentziehung den Strafrichter jedoch wieder Prognoseentscheidungen treffen zu lassen, die nach ihrer Auffassung in den Händen der Verwaltungsbehörde besser aufgehoben wären, und Geppert hinsichtlich der Effizienz der Lösung Cramers und Kochs unter den Gesichtspunkten „doch wieder schwerfällige Doppelkompetenz?, Kollisionsregelung?, zeitraubender doppelter Rechtsweg?, Anrechnungsfragen?“[675] zutreffenderweise Bedenken geäußert hat, stellt sich die Lösung Cramers und Kochs auch aus folgendem Grund als nachteilig gegenüber der heutigen Rechtslage dar.

Wenn der Strafrichter die vorläufige Maßnahme zur Vorweg-Sicherung der künftigen ausschließlich in der Hand der Verwaltung liegenden Fahrerlaubnisentziehung zu treffen hätte, müßte er prüfen, ob dringende Gründe dafür vorlägen, daß die Verwaltungsbehörde dem Betroffenen nach § 3 StVG die Fahrerlaubnis entziehen werde. Von dem Strafrichter eine verwaltungsrechtliche Prüfung zu verlangen, würde jedoch, da der Strafrichter sich dann mit der verwaltungsrechtlichen Praxis für eine Fahrerlaubnisentziehung auseinanderzusetzen hätte, mit Sicherheit längere Zeit in Anspruch nehmen als die Beurteilung, ob ein endgültiger strafrichterlicher Fahrerlaubnisentzug in Betracht kommt.

Der Vorschlag Cramers und Kochs ist daher auch nicht überzeugend, weil er den Schutz der Allgemeinheit nicht in gleichem Maße gewährleistet wie die derzeitige Rechtslage.

Noch eine andere Lösung erwägt Berz. Er schlägt vor, der Verwaltungsbehörde ein vorläufiges Sicherstellungsrecht einzuräumen, kommt dann jedoch zu dem Ergebnis, daß dadurch die derzeitige Schlagkraft des § 111 a StPO entfallen

---

[673] Cramer in: Gedächtnisschrift für Horst Schröder, S. 545 u. S. 547; Koch DAR 1977, S. 94.
[674] Cramer in: Gedächtnisschrift für Horst Schröder, S. 536-538; Koch DAR 1977, S. 92.
[675] Geppert ZRP 1981, S. 86.

würde.[676] Ein spezieller vorläufiger verwaltungsbehördlicher Fahrerlaubnisentzug wäre im Rahmen einer Großen Reform zwar konsequent, weil es sich bei Annahme einer höheren Kompetenz der Verwaltungsbehörde für die im Rahmen der Fahrerlaubnisentziehung notwendigen Prognoseentscheidungen als sachgerecht darstellen würde, ihr auch die vorläufige Regelung zu übertragen; dem Sicherungsbedürfnis der Gesellschaft würde dadurch jedoch, wie Berz zutreffend ausführt, nicht in gleichem Maße Rechnung getragen werden können wie bei derzeitiger Rechtslage.[677] Durch eine Einschaltung der Verwaltungsbehörde würde das ganze Verfahren schwerfällig und zeitraubend, so daß ein schneller Verkehrsausschluß ungeeigneter Kraftfahrer, wie ihn die vorläufige Fahrerlaubnisentziehung durch den Strafrichter bietet, nicht mehr möglich wäre.[678] Zudem würde ein vorläufiges Sicherstellungsrecht der Verwaltungsbehörde eine in der Praxis wohl nicht zu verwirklichende enge Zusammenarbeit zwischen Strafrichter und Verwaltungsbehörde erfordern.[679]

Somit läßt sich bei einer Großen Reform keine Regelung schaffen, die dem Sicherungsbedürfnis der Gesellschaft in gleicher Weise Rechnung trüge wie die derzeit in § 111 a StPO geregelte vorläufige Fahrerlaubnisentziehung.

bbb. Prozeßökonomische Erwägungen

Des weiteren sprechen auch prozeßökonomische Erwägungen gegen die Große Reform.

Bei alleiniger Zuständigkeit der Verwaltungsbehörde für die Entziehung der Fahrerlaubnis müßten wegen derselben Tat zwei getrennte Verfahren - eines vor dem Strafgericht und ein zweites vor der Verwaltungsbehörde und dem Verwaltungsgericht - durchgeführt werden.[680] Im Gegensatz zur geltenden Regelung, bei der der Strafrichter die im Strafverfahren getroffenen Feststellungen über die Persönlichkeit des Beschuldigten und die Umstände der Tat auch für die Entscheidung über die Fahrerlaubnisentziehung verwerten kann,[681] würde derselbe Sachverhalt bei der Großen Reform in zwei verschiedenen Instanzen-

[676] Berz VGT 1980, S. 312.
[677] Ebenda.
[678] Berz VGT 1980, S. 312; Kulemeier, Fahrverbot (§ 44 StGB) und Entzug der Fahrerlaubnis (§§ 69 ff. StGB), S. 309, der in Fußnote 285 zur Begründung dieser Ansicht unter Bezug auf die Entscheidung des OVG Bremen (NJW 1979, 76, und NJW 1980, 181) darauf hinweist, daß bereits der sofortige Vollzug eines verwaltungsrechtlichen Fahrerlaubnisentzuges in praxi schwierig ist.
[679] Kulemeier, Fahrverbot (§ 44 StGB) und Entzug der Fahrerlaubnis (§§ 69 ff. StGB), S. 309.
[680] Janiszewski DAR 1977, S. 315; Oberpottkamp S. 50.
[681] Oberpottkamp, S. 2.

zügen geprüft werden.[682] Eine derartige „unwirtschaftliche Zweispurigkeit" ist aus Gründen der Prozeßökonomie kaum vertretbar.[683]

ccc. Nachteile für den betroffenen Kraftfahrer

Zudem stellt sich die Große Reform auch für den betroffenen Kraftfahrer als nachteilig gegenüber der geltenden Regelung dar. Im Gegensatz zur geltenden Regelung, nach der der betroffene Kraftfahrer nach überstandenem Strafprozeß keine weiteren staatlichen Reaktionen mehr zu befürchten hat, kann es bei einer Großen Reform dazu kommen, daß ihm die Verwaltungsbehörde nach dem Strafverfahren noch die Fahrerlaubnis entzieht.[684] Über diese Ungewißheit hinaus, ob nach dem Strafprozeß alles überstanden ist oder ob noch eine Entziehung der Fahrerlaubnis durch die Verwaltungsbehörde erfolgt, stellt sich die Große Reform auch aus folgenden Gründen für den betroffenen Kraftfahrer als nachteilig gegenüber der heutigen Regelung dar:

Zum einen fühlt er sich doppelt bestraft, wenn der Strafrichter gegen ihn ein Fahrverbot verhängt und anschließend die Verwaltungsbehörde ihm noch seine Fahrerlaubnis entzieht,[685] was im Rahmen der Großen Reform geschehen kann, wenn man die Konstruktion einer bedingten Bestrafung, auf die noch einzugehen sein wird,[686] zutreffenderweise ablehnt. Zum anderen wird er auch finanziell unnötig belastet, wenn sich verschiedene Instanzenzüge mit seiner Tat befassen.[687]

ddd. Überlastung der Verwaltungsbehörden

Als weiterer Nachteil der Großen Reform fällt sicherlich eine Überlastung der Verwaltungsbehörden ins Gewicht. Da nur noch sie für die Fahrerlaubnisentziehung zuständig wären, müßten sie sämtliche Verkehrsstrafverfahren daraufhin überprüfen, ob neben dem vom Strafrichter verhängten Fahrverbot noch eine Fahrerlaubnisentziehung in Betracht kommt.[688] Selbst, wenn man davon ausgeht, daß die Verwaltungsbehörden, die ja bereits nach heutigem Recht in jedem

---

682 Schultz BA 1980, S. 12.
683 Janiszewski DAR 1977, S. 315; Schultz BA 1980, S. 12; Oberpottkamp, S. 50.
684 Janiszewski DAR 1977, S. 315; Kulemeier, Fahrverbot (§ 44 StGB) und Entzug der Fahrerlaubnis (§§ 69 ff. StGB), S. 325.
685 Janiszewski DAR 1977, S. 315.
686 s.u.S. 139.
687 Kulemeier, Fahrverbot (§ 44 StGB) und Entzug der Fahrerlaubnis (§§ 69 ff. StGB), S. 325.
688 Preisendanz DAR 1981, S. 313; Janiszewski GA 1981, S. 396; Schultz BA 1982, S. 324.

Strafverfahren eine Kopie der Anklageschrift bzw. des Strafbefehlsantrags und abschließend des Urteils erhalten,[689] nicht sämtliche Strafakten zur Einleitung eines Verfahrens nach § 3 StVG beiziehen würden, sondern dies nur bei Wiederholungstätern oder sonstigen Kraftfahrern, bei denen Anhaltspunkte für eine Ungeeignetheit vorliegen, tun würden, käme auf die Verwaltungsbehörden eine erhebliche Mehrarbeit zu.[690] Auch wenn sie nicht in jedem Verkehrsstrafverfahren die Akten zur Einleitung eines Entziehungsverfahrens beiziehen würden, so müßten sie jedoch jedes einzelne Verfahren daraufhin überprüfen, ob eine Beiziehung der Akten notwendig ist. Angesichts der Masse der Verkehrsstraftaten[691] ist mit einer Großen Reform damit zwangsläufig eine Überlastung der Verwaltungsbehörden verbunden.[692]

eee. Verhinderung einer gerechten Strafzumessung?

Als weiterer Nachteil der Großen Reform wird in der Literatur teilweise das Argument angeführt, welches sich auch in den amtlichen Begründungen zum 1. und 2. Straßenverkehrssicherungsgesetz für die Notwendigkeit eines strafrichterlichen Fahrerlaubnisentzuges findet, nämlich, „der Strafrichter könne die zu verhängende Strafe nur dann gerecht bemessen, wenn er auch die Möglichkeit habe, gleichzeitig über die Entziehung der Fahrerlaubnis zu entscheiden".[693] Zuzustimmen ist dieser Auffassung jedenfalls insoweit, als daß der Strafrichter an einer gerechten Urteilsfindung gehindert ist, wenn die Verwaltungsbehörde zuvor noch nicht über die Entziehung der Fahrerlaubnis entschieden hat und eine derartige Entscheidung vor Ablauf der vom Strafrichter verhängten Strafe treffen kann.[694] Zwar sind die Entscheidungen des Strafrichters und der Verwaltungsbehörde bei einer Großen Reform inhaltlich an ganz verschiedene Voraussetzungen geknüpft, so daß auch die Kollisionsnormen des § 3 StVG entfallen müßten, da dem Strafrichter dann als verkehrsausschließende Rechtsfolge nur noch das Fahrverbot zur Verfügung stünde und er sich somit im Gegensatz zur Verwaltungsbehörde mit der Eignung des Kraftfahrers überhaupt nicht mehr zu beschäftigen hätte.[695] Trotzdem ist die Entscheidung der Verwaltung über die Entziehung der Fahrerlaubnis insofern bedeutsam für den Strafrichter, als daß

---

[689] Preisendanz DAR 1981, S. 313.
[690] Ebenda.
[691] Kulemeier gibt für das Jahr 1988 170.000 Fälle an (S. 324), eine Zahl, die sich seit der Wiedervereinigung erheblich erhöht haben wird.
[692] Kulemeier, Fahrverbot (§ 44 StGB) und Entzug der Fahrerlaubnis (§§ 69 ff. StGB), S. 324.
[693] Müller-Metz NZV 1994, S. 94; Janiszewski DAR 1977, S. 314.
[694] Janiszewski DAR 1977, S. 314-315.
[695] Kulemeier, Fahrverbot (§ 44 StGB) und Entzug der Fahrerlaubnis (§§ 69 ff. StGB), S. 325.

sie für seine gerechte Urteilsfindung relevant sein kann.[696] Sofern man entgegen der Auffassung einiger Vertreter der Großen Reform richtigerweise davon ausgeht, daß die schuldgerechte Strafe nicht durch eine verwaltungsbehördliche Entscheidung entbehrlich werden kann, und daher die Konstruktion einer bedingten Bestrafung, d.h. die Idee, eine an sich verwirkte Bestrafung unter der Bedingung auszusprechen, daß ein verwaltungsbehördliches Verfahren nicht zu einer Entziehung der Fahrerlaubnis führt,[697] ablehnt, kann die einem strafrichterlichen Urteil nachfolgende verwaltungsbehördliche Entscheidung über die Entziehung der Fahrerlaubnis dazu führen, daß der Strafrichter letztlich eine unzureichende Strafe verhängt hat.[698] Würde der Strafrichter nämlich ein Fahrverbot verhängen und die Verwaltungsbehörde direkt im Anschluß daran oder zumindest während der Dauer des Fahrverbots dem Täter die Fahrerlaubnis entziehen, so ginge das verhängte Fahrverbot gänzlich oder zumindest teilweise ins Leere.[699] Bei Voraussehbarkeit eines verwaltungsbehördlichen Fahrerlaubnisentzuges hätte der Strafrichter somit zu einem anderen Strafmaß in der Hauptstrafe gelangen müssen,[700] um zu gewährleisten, daß es zu einer Vollstreckung der schuldangemessenen Strafe kommt. Um zu verhindern, daß es wegen einer der strafrichterlichen Urteilsfindung nachfolgenden verwaltungsbehördlichen Entziehung der Fahrerlaubnis nicht zu einer Vollstreckung der schuldangemessenen Strafe kommt, könnte man zwar erwägen, die strafrichterliche Entscheidung so auszugestalten, daß sie für den Fall, daß das verhängte Fahrverbot nicht oder nicht gänzlich vollstreckt werden kann, ersatzweise ein anderes Strafmaß in der Hauptstrafe vorsieht. Eine derartige Regelung ist aber aus den gleichen Gründen abzulehnen, die neben den oben bereits erwähnten auch gegen eine bedingte Bestrafung sprechen, nämlich, daß das Verfahren beim Strafgericht dann jahrelang in der Schwebe bliebe, bis im Verwaltungsrechtswege eventuell durch mehrere Instanzen hindurch über die Entziehung der Fahrerlaubnis entschieden wäre.[701]

---

[696] Eine derartige Relevanz ergibt sich allerdings nicht, wie dies teilweise vertreten wird, daraus, daß die zu verhängende Strafe wegen der spezialpräventiven und sichernden Funktion des gefahrvorbeugenden Fahrerlaubnisentzuges geringer zu bemessen wäre. Ein solches Abstimmen von zu verhängender Strafe und gefahrvorbeugendem Fahrerlaubnisentzug ist nämlich wie oben aufgezeigt - nach richtiger Ansicht verfehlt, da der Zweck der Sicherungsmaßnahme bereits durch die gerechte Strafe erfüllt sein kann und daher nur Raum für eine von der Strafe unabhängige Sicherungsmaßnahme besteht, wenn deren Zweck nicht bereits durch die schuldangemessene Strafe erreicht wird.

[697] Cramer, Unfallprophylaxe, S. 225; Koch DAR 1977, S. 94.

[698] Janiszewski DAR 1977, S. 314.

[699] Ebenda.

[700] Ebenda, S. 314-315.

[701] Ebenda, S. 315.

Da somit eine gerechte Urteilsfindung des Strafrichters nicht gewährleistet ist, wenn die Verwaltungsbehörde zuvor noch nicht über die Entziehung der Fahrerlaubnis entschieden hat und eine derartige Entscheidung vor Ablauf der vom Strafrichter verhängten Strafe treffen kann, stellt sich die Frage, ob es bei einer Großen Reform Möglichkeiten gibt, die Entscheidungen des Strafrichters und der Verwaltungsbehörde - zeitlich gesehen - so zu koordinieren, daß die verwaltungsbehördliche Entscheidung eine gerechte Urteilsfindung des Strafrichters nicht beeinträchtigt.

Eine Regelung dahingehend, daß das strafrechtliche Verfahren bis zu einer verwaltungsrechtlichen Entscheidung über die Entziehung der Fahrerlaubnis auszusetzen wäre, ist abzulehnen, weil sich ein verwaltungsrechtliches Verfahren über Jahre hinziehen kann und sowohl im Interesse der Justiz als auch des Betroffenen eine schnelle Aburteilung von Straftaten gewährleistet sein muß.

Man könnte aber erwägen, die Zeitspanne des vom Strafrichter verhängten Fahrverbots zur verwaltungsbehördlichen Prüfung der künftigen Eignung zur Teilnahme am Straßenverkehr zu nutzen,[702] bzw. die verwaltungsrechtliche Prüfung von vorneherein erst beginnen zu lassen, wenn das verhängte Fahrverbot abgelaufen ist.

Diese Vorschläge, die auch den Vorteil hätten, daß die Verwaltungsbehörde die strafrichterliche Entscheidung vollständig zu berücksichtigen hätte, d.h. nur dann noch eine Fahrerlaubnisentziehung anordnen könnte, wenn eine Ungeeignetheit des Betroffenen noch nach Ablauf des verhängten Fahrverbots bestünde, würden eine gerechte Strafzumessung ermöglichen.

Daß aus obengenannten Gründen der Schutz der Allgemeinheit vor ungeeigneten Kraftfahrern (auch) bei diesen Vorschlägen nicht hinreichend gewährleistet sein würde, ist ein Problem der vorläufigen Regelung, aber keines der gerechten Strafzumessung.

Da man somit bei einer Großen Reform eine Regelung finden könnte, die eine gerechte Strafzumessung ermöglicht, kann die Große Reform nicht mit dem Argument, der Strafrichter könne die zu verhängende Strafe nur dann gerecht bemessen, wenn er auch die Möglichkeit habe, gleichzeitig über die Entziehung der Fahrerlaubnis zu entscheiden, als nachteilig gegenüber der geltenden Regelung angesehen werden.

[702] so Nehm DAR 1996, S. 438.

fff. Behandlung von Schuldunfähigen?

Als weiterer Nachteil der Großen Reform wird des öfteren angeführt, daß die Nebenstrafe Fahrverbot im Gegensatz zu der Maßregel Fahrerlaubnisentziehung nicht gegenüber Schuldunfähigen verhängt werden könne.[703]

Sicherlich gebietet das Sicherungsbedürfnis der Gesellschaft bei Schuldunfähigen einen möglichst schnellen und zuverlässigen Schutz vor weiterer Gefährdung.[704] Daß dieser im Rahmen der Großen Reform nicht gewährleistet werden kann, ist jedoch primär ein Problem der vorläufigen Regelung und keines der Schuldunfähigkeit an sich. Nur wenn im Rahmen der Großen Reform eine zur Sicherung der Allgemeinheit hinreichende vorläufige Regelung möglich wäre, die gegenüber Schuldfähigen, jedoch nicht gegenüber Schuldunfähigen zulässig wäre, würde sich die Behandlung der Schuldunfähigen als eigenständiger Nachteil der Großen Reform darstellen.

Die Große Reform hat somit gegenüber der geltenden Regelung folgende Nachteile:

- eine vorläufige Regelung, die die Allgemeinheit in gleicher Weise vor gefährlichen Kraftfahrern schützt wie der derzeit in § 111 a StPO geregelte vorläufige Fahrerlaubnisentzug ist nicht möglich

- sie ist aus Gründen der Prozeßökonomie kaum vertretbar

- sie führt zu einer Doppelbelastung des betroffenen Kraftfahrers

- mit ihr ist zwangsläufig eine Überlastung der Verwaltungsbehörden verbunden.

Aufgrund dieser erheblichen Nachteile stellt sich die Große Reform trotz ihrer Vorteile gegenüber der heutigen Regelung als nachteilig dar.

c. Gesamtbewertung der Großen Reform

Sofern man - entgegen der in dieser Arbeit vertretenen Auffassung - die Maßregelqualität der Fahrerlaubnisentziehung auch bei einer charakterlichen Ungeeignetheit zum Führen von Kraftfahrzeugen für gerechtfertigt hält, ist die geltende Regelung der Großen Reform vorzuziehen.

---

[703] Schultz BA 1982, S. 322; Janiszewski DAR 1977, S. 314.
[704] Preisendanz DAR 1981, S. 312.

2. Der Vorschlag Kulemeiers

Kulemeier hält im Gegensatz zur Großen Reform als strafrichterliche Sanktionen sowohl die Fahrerlaubnisentziehung als Maßregel der Besserung und Sicherung als auch das Fahrverbot als Nebenstrafe für zweckmäßig.[705] Er kritisiert jedoch den derzeitigen Anwendungsbereich der Maßregel Fahrerlaubnisentziehung und der Nebenstrafe Fahrverbot. Seine darauf basierenden Reformvorschläge sollen an dieser Stelle insoweit bewertet werden, als sie Folge einer kritischen Betrachtung der derzeitigen Ausgestaltung der Fahrerlaubnisentziehung als Maßregel der Besserung und Sicherung sind. Kulemeiers Kritik an der derzeitigen Rechtslage richtet sich nicht - wie sich aus seinen sogleich näher darzulegenden Reformvorschlägen ergibt - gegen die Maßregelqualität der Fahrerlaubnisentziehung bei einer charakterlichen Ungeeignetheit zum Führen von Kraftfahrzeugen. Da sich jedoch nach der in dieser Arbeit vertretenen Auffassung Maßregeln aufgrund des Verhaltens, für das dem Täter bereits der Schuldvorwurf gemacht wird, nicht legitimieren lassen,[706] stellen sich seine Reformvorschläge schon insofern als nachteilig dar, als daß sie die Maßregelqualität der Fahrerlaubnisentziehung auch bei einer charakterlichen Ungeeignetheit zum Führen von Kraftfahrzeugen beibehalten wollen. Dennoch stellt sich die Frage, ob sich Kulemeiers Reformvorschläge, sofern man - entgegen der in dieser Arbeit vertretenen Auffassung - die Maßregelqualität der Fahrerlaubnisentziehung auch bei einer charakterlichen Ungeeignetheit zum Führen von Kraftfahrzeugen für gerechtfertigt hält, im Verhältnis zur heutigen Regelung als vorteilhaft darstellen oder nicht. Kulemeier übt Kritik an der derzeitigen Ausgestaltung der Fahrerlaubnisentziehung, weil er diese teilweise für unvereinbar mit dem Charakter dieser Sanktion, eine Maßregel zur Aufrechterhaltung der Verkehrssicherheit zu sein, hält.

Gegen den Wortlaut des § 69 StGB äußert Kulemeier insoweit Bedenken, als daß dieser die Rechtsprechung dazu verleite, auch Tätern die Fahrerlaubnis zu entziehen, bei denen die in der Tat zu Tage getretenen Charaktermängel sich überhaupt nicht nachteilig in Hinblick auf die Verkehrssicherheit darstellen. Um, dem Charakter dieser Maßregel entsprechend, einen Fahrerlaubnisentzug nur noch bei charakterlicher Ungeeignetheit, die sich ungünstig auf ein verkehrssicheres Führen von Kraftfahrzeugen auswirkt, zu verhängen, schlägt Kulemeier vor, den Wortlaut des § 69 I StGB in der Weise zu ändern, daß dieser nunmehr folgendermaßen lautet: „Wird jemand wegen einer rechtswidrigen Tat, die er *unter Verletzung der Pflichten eines Kraftfahrzeugführers oder -halters begangen hat*, verurteilt oder nur deshalb nicht verurteilt, weil seine Schuldun-

[705] Kulemeier, Fahrverbot (§ 44 StGB) und Entzug der Fahrerlaubnis (§§ 69 ff. StGB), S. 312-313 u. 326.
[706] s.o. B. I. 4.

fähigkeit erwiesen oder nicht auszuschließen ist, so entzieht ihm das Gericht die Fahrerlaubnis, wenn sich aus der Tat ergibt, daß er *die bei Erwerb der Fahrerlaubnis notwendigen Voraussetzungen nicht mehr erfüllt; diese Ungeeignetheit kann auf körperlichen, geistigen oder charakterlichen Mängeln beruhen.*"[707]

Wie oben aufgezeigt,[708] führt der Wortlaut des § 69 I 1 2. Alt. StGB tatsächlich dazu, daß die Rechtsprechung auch Tätern die Fahrerlaubnis entzieht, die die Verkehrssicherheit nicht beeinträchtigt haben.

Fraglich ist jedoch, ob diese Handhabung in der Judikatur durch den Vorschlag Kulemeiers behoben werden würde.

Da es Pflichten eines Kraftfahrzeugführers oder -halters gibt, die die Verkehrssicherheit nicht beeinträchtigen, wie Kulemeier selbst für die Pflicht des Fahrzeugführers, nach einem Unfall die notwendigen Feststellungen zu ermöglichen, ausführt,[709] würde auch bei seinem Gesetzesvorschlag der Wortlaut des Gesetzes nicht in allen Fällen eine maßregelwidrige Handhabung verhindern. Genau wie bei der derzeitigen Regelung würde eine maßregelwidrige Verhängung der Fahrerlaubnisentziehung nur dann verhindert, wenn genau geprüft würde, ob es sich überhaupt um einen Verstoß handelt, der die Verkehrssicherheit beeinträchtigt hat und aus dem daher auf eine Ungeeignetheit zum Führen von Kraftfahrzeugen geschlossen werden kann. Daß die Rechtsprechung eine derartige Prüfung durch die Formulierung, „wenn sich aus der Tat ergibt, daß er *die bei Erwerb der Fahrerlaubnis notwendigen Voraussetzungen nicht mehr erfüllt; diese Ungeeignetheit kann auf körperlichen, geistigen oder charakterlichen Mängeln beruhen", eher vornehmen würde als bei derzeitiger Rechtslage, ist nicht ersichtlich.*

Somit stellt sich dieser Vorschlag Kulemeiers im Verhältnis zur geltenden Regelung nicht als vorteilhaft dar.

Des weiteren schlägt Kulemeier den Wegfall des im § 69 II StGB normierten Regelkataloges für eine Entziehung der Fahrerlaubnis vor.[710] Dieser Vorschlag stellt sich gegenüber der geltenden Regelung aus mehreren Gründen als vorteilhaft dar. Die Ausgestaltung der Regelbeispiele in § 69 II StGB und die Auswahl der Katalogtaten selbst ist, wie oben aufgezeigt, unvereinbar mit dem Maßregelcharakter der Entziehung der Fahrerlaubnis. Durch eine Streichung des Regelkataloges wird - wie Kulemeier zutreffend ausführt - verhindert, daß der

---

[707] Kulemeier, Fahrverbot (§ 44 StGB) und Entzug der Fahrerlaubnis (§§ 69 ff. StGB), S. 375.
[708] s.o. B. I. 1. b. aa.
[709] Kulemeier, Fahrverbot (§ 44 StGB) und Entzug der Fahrerlaubnis (§§ 69 ff. StGB), S. 299.
[710] Kulemeier, Fahrverbot (§ 44 StGB) und Entzug der Fahrerlaubnis (§§ 69 ff. StGB), S. 345.

Strafrichter bei Feststellung der Ungeeignetheit des Täters auf eine Würdigung der gesamten Täterpersönlichkeit verzichten darf und dadurch zu niedrige Anforderungen an den Ungeeignetheitsbegriff stellt.[711] Da der Strafrichter bei Wegfall des Regelkataloges des § 69 II StGB bei Ersttaten keine Fahrerlaubnisentziehung mehr anordnen muß, kann der Fahrerlaubnisentzug dann auf die Fälle der tatsächlich ungeeigneten Kraftfahrer begrenzt werden. Da eine Ungeeignetheit eine weitere Gefahr für die Straßenverkehrssicherheit voraussetzt, kann man diese nur bejahen, wenn Anhaltspunkte für ein weiteres Fehlverhalten bestehen. Bei Ersttaten ist daher in der Regel eine Ungeeignetheit nur gegeben, wenn bei dem Täter körperliche oder geistige Mängel vorliegen, nicht jedoch - da eine Prognose in der Weise, daß derjenige, der sich bereits einmal charakterlich falsch verhalten hat, dies auch wieder tun werde, nicht haltbar ist[712] - , wenn die zugrunde liegende Straftat auf einem Charaktermangel beruht.[713] Zudem ist eine Fahrerlaubnisentziehung in Abgrenzung zu einem Fahrverbot nach überzeugender Ansicht nur dann sinnvoll, wenn die Verwaltungsbehörde nach Ablauf der Sperrfrist die Eignung des Betroffenen zum Zwecke der Wiedererteilung selbständig beurteilen kann, d.h. kein Rechtsanspruch auf Neuerteilung der Fahrerlaubnis nach Ablauf der Sperrfrist besteht.[714] Daraus resultierend, ist jedoch auch nur dann eine Notwendigkeit für die Verhängung der Fahrerlaubnisentziehung gegeben, wenn der Strafrichter der Auffassung ist, wegen der besonderen Gefährlichkeit des Täters habe sich die Verwaltungsbehörde nach Ablauf der Sperrfrist eingehend mit der Eignung des Kraftfahrers zu beschäftigen.[715]

Daß die Notwendigkeit einer eingehenden verwaltungsrechtlichen Kontrolle in vielen Fällen, in denen nach heutigem Recht auf eine Fahrerlaubnisentziehung erkannt wird, nicht besteht, belegt Kulemeier zutreffenderweise auch damit, daß die Verwaltungsbehörde derzeit in den Fällen mit unterer Sperrfristlänge, bzw. bei Ersttaten die Fahrerlaubnis nach Ablauf der Sperrfrist regelmäßig ohne eingehende Kontrolle auf Antrag neu erteilt.[716]

Durch einen Wegfall des Regelkataloges des § 69 II StGB würde somit erreicht werden, daß nur den tatsächlich ungeeigneten Kraftfahrern, bei denen eine Überprüfung der Eignung nach Sperrfristablauf notwendig ist, weil der Strafrichter nur eine Prognose über die voraussichtliche Dauer der Ungeeig-

---

[711] Ebenda, S. 298 u. 345.
[712] s.o. S. 62.
[713] Kulemeier, Fahrverbot (§ 44 StGB) und Entzug der Fahrerlaubnis (§§ 69 ff. StGB), S. 327.
[714] s.o. A. II. 4. b.
[715] Kulemeier, Fahrverbot (§ 44 StGB) und Entzug der Fahrerlaubnis (§§ 69 ff. StGB), S. 344 u. 355-356.
[716] Ebenda, S. 319.

netheit trifft, jedoch keine positive Aussage über die Geeignetheit nach Fristablauf,[717] die Fahrerlaubnis entzogen würde.

Des weiteren hätte der Wegfall des Regelkataloges und die damit verbundene Streichung der derzeitigen Regelbeispiele § 315 c und § 142 StGB zur Folge, daß vom Gesetzgeber dann nicht mehr vorgegeben würde, auf die Ungeeignetheit des Täters aus Umständen zu schließen, die über eine Ungeeignetheit zum Führen von Kraftfahrzeugen nichts aussagen.[718]

Darüber hinaus hätte eine Streichung des Regelkatalogs des § 69 II StGB im Vergleich mit der derzeitigen Rechtslage noch weitere Vorteile. Die sogenannte indirekte Privilegierung der Katalogtaten des § 69 II StGB, d.h., daß ein Täter einer Katalogtat seinen Führerschein im Falle der Behebung seines Eignungsmangels durch vorläufige Maßnahmen bereits durch den Strafrichter zurückerhält, während der Täter eines Delikts, das auch eine Entziehung der Fahrerlaubnis rechtfertigt, jedoch keine Katalogtat darstellt, seine Fahrerlaubnis, da es in diesem Falle meist nicht zu vorläufigen Maßnahmen kommt, in der Regel erst im Rahmen des verwaltungsrechtlichen Wiedererteilungsverfahrens wiedererlangen kann,[719] würde entfallen.

Zudem würde bei Ersttaten, wenn bei ihnen in der Regel noch kein Fahrerlaubnisentzug anzuordnen wäre, sondern, wie Kulemeier des weiteren erwägt, die Nebenstrafe Fahrverbot mit einem im Verhältnis zur jetzigen Regelung erweiterten zeitlichen Rahmen zu verhängen wäre,[720] die Gefahr der Prozeßverschleppung, die bei einem strafrichterlichen Führerscheinentzug aus den genannten Gründen besteht, vermieden,[721] und es wären die wirtschaftlichen und persönlichen Verhältnisse des Betroffenen zu berücksichtigen.

Insgesamt stellt sich der Vorschlag Kulemeiers, den Regelkatalog des § 69 II StGB aufzuheben somit im Vergleich zur jetzigen Rechtslage als vorteilhaft dar.

Des weiteren schlägt Kulemeier vor, die in § 69 a IV 2 StGB enthaltene Regelung, daß die Sperrfrist für die Neuerteilung der Fahrerlaubnis bei der Berücksichtigung vorläufiger Maßnahmen drei Monate nicht unterschreiten darf, zu

---

[717] s.o.S. 58.
[718] s.o. B. I. 1. a. bb. aaa. und ccc.
[719] s.o. B. I. 3.
[720] Kulemeier, Fahrverbot (§ 44 StGB) und Entzug der Fahrerlaubnis (§§ 69 ff. StGB), S. 355 u. 357.
[721] Kulemeier, Fahrverbot (§ 44 StGB) und Entzug der Fahrerlaubnis (§§ 69 ff. StGB), S. 338 u. 356.

streichen.[722] Diese Reformidee stellt sich bei einer Beibehaltung des Maßregelcharakters der Fahrerlaubnisentziehung als sachgerecht dar, weil die Fiktion des geltenden Rechts, daß der ungeeignete Kraftfahrer unabhängig davon, wie lange er bis zum Zeitpunkt der Hauptverhandlung durch vorläufige Maßnahmen vom Straßenverkehr ferngehalten worden ist, nach der Hauptverhandlung noch mindestens drei Monate ungeeignet bleibt, jeglicher Grundlage entbehrt.[723]

Aus den gleichen Gründen hätte Kulemeier meines Erachtens auch die Regelungen in § 69 a I 1 StGB und § 69 a III StGB, daß die Sperrfrist für eine (Wieder)erteilung der Fahrerlaubnis mindestens sechs Monate, bzw. ein Jahr betragen muß, kritisieren und für reformbedüftig halten müssen, denn die Behauptung, eine Ungeeignetheit zum Führen von Kraftfahrzeugen dauere immer mindestens sechs Monate, bzw. in den Fällen des § 69 a III StGB mindestens ein Jahr läßt sich ebenso wenig aufstellen.

Die derzeitige Regelung der Ausnahmen bestimmter Kraftfahrzeuge von der Sperrfrist für eine Neuerteilung der Fahrerlaubnis (§ 69 a II StGB) und von der vorläufigen Fahrerlaubnisentziehung (§ 111 a I 2 StPO) will Kulemeier in der Weise reformieren, daß von der Sperre und der vorläufigen Entziehung nur noch Kraftfahrzeuge mit einer durch die Bauart bestimmten Höchstgeschwindigkeit von nicht mehr als 20 km/h ausgenommen werden können,[724] wenn besondere Umstände die Annahme rechtfertigen, daß der Zweck der Maßregel bzw. der Maßnahme dadurch nicht gefährdet wird.[725] Auch dieser Vorschlag Kulemeiers ist bei einer Beibehaltung des Maßregelcharakters der Fahrerlaubnisentziehung der geltenden Regelung vorzuziehen, weil sich die Annahme einer beschränkten Fahrtauglichkeit für Kraftfahrzeuge, auf die die Fahrerlaubnis beschränkt werden kann (diese Arten von Kraftfahrzeugen können von der Sperre und von der vorläufigen Regelung ausgenommen werden),[726] nicht maßregelgerecht begründen läßt. Eine weitere Gefährdung anderer Verkehrsteilnehmer durch bestimmte Kraftfahrzeuge zu verneinen, ist nur dann überzeugend, wenn diese Kraftfahrzeuge bauartbedingt nur eine geringe Höchstgeschwindigkeit erreichen.

Die Reformvorschläge Kulemeiers stellen sich somit bis auf den Vorschlag der Änderung des Wortlautes des § 69 I StGB als vorteilhaft gegenüber der geltenden Regelung dar. Sie beheben den oben aufgezeigten Etikettenschwindel[727] je-

---

722 Kulemeier, Fahrverbot (§ 44 StGB) und Entzug der Fahrerlaubnis (§§ 69 ff. StGB), S. 348 u. 358.

723 s.o. B. I. 1. a. cc.

724 Kulemeier, Fahrverbot (§ 44 StGB) und Entzug der Fahrerlaubnis (§§ 69 ff. StGB), S. 358.

725 Ebenda, S. 350 u. 358.

726 s.o. 65.

727 s.o. B. I. 1.

doch nur insoweit, als er durch das Gesetz selbst bedingt ist. Auch bei einer Änderung des Gesetzes im Sinne von Kulemeier würde nämlich nicht verhindert, daß der Täter in den Fällen, in denen dann von Gesetzes wegen noch eine Fahrerlaubnisentziehung in Betracht käme, diese wie eine Nebenstrafe empfinden und die Rechtsprechung diese vielfach auch so handhaben würde.

Sofern man - entgegen der in dieser Arbeit vertretenen Auffassung - die Maßregelqualität der Fahrerlaubnisentziehung auch bei einer charakterlichen Ungeeignetheit zum Führen von Kraftfahrzeugen für gerechtfertigt hält, ist der Vorschlag Kulemeiers der geltenden Regelung vorzuziehen.

3. Weitere Reformideen

a. Fahrerlaubnisentzug als Strafe bei charakterlicher Ungeeignetheit zum Führen von Kraftfahrzeugen

Des weiteren ist von Teilen der Literatur vorgeschlagen worden, auf eine charakterliche Ungeeignetheit zum Führen von Kraftfahrzeugen, die sich in einer Straftat manifestiert hat, mit einer Fahrerlaubnisentziehung als Strafe zu reagieren.[728] Zuzustimmen ist dieser Auffassung insoweit, als daß wegen des charakterlichen Fehlverhaltens des Täters nur eine schuldangemessene Strafe verhängt werden darf.[729] Meines Erachtens würde ein Fahrerlaubnisentzug jedoch keine schuldangemessene Strafe darstellen. Eine schuldangemessene Strafe darf nur das in der Vergangenheit liegende schuldhafte Verhalten des Täters berücksichtigen.[730] Außerdem erfordert das Prinzip der schuldangemessenen Strafe, daß der Richter die Dauer der Strafe zeitlich genau festlegt.[731] Diese beiden Grundsätze könnten bei einem Fahrerlaubnisentzug als Strafe nicht verwirklicht werden. Ein Fahrerlaubnisentzug hat zur Folge, daß die dem Täter erteilte Fahrerlaubnis mit Rechtskraft des Urteils erlischt und er nach Ablauf der vom Gericht festgelegten Sperrfrist für die (Wieder-)erteilung eine neue Fahrerlaubnis erwerben muß. Da die Verhängung einer Fahrerlaubnisentziehung in Abgrenzung zu einem Fahrverbot jedoch nur dann Sinn macht, wenn der Täter nach Ablauf der Sperrfrist keinen Anspruch auf (Wieder-)erteilung der Fahrerlaubnis hat, ist die Eignung des Täters zum Führen von Kraftfahrzeugen im (Wieder-)erteilungsverfahren zu überprüfen.

---

[728] Rüth, Seehon und Vertreter der Anwaltschaft in: ADAC-Syposium vom 16.3.1978, Protokoll, S. 3, 5, 11. (nach Oberpottkamp, S. 44); Peters DAR 1978, S. 186 f.; Mohr DAR 1960, S. 282; ders. DAR 1961, S. 47; Köhler, Strafrecht AT, S. 661-662.

[729] s.o. B. I. 4.

[730] s.o. B. I. 4.

[731] s.o. B. I. 4.

Zwar dürfte nach der in dieser Arbeit vertretenen Auffassung auch, wenn der Strafrichter die Entziehung der Fahrerlaubnis wegen charakterlicher Ungeeignetheit zum Führen von Kraftfahrzeugen als Strafe verhängt und daher die Länge der Sperrfrist nicht nach der künftigen Gefährlichkeit, sondern nach dem Schuldprinzip zu bemessen hätte, dem Täter die Fahrerlaubnis im (Wieder)erteilungsverfahren nicht wegen einer sich aus der Straftat ergebenden charakterlichen Ungeeignetheit zum Führen von Kraftfahrzeugen versagt werden.[732] Selbstverständlich dürften jedoch im (Wieder-)erteilungsverfahren Eignungsmängel des Täters berücksichtigt werden, die sich nicht in der zugrunde liegenden Straftat manifestiert haben. Da derartige Mängel aber - weswegen sie ja gerade im (Wieder-)erteilungsverfahren berücksichtigt werden dürfen - in keinerlei Zusammenhang mit dem schuldhaften Verhalten des Täters stehen, kann die schuldangemessene Strafe keine Überprüfung dieser Mängel beinhalten. Schon aus diesem Grund kommt ein Fahrerlaubnisentzug als Strafe nicht in Betracht.

Außerdem wäre das Prinzip der schuldangemessenen Strafe bei einem Fahrerlaubnisentzug als Strafe auch deswegen nicht gewährleistet, weil der Richter die Dauer der Strafe wegen des sich nach Ablauf der festgelegten Sperrfrist anschließenden (Wieder-)erteilungsverfahrens zeitlich nicht genau festlegen könnte.

b. Fahrverbot als Strafe bei charakterlicher Ungeeignetheit zum Führen von Kraftfahrzeugen und Fahrerlaubnisentzug nur noch bei körperlicher oder geistiger Ungeeignetheit zum Führen von Kraftfahrzeugen

Bereits zu Zeiten, in denen dem Strafrichter als verkehrsausschließende Sanktion nur die Fahrerlaubnisentziehung als Maßregel zur Verfügung stand, gab es in der Literatur die Auffassung, daß für eine charakterliche Ungeeignetheit zum Führen von Kraftfahrzeugen, die sich in einer Straftat manifestiert hat, ein als Strafe ausgestaltetes Fahrverbot die angemessene Sanktion wäre und die Fahrerlaubnisentziehung nur noch bei körperlichen oder geistigen Mängeln in Betracht kommen sollte.[733]

Wegen einer charakterlichen Ungeeignetheit zum Führen von Kraftfahrzeugen, die sich in einer Straftat manifestiert hat, als verkehrsausschließende Sanktion nur ein als Strafe ausgestaltetes Fahrverbot zu verhängen, stellt sich als sachgerechte Lösung dar. Nach der in dieser Arbeit vertretenen Auffassung darf auf das schuldhafte Verhalten des Täters einzig und allein mit der schuldgerechten

---

[732] s.o. S. 102.
[733] v. Weber JZ 1960, S. 54; Lienen NJW 1960, S. 1508-1509.

Strafe reagiert werden,[734] und ein Fahrverbot läßt sich im Gegensatz zu einer Fahrerlaubnisentziehung schuldangemessen verhängen, weil die Dauer des Verkehrsausschlusses bei einem Fahrverbot allein von dem in der Vergangenheit liegenden schuldhaften Verhalten des Täters abhängt und dem Täter nach Ablauf des Verbotszeitraums sofort wieder gestattet ist, am Straßenverkehr teilzunehmen. Außerdem hätte die Verhängung eines Fahrverbots bei charakterlicher Ungeeignetheit des Täters zum Führen von Kraftfahrzeugen im Verhältnis zur geltenden Regelung folgende Vorteile: Bei einem Fahrverbot als Reaktion auf eine charakterliche Ungeeignetheit des Täters zum Führen von Kraftfahrzeugen würden insoweit

- der sogenannte Etikettenschwindel behoben
- schwierige Prognoseentscheidungen des Strafrichters vermieden
- die im strafrichterlichen Verfahren über die Entziehung der Fahrerlaubnis bestehende Gefahr einer Prozeßverschleppung und eine indirekte Privilegierung der Katalogtaten des § 69 II StGB beseitigt
- eine Berücksichtigung der wirtschaftlichen und persönlichen Verhältnisse des Betroffenen ermöglicht
- die Möglichkeit geschaffen, die Strafvollstreckung zur Bewährung auszusetzen..

Diese Lösung bereitet auch keine Schwierigkeiten bei charakterlich zum Führen von Kraftfahrzeugen ungeeigneten Personen, die keinen Führerschein besitzen.[735] Da der Besitz einer Fahrerlaubnis keine Voraussetzung für die Anordnung eines Fahrverbots ist,[736] kann mit einem Fahrverbot auch Tätern, die keinen Führerschein haben, das Führen erlaubnispflichtiger Kraftfahrzeuge untersagt werden.[737]

Auch die Tatsache, daß das Fahrverbot als Strafe nicht gegen schuldunfähige Täter verhängt werden kann, stellt sich nicht als Problem dar. Sofern die bei Begehung der Straftat vorhandene Schuldunfähigkeit des Täters weiterhin besteht, wird nämlich die geistige Eignung zum Führen von Kraftfahrzeugen fehlen,[738]

[734] s.o. B. I. 4.
[735] Geppert in LK, 11. Aufl., § ...
[736] s.o.
[737] Geppert in LK, 11. Aufl., § 44 Rdn 3.
[738] v.Weber JZ 1960, S. 53.

so daß dann eine Fahrerlaubnisentziehung wegen geistiger Ungeeignetheit zum Führen von Kraftfahrzeugen anzuordnen ist.

Selbstverständlich wäre bei Anwendung des Fahrverbots auch auf Täter, bei denen sich eine charakterliche Ungeeignetheit zum Führen von Kraftfahrzeugen in einer Straftat manifestiert hat, der zeitliche Rahmen des derzeit in § 44 StGB geregelten Fahrverbots erheblich zu erhöhen. Da der zeitliche Rahmen des § 44 StGB eventuell auch aus anderen Gründen zu verändern ist, worauf an späterer Stelle eingegangen werden soll, kann die genaue Länge des Fahrverbots hier noch nicht bestimmt werden.

Auf jeden Fall müßten zudem, um zu gewährleisten, daß auf eine charakterliche Ungeeignetheit des Täters zum Führen von Kraftfahrzeugen, die sich in einer Straftat manifestiert hat, nur mit der schuldangemessenen Strafe reagiert wird, die verwaltungsbehördlichen Regelungen über die Erteilung und Entziehung der Fahrerlaubnis folgendermaßen geändert werden: Die Verwaltungsbehörde dürfte dann die Erteilung der Fahrerlaubnis nicht mehr aufgrund von charakterlicher Ungeeignetheit zum Führen von Kraftfahrzeugen, die sich aus Straftaten ergibt, versagen und wegen einer derartigen charakterlichen Ungeeignetheit auch keine Entziehung einer Fahrerlaubnis mehr anordnen.[739]

Daß eine gefahrvorbeugende Fahrerlaubnisentziehung dann gerechtfertigt ist, wenn sich aus der Tat die körperliche oder geistige Ungeeignetheit des Täters zum Führen von Kraftfahrzeugen ergibt, ist bereits an anderer Stelle dieser Arbeit ausgeführt worden.[740] Der Strafrichter könnte somit in diesen Fällen, wie auch schon erwähnt, als Annex zum strafrichterlichen Sanktionensystem eine Fahrerlaubnisentziehung als Maßregel verhängen,[741] wobei es sich dann selbstverständlich um eine reine Sicherungsmaßregel handelt. Fraglich ist jedoch, ob bei einer sich aus einer Tat ergebenden körperlichen oder geistigen Ungeeignetheit des Täters zum Führen von Kraftfahrzeugen ein strafrichterlicher oder ein verwaltungsbehördlicher Fahrerlaubnisentzug die sachgerechtere Lösung darstellen würde.[742] Gegen einen strafrichterlichen Fahrerlaubnisentzug läßt sich anführen, daß der oben aufgezeigte Etikettenschwindel dann nicht gänzlich beseitigt würde. Der Täter verstünde zwar bei einer wegen körperlicher oder geistiger Mängel vom Strafrichter verhängten Fahrerlaubnisentziehung eher, als bei einer wegen charakterlicher Ungeeignetheit angeordneten Fahrerlaubnisentziehung, daß es sich hierbei um keine Strafe handeln soll. Das Empfinden der

---

[739] s.o. S. 102.

[740] s.o. S. 101-102.

[741] s.o. S. 102.

[742] Für strafrichterlichen Fahrerlaubnisentzug: v. Weber JZ 1960, S. 54; für verwaltungsbehördlichen Fahrerlaubnisentzug: Lienen NJW 1960, S. 1508.

Fahrerlaubnisentziehung als Strafe würde jedoch bei Anordnung durch den Strafrichter anstatt durch die Verwaltungsbehörde nicht gänzlich behoben werden, zumal die strafrichterliche Fahrerlaubnisentziehung im Gegensatz zu einer verwaltungsbehördlichen im Strafregister eingetragen wird.[743]

Zudem bestünde die Gefahr, daß die Rechtsprechung den Fahrerlaubnisentzug, auch wenn er nur wegen geistiger und körperlicher Mängel angeordnet werden darf, weiterhin in der Weise nicht maßregelgerecht, sondern nebenstrafenartig handhaben würde, daß sie die neben ihm zu verhängende Strafe wegen seiner spezialpräventiven und sichernden Funktion geringer bemißt.[744]

Ein weiteres Argument gegen einen strafrichterlichen Fahrerlaubnisentzug bei sich aus einer Tat ergebenden körperlichen oder geistigen Ungeeignetheit des Täters zum Führen von Kraftfahrzeugen ist, daß die Gefahr der Prozeßverschleppung[745] bei behebbaren Mängeln bestehen bliebe. Sofern die Möglichkeit gegeben wäre, daß der Eignungsmangel bereits nach dem Ablauf vorläufiger Maßnahmen behoben sein könnte, würden viele Betroffene dazu verleitet, Rechtsmittel mit dem alleinigen Ziel einzulegen, eine strafrichterliche Rückgabe des Führerscheins zu erwirken, um den mühevollen Weg einer Neubeantragung der Fahrerlaubnis bei der Verwaltungsbehörde zu umgehen.

Da somit einige Gründe gegen einen strafrichterlichen Fahrerlaubnisentzug bei einer sich aus einer Tat ergebenden körperlichen oder geistigen Ungeeignetheit des Täters zum Führen von Kraftfahrzeugen sprechen, stellt sich die Frage, ob ein verwaltungsbehördlicher Entzug in diesen Fällen die bessere Lösung wäre. Hiergegen bestehen jedoch unter verschiedenen Aspekten erhebliche Bedenken.

Gegen eine verwaltungsbehördliche Kompetenz in diesen Fällen spricht zunächst, daß das Sicherungsbedürfnis der Gesellschaft einen möglichst schnellen und zuverlässigen Schutz vor weiterer Gefährdung durch körperlich und geistig zum Führen von Kraftfahrzeugen ungeeignete Personen erfordert und eine verwaltungsbehördliche Zuständigkeit für die Fahrerlaubnisentziehung bei einer sich aus einer Straftat ergebenden körperlichen oder geistigen Ungeeignetheit zum Führen von Kraftfahrzeugen einen derartigen Schutz nicht mehr gewährleisten könnte. Bei einer verwaltungsbehördlichen Zuständigkeit hätte der Strafrichter nicht mehr die Möglichkeit, eine vorläufige Entziehung anzuordnen,

[743] Lienen NJW 1960, S. 1508.
[744] s.o. B. I. 1. b. dd.; sofern man allerdings ein derartiges Abstimmen von zu verhängender Strafe und Maßregel wie die herrschende Ansicht im Schrifttum für sachgerecht hält (s.o. S. 79), läßt sich das Abstimmen natürlich gerade als Argument für einen strafrichterlichen Fahrerlaubnisentzug anführen (so v. Weber JZ 1960, S. 54).
[745] s.o. B. I. 2.

und der Verwaltungsbehörde ein vorläufiges Sicherstellungsrecht einzuräumen trüge dem Sicherungsbedürfnis der Gesellschaft nicht in gleichem Maße Rechnung wie eine vorläufige Regelung durch den Strafrichter, da durch die Einschaltung der Verwaltungsbehörde das ganze Verfahren zu schwerfällig und zeitraubend würde und eine in der Praxis wohl nicht zu verwirklichende enge Zusammenarbeit zwischen Strafrichter und Verwaltungsbehörde erforderte.[746]

Des weiteren sprechen auch prozeßökonomische Erwägungen gegen einen verwaltungsbehördlichen Fahrerlaubnisentzug bei einer sich aus einer Straftat ergebenden körperlichen oder geistigen Ungeeignetheit des Täters zum Führen von Kraftfahrzeugen.

Da der Strafrichter, um überhaupt beurteilen zu können, ob eine Straftat wegen einer Teilnahme am Straßenverkehr trotz körperlicher oder geistiger Mängel vorliegt, unter anderem zu prüfen hat, ob ein körperlicher oder geistiger Mangel zum Tatzeitpunkt bestanden hat, ist es sinnvoller, ihn auch die Feststellung treffen zu lassen, ob ein im Tatzeitpunkt vorhandener Mangel noch fortbesteht, als die Verwaltungsbehörde zu bemühen, denselben Sachverhalt diesbezüglich zu überprüfen.[747].

Auch für den betroffenen Kraftfahrer stellt sich ein verwaltungsbehördlicher Fahrerlaubnisentzug bei einer sich aus einer Straftat ergebenden körperlichen oder geistigen Ungeeignetheit zum Führen von Kraftfahrzeugen als nachteilig dar. Sofern er vom Strafrichter wegen der Teilnahme am Straßenverkehr trotz körperlicher oder geistiger Mängel verurteilt worden ist und ihm die Verwaltungsbehörde wegen Fortbestehens dieser Mängel darüber hinaus die Fahrerlaubnis entzogen hat, muß er, wenn er der Auffassung ist, zu keinem Zeitpunkt ungeeignet zum Führen von Kraftfahrzeugen gewesen zu sein, Rechtsmittel in zwei verschiedenen Instanzenzügen einlegen, wodurch er insbesondere finanziell unnötig belastet wird.[748] Außerdem kann es dazu kommen, daß ein Täter nach überstandenem Strafprozeß noch keine Gewißheit darüber hat, ob ihm durch die Verwaltungsbehörde noch eine Fahrerlaubnisentziehung droht.[749]

Zudem wäre der Strafrichter an einer gerechten Urteilsfindung gehindert, wenn die Verwaltungsbehörde ihre Prüfung bezüglich eines Fahrerlaubnisentzuges wegen einer sich aus einer Straftat ergebenden körperlichen oder geistigen Ungeeignetheit zum Führen von Kraftfahrzeugen vor Ablauf der vom Strafrichter verhängten Strafe beginnen würde, was bei körperlichen oder geistigen Mängeln

---

[746] s.o. S 135.
[747] s.o. S. 136.
[748] s.o. S. 137.
[749] s.o. S. 136.

zum Schutze der Allgemeinheit dringend erforderlich ist, eine endgültige Entscheidung aber im Zeitpunkt der strafrichterlichen Urteilsfindung noch nicht vorläge.[750]

Der Vergleich der Argumente, die gegen einen strafrichterlichen Fahrerlaubnisentzug bei einer sich aus einer Tat ergebenden körperlichen oder geistigen Ungeeignetheit des Täters zum Führen von Kraftfahrzeugen sprechen, mit denen, die sich gegen eine verwaltungsbehördliche Zuständigkeit in diesen Fällen anführen lassen, führt meines Erachtens dazu, dem Strafrichter die Kompetenz für einen Fahrerlaubnisentzug in diesen Fällen zu belassen.

Fraglich ist allerdings, ob der insoweit als Maßregel beizubehaltene Fahrerlaubnisentzug Änderungen im Strafgesetzbuch erfordert.

Bei einem Fahrerlaubnisentzug wegen einer sich aus einer Straftat ergebenden körperlichen oder geistigen Ungeeignetheit des Täters zum Führen von Kraftfahrzeugen ist es meines Erachtens unmöglich, die voraussichtliche Dauer der Ungeeignetheit zu prognostizieren und dementsprechend eine Sperrfrist für die (Wieder-)erteilung der Fahrerlaubnis festzusetzen.[751] Der Strafrichter sollte daher den Fahrerlaubnisentzug für unbestimmte Zeit verhängen. Mit einer derartigen Änderung im Strafgesetzbuch würden auch die maßregelwidrigen Mindestsperrfristen für die Erteilung einer neuen Fahrerlaubnis[752] entfallen. Da bei körperlicher oder geistiger Ungeeignetheit zum Führen von Kraftfahrzeugen eine beschränkte Fahrtauglichkeit für bestimmte Kraftfahrzeuge unzweifelhaft nicht gegeben sein kann,[753] müßte des weiteren die in § 111 a I 2 StPO enthaltene Regelung wegfallen.

Die Bewertung sämtlicher Reformvorschläge, die auf der kritischen Betrachtung der Ausgestaltung der Fahrerlaubnisentziehung als Maßregel der Besserung und Sicherung aufbauen, hat somit nach meiner Auffassung folgendes ergeben:

Bei sich aus einer Straftat ergebenden charakterlichen Ungeeignetheit des Täters zum Führen von Kraftfahrzeugen sollte als verkehrsausschließende Sanktion nur noch ein als Strafe ausgestaltetes Fahrverbot verhängt werden dürfen, und bei sich aus einer Straftat ergebenden körperlichen oder geistigen Ungeeignetheit

---

[750] s.o. S. 139.
[751] so auch v. Weber JZ 1960, S. 54.
[752] s.o. B. I. 1. a. cc.
[753] Das Problem, ob sich die Annahme einer beschränkten Fahrtauglichkeit mit dem Maßregelcharakter der Fahrerlaubnisentziehung vereinbaren läßt (s.o. S. B. I. 1. a.dd.), stellt sich nur, sofern wie im geltenden Recht auch aufgrund einer charakterlichen Ungeeignetheit zum Führen von Kraftfahrzeugen ein Fahrerlaubnisentzug angeordnet werden kann.

des Täters zum Führen von Kraftfahrzeugen sollte der Strafrichter einen Fahrerlaubnisentzug als Maßregel auf unbestimmte Zeit anordnen.

Die derzeitigen Regelungen des Strafgesetzbuches und der Strafprozeßordnung sind demzufolge folgendermaßen zu reformieren:

- der zeitliche Rahmen des nach geltendem Recht in § 44 StGB geregelten Fahrverbots ist erheblich zu erhöhen

- § 69 I 1 StGB muß in der Weise geändert werden, daß ein Fahrerlaubnisentzug nur noch aufgrund sich aus einer Tat ergebenden körperlichen oder geistigen Ungeeignetheit zum Führen von Kraftfahrzeugen angeordnet werden darf und die Anordnung auf unbestimmte Zeit zu erfolgen hat; zudem muß der in § 69 II StGB normierte Regelkatalog entfallen

- § 69 a StGB ist zu streichen

- § 111 a I 2 StPO muß entfallen.

Zudem sind die verwaltungsbehördlichen Regelungen über die Erteilung und Entziehung der Fahrerlaubnis in der Weise zu ändern, daß die Verwaltungsbehörde die Erteilung der Fahrerlaubnis nicht mehr aufgrund von charakterlicher Ungeeignetheit zum Führen von Kraftfahrzeugen, die sich aus Straftaten ergibt, versagen und wegen einer derartigen charakterlichen Ungeeignetheit auch keine Entziehung der Fahrerlaubnis mehr anordnen darf.

III. Zwischenergebnis

Die kritische Betrachtung der derzeitigen Ausgestaltung der Fahrerlaubnisentziehung als Maßregel der Besserung und Sicherung hat folgendes ergeben:

Sachgerecht stellt sich die Ausgestaltung der Fahrerlaubnisentziehung als Maßregel nur bei einer sich aus einer Straftat ergebenden körperlichen oder geistigen Ungeeignetheit zum Führen von Kraftfahrzeugen dar, wobei - anders als nach derzeitigem Recht - für diese reine Sicherungsmaßregel eine Anordnung auf unbestimmte Zeit angemessen ist.

Auf eine charakterliche Ungeeignetheit zum Führen von Kraftfahrzeugen, die sich in einer Straftat manifestiert hat, darf dagegen nur einer schuldangemessenen Strafe reagiert werden. Daher kommt als verkehrsausschließende Sanktion bei charakterlicher Ungeeignetheit zum Führen von Kraftfahrzeugen nur ein Fahrverbot in Betracht. Auf die aus dieser Auffassung resultierende Notwendigkeit der Erhöhung des zeitlichen Rahmens des Fahrverbots wird im Rahmen der jetzt folgenden kritischen Betrachtung der derzeitigen Ausgestaltung des Fahrverbots noch näher einzugehen sein. Da die derzeitige Ausgestaltung des Fahrverbots jedoch noch aus anderen, in der öffentlichen Diskussion in jüngster Zeit vermehrt angeführten Gründen reformbedürftig sein könnte, wendet sich die weitere Untersuchung zunächst diesen Gründen zu.

C. Kritische Betrachtung der derzeitigen Ausgestaltung des Fahrverbots

Die Reformbedürftigkeit der derzeitigen Ausgestaltung des Fahrverbots steht seit längerer Zeit zur Diskussion. Da die beiden alternativen Hauptsanktionen des geltenden Sanktionensystems Geld- und Freiheitsstrafe vielfach unter den gewandelten gesellschaftlichen, technischen und kriminalpolitischen Gegebenheiten als nicht mehr ausreichend angesehen werden,[754] hat es in jüngster Zeit diverse Reformvorschläge bezüglich einer Umgestaltung des strafrechtlichen Sanktionensystems gegeben, die unter anderem auch die Ausgestaltung des Fahrverbots betrafen.

Der 59. Deutsche Juristentag in Hannover, der sich im Jahre 1992 eingehend mit der Frage befaßt hat, ob sich Änderungen und Ergänzungen bei den strafrechtlichen Sanktionen ohne Freiheitsentzug empfehlen, hat im Rahmen dieser Erörterungen beschlossen, das Fahrverbot unter Beibehaltung seines bisherigen Anwendungsbereiches zur Hauptstrafe zu erheben sowie seinen zeitlichen Rahmen auf eine Höchstdauer von einem Jahr auszudehnen.[755]

In der 12. Wahlperiode des Deutschen Bundestags haben Abgeordnete der damals in der Opposition befindlichen SPD am 11.11.1993 einen „Entwurf eines Gesetzes zur Reform des strafrechtlichen Sanktionensystems“[756] eingebracht. Da das Gesetz nicht verabschiedet worden ist, wurde der Entwurf in der 13. Wahlperiode am 24.4.1996 erneut dem Bundestag mit einigen Veränderungen vorgelegt.[757] Der Entwurf vom 24.4.1996 schlug unter anderem eine Änderung der Vorschriften über das Fahrverbot durch

- Einführung des Fahrverbots als selbständige Hauptstrafe
- Heraufsetzung des Höchstmaßes auf ein Jahr
- Einführung der Möglichkeit einer Aussetzung der Vollstreckung

vor.

Begründet wurde dieser Gesetzesentwurf insbesondere folgendermaßen:
Das geltende Sanktionensystem gebe den Gerichten zu wenige Gestaltungsmöglichkeiten, um ihrer kriminalpädagogischen Aufgabe gerecht werden zu kön-

---

[754] Abschlußbericht der Kommission zur Reform des strafrechtlichen Sanktionensystems, S. 12.
[755] Verhandlungen des 59. Deutschen Juristentages, Hannover 1992, Bd. I (Gutachten), Teil C, Bd. II (Sitzungsberichte), Abteilung Strafrecht - O 189-190 -, Beschluß XII Nr. 1-2. Alt.
[756] BT-Drucksache 12/6141.
[757] BT-Drucksache 13/4462.

nen.[758] Neue Sanktionsformen wie die Verhängung eines Fahrverbots als Hauptstrafe seien zweckmäßig, da wegen des hohen Stellenwertes des Kraftfahrzeuges in der modernen Freizeit- und Berufswelt ein Fahrverbot einen geeigneten Ansatzpunkt zur Einwirkung auf diejenigen Täter biete, die bei oder in Zusammenhang mit Benutzung von Kraftfahrzeugen straffällig geworden seien. Auch ohne weitere Sanktionen könne allein durch die Verhängung eines Fahrverbots ein starker Impuls zur Vermeidung weiterer Straftaten gesetzt werden.[759]

Die gegenwärtige Bundesregierung hat verschiedentlich geäußert, daß sie im Rahmen der von ihr geplanten umfassenden Justizreform die Fahrerlaubnisentziehung und das Fahrverbot als alternative Hauptstrafen zu Geld- oder Freiheitsstrafen einführen will, und zwar nicht nur für Straftaten, die die Verkehrssicherheit beeinträchtigt haben, sondern auch als Reaktion auf allgemeine Kriminalität.[760]

Die angestrebte Reform wird insbesondere folgendermaßen begründet: Strafen könnten ihren Zweck nur erfüllen, wenn sie „nachdrücklich weh täten".[761] Eine solche Wirkung käme aber den üblichen Geld- und Freiheitsstrafen in vielen Fällen heute nicht mehr zu. Eine Geldstrafe, die vielfach „aus der Hosentasche" bezahlt werden könne,[762] und eine Freiheitsstrafe auf Bewährung nähmen die betroffenen Täter oft nicht mehr ernst. Dagegen hätten die Entziehung der Fahrerlaubnis und das Fahrverbot schmerzhaftere Wirkungen und trügen somit besser dazu bei, die Täter zur Besinnung zu bringen.

Des weiteren sprächen für die geplanten Reformen auch, daß eine Entlastung der Haftanstalten notwendig sei, die Vollstreckung von Freiheitsstrafen erhebliche Nachteile mit sich brächte und aus Gerechtigkeitsgründen verhindert werden müßte, daß Personen in Haft säßen, die dort nicht hingehörten. Haftanstalten

---

758 BT-Drucksache13/4462 vom 24.04.1996, S. 1.

759 BT-Drucksache13/4462 vom 24.04.1996, S. 2.

760 Die Bundesministerin der Justiz Däubler-Gmelin hat in verschiedenen Interviews zu den Plänen der Bundesregierung Stellung genommen. Sie hat erklärt, daß Fahrverbot, Fahrerlaubnisentzug oder gemeinnützige Arbeit bei kleineren Vergehen die wirksamere Strafe wäre (ADAC Motorwelt, Januar 1999, S. 52-57; Focus, 2. November 1998, S. 54-56). Daß sich ein Faharerlaubnisentzug meines Erachtens nicht als schuldangemessene Strafe verhängen läßt, ist bereits an anderer Stelle dieser Arbeit (s.o. B. II. 3. a.) ausgeführt worden. Fraglich ist jedoch, ob die geplanten Änderungen hinsichtlich des Fahrverbots zu befürworten sind.

761 So äußerte sich die damalige stellvertretende SPD-Vorsitzende Däubler Gmelin bereits 1994 (vgl. Hamburger Abendblatt vom 27.6.1994).- Auch Politiker der CDU/CSU-Fraktion haben die Ausweitung des Fahrverbots auf Nichtverkehrsdelikte erwogen: vgl. Fehl DAR 1998, S. 379.

762 ADAC Motorwelt, Januar 1999, S. 54).

seien heute überfüllt und Haftplätze extrem teuer.[763] Außerdem habe die Inhaftierung erhebliche negative Auswirkungen auf den Täter. Er werde aus seinem sozialen Umfeld gerisssen und, damit verbunden, käme es häufig zu Verlusten des Arbeitsplatzes und der Wohnung sowie zu Beeinträchtigungen von familiären und sonstigen sozialen Beziehungen.[764] Daraus resultierend sei eine Wiedereingliederung des Täters nach der Inhaftierung erschwert und die Gefahr erneuter Straffälligkeit gefördert. Aber auch während der Haft werde das Vollzugsziel des § 2 StVollzG, „den Gefangenen zu befähigen, künftig in sozialer Verantwortung ein Leben ohne Straftaten zu führen", nur in wenigen Fällen erreicht.[765] Es gebe nämlich im Strafvollzug nicht genügend geschultes Personal, und zudem bestünde dort die Gefahr einer kriminellen Ansteckung.

Außerdem sei es ein „Verstoß gegen die Gerechtigkeit", wenn, wie derzeit, Täter, die ihre Geldstrafe nicht bezahlen konnten, zur Verbüßung von Ersatzfreiheitsstrafen in Haft säßen.[766]

Bereits im Januar 1998 ist vor dem Hintergrund vielfältiger Reformvorschläge und einiger richtungsändernder höchstrichterlicher Entscheidungen durch den damaligen Justizminister Schmidt-Jortzig eine Kommission zur Reform des strafrechtlichen Sanktionensystems mit dem Ziel eingesetzt worden, ein tragfähiges Konzept für eine Reform zu schaffen. Die Kommission, der Vertreter der Wissenschaft und der Praxis, des Bundesministeriums der Justiz und der Landesjustizverwaltungen angehörten, setzte ihre Arbeit auch unter der neuen Bundesregierung fort[767], hat ihre Arbeit im Februar 2000 abgeschlossen und den Abschlußbericht im März 2000 auf der Homepage des Bundesministeriums der Justiz der Öffentlichkeit zugänglich gemacht.[768]

Bezüglich der Reformbedürftigkeit des Fahrverbots hat die Kommission eine Reihe von Beschlüssen gefaßt:

> *Aufstufung des Fahrverbots zur Hauptstrafe*
> „Die Kommission befürwortet die Aufstufung des Fahrverbots zur Hauptstrafe (einstimmig), die anstelle oder neben einer Geld- oder Freiheitsstrafe verhängt werden kann."[769]

---

[763] Focus, 2. November 1998, S. 56.
[764] ADAC Motorwelt, Januar 1999, S. 54. Vgl. auch BT-Drucksache 13/4462, S. 2.
[765] Ebenda.
[766] Focus, 2. November 1998, S. 56.
[767] vgl. Rautenberg NJ 1999, S. 452.
[768] http://www.bmj.bund.de: Abschlußbericht der Kommission zur Reform des strafrechtlichen Sanktionensystems. März 2000.
[769] Beschluß 1-1. (Abschlußbericht der Kommission zur Reform des strafrechtlichen Sanktionensystems, S. 31.)

Begründet wird dieser Beschluß folgendermaßen: Eine Aufstufung des Fahrverbots zur selbständigen Strafe bedeute eine Differenzierung des Sanktionensystems. Sie sei insbesondere in solchen Fällen nützlich, in denen Zweifel daran bestehen, ob eine Geldstrafe gezahlt werden könne. Mit Rücksicht auf das Gewicht des Fahrverbots sei die zusätzliche Verhängung einer Geldstrafe auch nicht immer erforderlich.[770]

> *Zeitliche Ausdehnung des Fahrverbots*
> „Die Kommission lehnt eine Ausdehnung der Höchstdauer des Fahrverbots auf ein Jahr ab, befürwortet aber die Ausdehnung der Höchstdauer des Fahrverbots auf sechs Monate."[771]

Die Ansichten innerhalb der Kommission zur Ausdehnung der zeitlichen Dauer des Fahrverbots waren kontrovers. Einige Mitglieder befürworteten die Ausdehnung auf höchstens ein Jahr, um das Fahrverbot im System der verkehrsspezifischen Sanktionen weiter aufzuwerten. Gleichwohl hat die Kommission im Ergebnis aus verkehrsstrafrechtlicher Sicht die Ausdehnung des Fahrverbots über die Mindestfrist für die Sperrfrist beim Entzug der Fahrerlaubnis von sechs Monaten abgelehnt.[772]

> *Ausdehnung des sachlichen Anwendungsbereiches des Fahrverbots*
> „Die Kommission lehnt die Ausdehnung des sachlichen Anwendungsbereiches des Fahrverbots auf Straftaten ab, die nicht im Zusammenhang mit dem Führen von Kraftfahrzeugen begangen sind. Die Kommission befürwortet die gesetzliche Konkretisierung der Zusammenhangstaten über die von der Rechtsprechung hierzu entwickelten Maßstäbe hinaus."[773]

Auch über eine Ausdehnung des sachlichen Anwendungsbereiches des Fahrverbots bestand keine Einigkeit innerhalb der Kommission. Einige Kommissionsmitglieder befürworteten eine Ausdehnung des sachlichen Anwendungsbereiches des Fahrverbots auf allgemeine Kriminalität, die Mehrzahl sprach sich jedoch aus folgenden Gründen dagegen aus: Das Fahrverbot sei für Fälle des allgemeinen Strafrechts kein geeignetes Mittel zur Ersetzung von Geld- oder Freiheitsstrafen. Außerdem würde durch die Verhängung eines Fahrverbots bei all-

---

[770] Abschlußbericht der Kommission zur Reform des strafrechtlichen Sanktionensystems, S. 31.

[771] Beschluß 1-2. (Abschlußbericht der Kommission zur Reform des strafrechtlichen Sanktionensystems, S. 33.)

[772] Abschlußbericht der Kommission zur Reform des strafrechtlichen Sanktionensystems, S. 31-33.

[773] Beschluß 1-3. (Abschlußbericht der Kommission zur Reform des strafrechtlichen Sanktionensystems, S. 35.)

gemeiner Kriminalität ein Sonderrecht für Fahrerlaubnisinhaber geschaffen, das zu einer nicht nachvollziehbaren Ungleichbehandlung führe. Zudem ließe die Aufhebung des inhaltlichen Zusammenhangs zwischen Tat und Strafe diese für den Täter als nicht nachvollziehbar erscheinen und mit der schwindenden Akzeptanz einer Strafe leide auch ihre general- und spezialpräventive Effizienz. Hinzu kämen Probleme bei der Kontrolle der Einhaltung von Fahrverboten und es wäre auch eine Mehrbelastung der Justiz durch eine deutliche Erhöhung der Anzahl von Rechtsmitteln zu erwarten.[774]

> *Abschaffung der Maßregel der Entziehung der Fahrerlaubnis*
> „Die Kommission lehnt die Abschaffung der Entziehung der Fahrerlaubnis als strafrechtliche Maßregel im Hinblick auf eine Erweiterung des Anwendungsbereiches des Fahrverbots ab."[775]

Begründet wird dieser Beschluß damit, daß sich nach Auffassung der Kommission die Entziehung der Fahrerlaubnis als strafrechtliche Maßregel bewährt hat.[776]

> *Möglichkeit einer Koppelung des Fahrverbots mit der Verwarnung mit Strafvorbehalt*
> „Die Kommission lehnt die Schaffung der Möglichkeit einer Koppelung des Fahrverbots mit der Verwarnung mit Strafvorbehalt ab (einstimmig)."[777]

Die Mitglieder der Kommission waren sich darüber einig, daß durch die Möglichkeit einer Koppelung des Fahrverbots mit der Verwarnung mit Strafvorbehalt eine nicht zu begründende Erweiterung der Verwarnung mit Strafvorbehalt auf Verkehrsstraftaten erfolgen würde.[778]

---

[774] Abschlußbericht der Kommission zur Reform des strafrechtlichen Sanktionensystems, S. 33-34.
[775] Beschluß 1-4. (Abschlußbericht der Kommission zur Reform des strafrechtlichen Sanktionensystems, S. 35.)
[776] Abschlußbericht der Kommission zur Reform des strafrechtlichen Sanktionensystems, S. 35.
[777] Beschluß 1-5. (Abschlußbericht der Kommission zur Reform des strafrechtlichen Sanktionensystems, S. 35.)
[778] Abschlußbericht der Kommission zur Reform des strafrechtlichen Sanktionensystems, S. 35.

- **Gesetzliche Festlegung eines Anrechnungsmaßstabes von Fahrverbot auf eine verwirkte Geld- oder Freiheitsstrafe**
  „Die Kommission lehnt die gesetzliche Festlegung eines Anrechnungsmaßstabes von Fahrverbot auf eine verwirkte Geld- oder Freiheitsstrafe ab.“[779]

Begründet wird dieser Beschluß damit, daß die mit dem Fahrverbot verbundenen Belastungen höchst unterschiedlich seien.[780]

Welche Folgerungen die Bundesregierung aus den Ergebnissen der Arbeitsgruppe für die Gesetzesvorhaben in Bezug auf das Fahrverbot zieht, ist zum gegenwärtigen Zeitpunkt nicht erkennbar.

Die seit mehreren Jahren verstärkt geführte Debatte um eine Reform des Fahrverbots soll nunmehr im einzelnen untersucht werden. Zunächst soll dabei die Frage geklärt werden, ob es sachgerecht wäre, ein Fahrverbot als Hauptstrafe für allgemeine Kriminalität einzuführen.

I. Fahrverbot als Hauptstrafe für allgemeine Kriminalität?

1. Kriminalpolitische Bedenken

Gegen ein Fahrverbot als Reaktion auf allgemeine Kriminalität spricht zunächst, daß es äußerst zweifelhaft ist, ob sich eine typische verkehrsrechtliche Sanktion überhaupt zur allgemeinen Verbrechensbekämpfung eignet, weil kaum zu erwarten ist, daß Täter allgemeiner Kriminalität, die etwa als Diebe, Betrüger oder Gewalttäter vorsätzlich fremde Rechtsgüter verletzt haben, einen Ausschluß aus dem Straßenverkehr als gerechte Strafe akzeptieren und sich dadurch von weiteren Straftaten abhalten lassen würden.[781]

Außerdem lassen sich folgende kriminalpolitische Zweckmäßigkeitserwägungen gegen die Verhängung eines Fahrverbots bei allgemeiner Kriminalität anführen: Die Einhaltung eines Fahrverbots ist praktisch sehr viel schwieriger zu überwachen als die Einhaltung anderer Strafarten.[782] Zudem setzt ein Fahrverbot den

---

[779] Beschluß 1-6. (Abschlußbericht der Kommission zur Reform des strafrechtlichen Sanktionensystems, S. 36.)

[780] Abschlußbericht der Kommission zur Reform des strafrechtlichen Sanktionensystems, S. 36.

[781] Kulemeier NZV 1993, S. 215; Bönke VGT 1997, S. 215.

[782] Fehl DAR 1998, S. 383.

Betroffenen anders als eine Geld- oder Freiheitsstrafe dem Risiko einer Folgekriminalisierung aus, da die Zuwiderhandlung gegen ein Fahrverbot eine Straftat nach § 21 StVG darstellt, während sich ein Täter, der die Vollstreckung einer gegen ihn verhängten Geld- oder Freiheitsstrafe durch gezielte Entreicherung oder Flucht verhindert, nicht strafbar macht.[783] Außerdem ist die Strafempfindlichkeit in Bezug auf ein Fahrverbot sehr viel schwieriger zu ermitteln als die Strafempfindlichkeit in Bezug auf Geld- oder Freiheitsstrafen, wie später noch im einzelnen ausgeführt werden wird. Die praktisch schwierige Kontrollierbarkeit der Einhaltung eines Fahrverbots, das mit dem Fahrverbot verbundene Risiko einer Folgekriminalisierung und die sehr viel schwierigere Feststellung der Strafempfindlichkeit sprechen dafür, ein Fahrverbot nur dann zu verhängen, wenn es aus Gründen der Verkehrssicherheit erforderlich ist.

Ein Fahrverbot als Reaktion auf allgemeine Kriminalität ist des weiteren auch deswegen nicht zu befürworten, weil das Fahrverbot dadurch in seiner ursprünglichen Funktion als wirksames Instrument zur Verbesserung der Verkehrssicherheit entwertet würde.[784] Es besteht die Gefahr, daß Täter, die die Verkehrssicherheit beeinträchtigende Straftaten begangen haben und bei denen das Fahrverbot damit noch seinen ursprünglichen Normzweck, die Sicherheit des Straßenverkehrs zu gewährleisten, erfüllen muß, diesen Normzweck verkennen. Die in diesen Fällen mit dem Fahrverbot bezweckte Warnung im Hinblick auf künftiges Verkehrsverhalten wird diesen Tätern nur dann zu verdeutlichen sein, wenn ein Fahrverbot nur dort verhängt wird, wo es aus Gründen der Verkehrssicherheit notwendig ist.

Ein Fahrverbot als Hauptstrafe für allgemeine Kriminalität könnte des weiteren auch in verfassungsrechtlicher Hinsicht bedenklich sein.

2. Verfassungsrechtliche Bedenken

a. Verstoß gegen den Gleichheitsgrundsatz (Art. 3 I GG)?

Die Einführung eines Fahrverbots als Reaktion auf allgemeine Kriminalität könnte gegen den in Art. 3 I GG normierten Gleichheitsgrundsatz verstoßen.

Die Verhängung eines Fahrverbots gegenüber Tätern allgemeiner Kriminalität käme nur in Betracht, wenn diese Täter Autofahrer sind. Bei Nichtautofahrern verbliebe es dagegen bei Geld- oder Freiheitsstrafen. Gegen Täter allgemeiner Kriminalität Fahrverbote zu verhängen, wenn sie Autofahrer sind, und ansonsten

[783] Weßlau StV 1999, S. 285; Fehl DAR 1998, S. 383.
[784] Jung DAR 1992, S. 403; Beck DAR 1992, S. 440.

Geld- oder Freiheitsstrafen müßte zwar zu keiner Ungleichbehandlung zwischen Autofahrern und Nichtautofahrern in Bezug auf die Schwere der jeweils verhängten Sanktionen führen, da sich ein Tag Fahrverbot in ein bestimmtes Quantum Inhaftierungszeit (und damit auch in Tagessätze) umrechnen ließe,[785] im Hinblick auf die qualitative Verschiedenheit der jeweils verhängten Sanktionen fände jedoch eine Ungleichbehandlung statt.

Im Vergleich zu Geld- oder Freiheitsstrafen ist ein Fahrverbot nicht nur deshalb eine qualitativ andersartige Sanktion, weil die grundrechtlichen Freiheiten des Betroffenen durch ein Fahrverbot in anderem Maße als bei einer Geld- oder Freiheitsstrafe betroffen werden. Ein Fahrverbot unterscheidet sich qualitativ auch aus folgenden Gründen von Geld- und Freiheitsstrafen: Geld- und Freiheitsstrafen können zwangsweise vollstreckt werden, während die Vollziehung eines Fahrverbots dem Betroffenen eine Mitwirkung, nämlich das Unterlassen des Führens von Kraftfahrzeugen, abverlangt.[786] Außerdem setzt ein Fahrverbot den Betroffenen anders als Geld- oder Freiheitsstrafen dem Risiko einer Folgekriminalisierung aus.

Fraglich ist somit, ob die mit der Einführung eines Fahrverbots als Reaktion auf allgemeine Kriminalität zwangsläufig verbundene qualitative Ungleichbehandlung von Autofahrern und Nichtautofahrern den in Art. 3 I GG geregelten Gleichheitsgrundsatz verletzten würde.
Nach der Rechtsprechung des Bundesverfassungsgerichts gebietet es Art. 3 I GG, der sich an Exekutive, Judikative und Legislative wendet,[787] wesentlich Gleiches gleich und wesentlich Ungleiches ungleich zu behandeln.[788] „Der Gleichheitsgrundsatz ist verletzt, wenn sich ein vernünftiger, sich aus der Natur der Sache ergebender oder sonstwie sachlich einleuchtender Grund für die gesetzliche Differenzierung oder Gleichbehandlung nicht finden läßt, kurzum, wenn die Differenzierung oder Gleichbehandlung als willkürlich bezeichnet werden muß."[789]

Aus dieser Rechtsprechung des Bundesverfassungsgerichts folgt jedoch nicht, daß alle Menschen absolut gleich zu behandeln sind.[790] Angesichts der verschiedenen Funktionen, die den einzelnen Menschen zukommen, kann der Gleich-

---

785 Frommel NJ 1999, S. 5.
786 Weßlau StV 1999, S. 281.
787 Paulduro, S. 45; Stree, S. 10. BVerfGE 52, 131 (144); 54, 117 (124) für Exekutive und Judikative BVerfGE 3, 225 (240); 6, 55 (71) für Legislative.
788 Paulduro, S. 45; Stree, S. 10.
789 BVerfGE 1, 14 (52); 3, 162 (182); 19, 119 (125,126); 23, 12 (25); 33, 367 (384); 37, 38 (46); 37, 121 (129); 38, 1 (17); 54, 11 (25, 26.).
790 Stree, S. 63.

heitsbegriff nur als relative Größe realisiert werden.[791] „Naturgegebene, aber auch funktionelle Unterschiede dürfen berücksichtigt werden, soweit sie in einer inneren Beziehung zu der Materie stehen, die zu regeln ist, und diese um der Gerechtigkeit willen eine Berücksichtigung der Ungleichheit fordert."[792] Zu unterschiedlichen Behandlungen dürfen also solche tatsächlichen Ungleichheiten in der Person führen, „denen aus Erwägungen der Gerechtigkeit und Zweckmäßigkeit auch für das Recht eine unterscheidende Bedeutung zukommt".[793]

Für die Strafzumessung, unter die auch die Auswahl der Strafart fällt,[794] folgt aus diesen Grundsätzen, daß Tätereigenschaften und persönliche Verhältnisse nur dann eine Berücksichtung finden dürfen, wenn sie mit der begangenen Tat oder dem Strafübel in einer inneren Beziehung stehen.[795] Eine derartige innere Beziehung besteht jedoch nur bei solchen Tätereigenschaften und persönlichen Verhältnissen, „die die Persönlichkeit des Täters in Bezug auf die abzuurteilende Tat kennzeichnen und aus denen sich Schlüsse auf den Verwerflichkeitsgrad seines Verhaltens oder auf die erforderliche Strafe ziehen lassen."[796]

Da die Eigenschaften Autofahrer oder Nichtautofahrer bei allgemeiner Kriminalität weder die Persönlichkeit des Täters in Bezug auf die abzuurteilende Tat kennzeichnen, noch sich aus ihnen irgendwelche Schlüsse auf den Verwerflichkeitsgrad seines Verhaltens ziehen lassen, dürften sie somit nur dann zu der Auswahl andersartiger Strafarten führen, wenn sich aus ihnen Schlüsse auf die Erforderlichkeit andersartiger Strafarten ziehen ließen.

Die herrschende Strafzumessungsdogmatik geht zutreffenderweise davon aus, daß eine bestimmte Strafart nicht deshalb verhängt werden darf, weil eine andere Strafart den Täter nicht empfindlich genug trifft oder nicht zu vollstrecken ist, sondern sich die Erforderlichkeit der jeweiligen Strafart nur aus der geschehenen Tat herleiten läßt.[797] So können beispielsweise die finanziellen Verhältnisse des Täters die Entscheidung, ob Geld- oder Freiheitsstrafe zu verhängen ist, nicht tragen.[798] Daher darf eine besonders günstige finanzielle Lage des Täters nicht

[791] Stree, S. 63.
[792] Ebenda.
[793] BVerfGE 3, 225 (240); vgl. auch BVerfGE 6, 55 (71); 84 (91).
[794] Schönke/Schröder/Stree, 25. Aufl., § 46 Rdnr 60.
[795] Stree, S. 72.
[796] Ebenda.
[797] Schönke/Schröder/Stree, 25. Aufl., § 46 Rdnr 60.
[798] Schönke/Schröder/Stree, 25. Aufl., § 46 Rdnr 60; Tröndle in LK, 11. Aufl., vor § 40, Rdnr 46. Die finanziellen Verhältnisse des Täters sind zwar unter dem Gesichtspunkt der Opfergleichheit (wertproportionale Strafempfindlichkeit) bei der Bemessung einer Geldstrafe im Rahmen der Tagessatzhöhe zu berücksichtigen (Schönke/Schröder/Stree, 25. Aufl., § 46 Rdnr 60), da das Prinzip der Opfergleichheit jedoch nur innerhalb ein und derselben Währung ge-

dazu führen, gegen ihn anstelle einer an sich verwirkten Geldstrafe eine Freiheitsstrafe zu verhängen, weil eine Vermögenseinbuße ihn nicht empfindlich genug treffen würde.[799] Ebenso ist es unzulässig, eine Freiheitsstrafe nur deswegen zu verhängen, weil der Täter eine dem Unwerturteil seiner Tat angemessene Geldstrafe voraussichtlich nicht bezahlen könnte[800] oder voraussichtlich nicht aus eigenen Mitteln aufbringen müßte.[801]

Eine Freiheitsstrafe allein wegen besonders günstiger oder schlechter finanzieller Verhältnisse des Täters zu verhängen, verstieße gegen Art. 3 I GG, weil eine innere Beziehung zwischen der wirtschaftlichen Lage und der Erforderlichkeit der Freiheitsstrafe nicht besteht.[802] Der Täter hat nicht deshalb eine seine Freiheit in weitaus stärkerem Maße beeinträchtigende Strafe als die Geldstrafe verdient, weil eine Geldstrafe ihn aufgrund besonders günstiger finanzieller Lage nicht empfindlich genug treffen würde oder wegen seiner besonders schlechten finanziellen Lage nicht vollstreckbar wäre, so daß er gegenüber Tätern gleicher Delikte, gegen die wegen „normaler" wirtschaftlicher Lage Geldstrafen verhängt werden, ohne triftigen Grund benachteiligt würde.[803]
Eine Ungleichbehandlung ohne triftigen Grund würde aus denselben Gründen auch stattfinden, wenn man bei allgemeiner Kriminalität gegen Autofahrer Fahrverbote verhängen würde und gegen Nichtautofahrer Geld- oder Freiheitsstrafen.

Aus der Eigenschaft Autofahrer lassen sich keinerlei Schlüsse auf die Erforderlichkeit eines Fahrverbots ziehen, da sich eine innere Beziehung zwischen der Eigenschaft Autofahrer und der Erforderlichkeit eines Fahrverbots nicht herstellen läßt.

Ebenso wenig wie jemand eine Freiheitsstrafe allein wegen besonders günstiger oder schlechter wirtschaftlicher Verhältnisse verdient hat, hat jemand ein Fahrverbot verdient, weil er Autofahrer ist. Vielmehr kann ein Fahrverbot nur dann die erforderliche Strafe darstellen, wenn der Betroffene die Verkehrssicherheit beeinträchtigt hat.

---

währleistet werden kann (Weßlau StV 1999, S. 282), darf der wirtschaftlichen Lage des Täters jedoch keine Relevanz für die Auswahl der Strafart zukommen.

799 RGSt 61, 417; BGHSt 3, 259 (263); BayObLGSt 1957, 106; OLG Köln MDR 1959, 327; a.A. RGSt 65, 229 f.

800 BGH GA 1968, 84; BayObLG JZ 1958, 316; a.A. RGSt 65, 229.

801 BayObLG NJW 1964, 2120; a.A. RGSt 65, 308 (309).

802 Stree, S. 71.

803 Ebenda.

Daß einen bestimmten Autofahrer Geld- oder Freiheitsstrafen auf Bewährung nicht empfindlich genug treffen würden und die Gefängnisse überfüllt sind, darf somit nicht dazu führen, gegen ihn ein Fahrverbot zu verhängen.

Die Notwendigkeit eines Fahrverbots läßt sich aus diesen Gründen im übrigen noch weniger herleiten als die Notwendigkeit einer Freiheitsstrafe aufgrund besonders günstiger oder schlechter finanzieller Lage des Täters. Während die mangelnde Strafempfindlichkeit in Bezug auf eine Geldstrafe oder die Nichtvollstreckbarkeit einer Geldstrafe ihren Grund in der finanziellen Lage des Täters hat, beruhen die mangelnde Strafempfindlichkeit eines Autofahrers in Bezug auf Geld- oder Freiheitsstrafen zur Bewährung und die Überfüllung der Gefängnisse überhaupt nicht auf seiner Autofahrereigenschaft.

Da es somit keinen triftigen Grund dafür gibt, bei allgemeiner Kriminalität gegen Autofahrer Fahrverbote zu verhängen und gegen Nichtautofahrer Geld- oder Freiheitsstrafen, die Einführung eines Fahrverbots als Reaktion auf allgemeine Kriminalität aber zwangsläufig zu einer derartigen qualitativen Ungleichbehandlung von Autofahrern und Nichtautofahrern führen würde, verstieße sie gegen den in Art. 3 I GG normierten Gleichheitsgrundsatz.

Des weiteren wird gegen ein Fahrverbot als Hauptstrafe für allgemeine Kriminalität unter dem Gesichtspunkt des Gleichheitsgrundsatzes angeführt, daß auch zwischen den Tätern allgemeiner Kriminalität, die Autofahrer sind und gegen die ein Fahrverbot als Hauptstrafe verhängt würde, die erforderliche Gleichmäßigkeit in der Strafverfolgung nicht eingehalten werden könnte, weil ein Fahrverbot die Betroffenen unterschiedlich hart treffen würde.[804]

Sicherlich würde ein bestimmtes Fahrverbot die Täter allgemeiner Kriminalität nicht gleich hart treffen, weil ein Fahrverbot eine spezielle Art der Freiheitsbetätigung, nämlich das Führen von Kraftfahrzeugen für einen bestimmten Zeitraum, untersagt und der Untersagung einer speziellen Betätigungsfreiheit wegen des höchstindividuellen Stellenwertes von besonderen Formen der Freiheitsbetätigung für den von ihr Betroffenen ganz unterschiedliche Bedeutung zukommt.[805] In welchem Maße ein Fahrverbot jemanden trifft, hängt davon ab, ob er ein Kraftfahrzeug zur Berufsausübung oder wegen der Lage seines Wohnsit-

---

[804] Robra, 59. Deutscher Juristentag, 1992, Bd. II, O 16-17; siehe auch Fehl DAR 1998, S. 383, deren Ausführungen such zwar auf ein Fahrverbot als Hauptstrafe für Delikte, die die Straßenverkehrssicherheit beeinträchtigt haben, beziehen, in gleichem Maße aber für ein Fahrverbot als Hauptstrafe für allgemeine Kriminalität gelten würden.
[805] Robra, 59. Deutscher Juristentag, 1992, Bd. II, O 17.

zes benötigt, und welche Bedeutung die Benutzung eines Kraftfahrzeuges in seiner Freizeitgestaltung hat.[806]

Nach dem Grundsatz der Opfergleichheit muß die unterschiedliche Strafempfindlichkeit des Betroffenen in Bezug auf eine bestimmte Strafart im Rahmen der konkreten Strafzumessung berücksichtigt werden.[807] Daß die Feststellung der unterschiedlichen Strafempfindlichkeit in Bezug auf ein Fahrverbot den Richter im konkreten Fall vor erhebliche Schwierigkeiten stellt, weil es schwer zu ermitteln ist, inwieweit der Täter das Kraftfahrzeug nutzt oder sogar von diesem abhängig ist, und es somit zu Ungleichbehandlungen kommen kann,[808] ist sicherlich richtig. Den Strafrichter insoweit jedoch vor eine nahezu unlösbare Aufgabe gestellt zu sehen,[809] ist jedoch meines Erachtens verfehlt, da sich die notwendigen Feststellungen, wenn auch mit einigem Aufwand, treffen lassen.[810]

Da somit die Feststellung der unterschiedlichen Strafempfindlichkeit in Bezug auf ein Fahrverbot zwar schwierig, jedoch nicht unmöglich ist, müßte eine gesetzliche Regelung, die ein Fahrverbot als Hauptstrafe bei allgemeiner Kriminalität zuließe, zu keiner Ungleichbehandlung zwischen den Tätern allgemeiner Kriminalität, die Autofahrer sind und gegen die ein Fahrverbot verhängt würde, führen und würde damit insoweit keinen Verstoß gegen den Gleichheitsgrundsatz darstellen.

Unter dem Gesichtspunkt des Gleichheitsgrundsatzes läßt sich also abschließend feststellen: Die Einführung eines Fahrverbots als Hauptstrafe für allgemeine Kriminalität verstieße gegen den in Art. 3 I GG normierten Gleichheitsgrundsatz, weil sie zwangsläufig zu einer qualitativen Ungleichbehandlung von Autofahrern und Nichtautofahren führen würde.

---

[806] Robra, 59. Deutscher Juristentag, 1992, Bd. II, O 17; Fehl DAR 1998, S. 383.

[807] Robra, 59. Deutscher Juristentag, 1992, Bd. II, O 16; Fehl DAR 1998, S. 383.

[808] Fehl DAR 1998, S. 383; Robra, 59. Deutscher Juristentag, 1992, Bd. II, O 17.

[809] so Fehl DAR 1998, S. 383 und Robra, 59. Deutscher Juristentag, 1992, Bd. II, O 17.

[810] Wenn man wie Robra oder Fehl von der Unmöglichkeit dieser Feststellungen ausgeht, müßte man konsequenterweise ein Fahrverbot gänzlich ablehnen, d.h. auch die derzeitige Ausgestaltung des Fahrverbots als Nebenstrafe für Straftaten, die die Verkehrssicherheit beeinträchtigt haben, kritisieren, was jedoch von keinem dieser beiden Autoren getan wird. Robra geht insoweit nur darauf ein, daß bei eienm Fahrverbot als Hauptstrafe die gebotene Gleichmäßigkeit in der Strafverfolgung in stärkerem Maße verletzt würde als bei einer Nebenstrafe. Auch eine geringfügige Verletzung des Gleichheitsgrundsatzes müßte jedoch dazu führen ein Fahrverbot abzulehen.

b. Zu weit gehender Eingriff in die grundrechtlichen Freiheiten?

Ein weiterer verfassungsrechtlicher Grund gegen die Einführung eines Fahrverbots als Hauptstrafe für allgemeine Kriminalität könnte darin bestehen, daß dadurch zu weit gehend in die grundrechtlichen Freiheiten der Täter allgemeiner Kriminalität eingegriffen würde.

Nach dem in dieser Arbeit vertretenen freiheitsgesetzlichen Strafbegriff, der sowohl die Strafbegründung selbst als auch das Strafmaß definiert,[811] darf eine Strafe als freiheitsgesetzlich vermittelte Aufhebung des Verbrechens nach allgemeiner Rechtsvernunft, an der auch der Täter teilhat, lediglich einen der Tatschuld entsprechend-angemessenen, ausgleichenden Eingriff in die dem Täter an sich gewährleistete äußere Freiheit vornehmen.[812] Fraglich ist, ob die nach dem freiheitsgesetzlichen Strafbegriff geforderte Wertangleichung von Verbrechen und Strafe[813] bei einem Fahrverbot gegenüber Tätern allgemeiner Kriminalität hergestellt wäre. Da die zu verhängende Strafe der Wiederherstellung des verletzten Rechtsverhältnisses durch Behebung des Geltungswiderspruches, in den sich der Täter mit der begangenen Tat gesetzt hat, dient, muß sie sich zur Restitution des Rechtes „auf den spezifischen Rechtsvernunftswiderspruch der schuldhaften Tat beziehen lassen".[814]

Eine derartige Äquivalenz von begangener Tat und verhängter Sanktion im Sinne einer spezifisch-sinnfälligen Gleichsetzung ist nicht dahingehend zu verstehen, daß bei der Ahndung der Tat ein „direkter oder symbolischer Bezug" zu dem Fehlverhalten des Täters herzustellen ist.[815] Sogenannte spiegelnde Strafen, d.h. die im Mittelalter praktizierte Idee, daß „jede Sanktion ihren bestimmten, beziehungsreichen Bereich hat" „und an dem zur Tatausführung bestimmten Körperteil vollstreckt wird",[816] gibt es vernünftigerweise seit der Aufklärungszeit nicht mehr. Eine derartige Talionsvorstellung verbietet sich nicht nur wegen ihrer Inhumanität und wegen ihrer mangelnden Verallgemeinerungsfähigkeit.[817] Sie ist auch deshalb nicht mit dem freiheitsgesetzlichen Strafbegriff vereinbar, weil sie den Täter zum Objekt herabsetzt und einer vollkommenen Restitution der von ihm negierten Freiheit entgegenstehen kann.[818]

---

[811] Köhler GA 1987, S. 156.
[812] s.o. S. 94.
[813] Köhler, Strafrecht AT, S. 578 u. S. 582.
[814] Köhler, Der Begriff der Strafe, S. 64.
[815] Schöch, C 120.
[816] Rüping, Grundriß der Strafrechtsgeschichte, 1991, S. 17.
[817] Köhler, Strafrecht AT, S. 582.
[818] Ebenda, S. 591-592.

Die von dem freiheitsgesetzlichen Strafbegriff geforderte Wertangleichung von Tat und Strafe hat sich vielmehr in einer Einbuße des Täters an seinem Grundrechtsstatus wegen der Tat zu vollziehen.[819] Für die Verhängung der einzelnen Sanktion bedeutet dies, daß sie nur dann als gerecht betrachtet werden kann, wenn sie sich im Hinblick auf die geschehene Tat als „maßvoller partikulärer Eingriff in die grundrechtlichen Freiheiten" des Täters darstellt.[820]

Um beurteilen zu können, ob sich die Verhängung eines Fahrverbots gegenüber Tätern allgemeiner Kriminalität im Hinblick auf die von diesen Tätern verletzten Rechtsgüter als maßvoller partikulärer Eingriff in deren grundrechtliche Freiheiten darstellen würde oder ob auf allgemeine Kriminalität nur mit Geld- oder Freiheitsstrafen reagiert werden darf, ist somit zunächst eine Bewertung dieser drei Sanktionen im Hinblick auf ihre grundrechtsbeeinträchtigende Wirkung erforderlich.[821]

Diese Bewertung ergibt folgendes:

Die Geldstrafe beinhaltet den geringfügigsten Eingriff in die Freiheitsbetätigung. Sie reglementiert die Freiheitsbetätigung nur abstrakt-allgemein, da es dem von ihr Betroffenen überlassen bleibt, in welcher Weise er die zu ihrer Erfüllung notwendigen Mittel aufbringt, ihm also mit ihrer Verhängung nicht eine spezifische Betätigung vorgeschrieben bzw. untersagt wird.[822] Insofern wird sie auch als allgemeine Handlungsfreiheitssanktion bezeichnet.[823]

Eine stärkere freiheitsbeeinträchtigende Qualität kommt dagegen dem Fahrverbot zu, da durch seine Verhängung ein Eingriff in die Fahrfreiheit und damit in eine besondere Art der Freiheitsbetätigung stattfindet.[824] Dem Betroffenen wird durch ein Fahrverbot ein ganz bestimmtes Verhalten, nämlich das Führen von Kraftfahrzeugen für einen bestimmten Zeitraum, untersagt, und damit seine Freizeitgestaltung und eventuell auch seine Berufsausübung konkret reglementiert. Das Fahrverbot stellt daher eine spezifische Handlungsfreiheitssanktion dar.[825]

---

[819] Ebenda, S. 37, 53.
[820] Ebenda, S. 591.
[821] Ebenda, S. 51 u. S. 585.
[822] Ebenda, S. 607 u. 659..
[823] Ebenda, S. 659.
[824] Ebenda, S. 594 u. 659.
[825] Ebenda, S. 659 u. 606.

Den weitestgehenden Freiheitseingriff nimmt wegen ihrer umfassenden Reglementierung der Freiheitsbetätigung die Freiheitsstrafe ein.[826] Während ihrer Dauer wird der gesamte Grundrechtsstatus des Betroffenen tangiert, weil durch den mit ihr verbundenen Eingriff in die körperliche Bewegungsfreiheit gleichzeitig die Ausübung der meisten subjektiven Freiheitsrechte verhindert wird.[827] Die Freiheitsstrafe auf Bewährung stellt im Verhältnis zur zu verbüßenden Freiheitsstrafe natürlich einen geringeren Freiheitseingriff dar,[828] im Vergleich zur Geldstrafe und dem Fahrverbot beeinträchtigt sie den Freiheitsstatus des von ihr Betroffenen - wegen der in ihr liegenden Androhung bei Bewährungsversagen komme es zu einer umfassenden Freiheitsreglementierung - jedoch stärker.[829]

Bei der Verhängung einer Sanktion ist diese Reihenfolge der Unrechtsfolgen[830] in ihrer freiheitsbeeinträchtigenden Wirkung stets zu beachten. Sicherlich kann das Empfinden des Täters in einigen Fällen dieser Reihenfolge entgegenstehen.[831] Trotzdem muß für die Verhängung der Sanktionen ein objektiver Maßstab, „wie ihn das richtig verstandene Gesetz selbst vorgibt",[832] gelten. Nur durch einen objektiven Maßstab bei der Abstufung der Unrechtsfolgen wird nämlich gewährleistet, daß die gerechte Sanktion verhängt wird.[833]

Aus der aufgezeigten Stufenfolge der einzelnen Sanktionen in ihrer freiheitsbeeinträchtigenden Qualität ergibt sich für ihre Verhängung folgendes:

Als allgemeine Handlungsfreiheitssanktion ist regelmäßig die Geldstrafe angemessen,[834] während der Übergang zu Sanktionen, denen eine stärkere freiheitsbeeinträchtigende Wirkung zukommt, eines aus der geschehenen Tat abzuleitenden hinreichenden Grundes bedarf, um sich im Hinblick auf die geschehene Tat als maßvoller partikulärer Eingriff in die grundrechtlichen Freiheiten des Täters darzustellen.[835]

Ein derartiger Grund ist für die Verhängung der Freiheitsstrafe als schwerste Form der Freiheitsbeeinträchtigung nur gegeben, wenn ein Fehlverhalten des

---

[826] Ebenda, S. 591.
[827] Ebenda, S. 632..
[828] Jagusch JZ 1953, S. 690; Köhler, Strafrecht AT, S. 594.
[829] Köhler, Strafrecht AT, S. 606.
[830] Jagusch JZ 1953, S. 690.
[831] Ebenda, S. 689-690.
[832] Ebenda, S. 690.
[833] Ebenda, S. 689-690.
[834] Köhler, Strafrecht AT, S. 659.
[835] Ebenda.

Täters vorliegt, das so schwer wiegt, daß eine Ahndung mit einer Geldstrafe nicht mehr ausreicht.[836]

Für die Verhängung einer Sanktion, die die allgemeine Handlungsfreiheit oder spezielle Freiheitsgrundrechte des Betroffenen spezifisch einschränkt, besteht ein aus der geschehenen Tat abzuleitender hinreichender Grund nur dann, wenn die Tat sich als Fehlverhalten in dem spezifischen Bereich, der reglementiert werden soll, darstellt.[837] Denn nur, wenn sich aus der geschehenen Tat die Notwendigkeit einer konkreten Reglementierung eines spezifischen Bereiches ergibt, kann die verhängte Sanktion als maßvoller partikulärer Eingriff in die grundrechtlichen Freiheiten des Betroffenen angesehen werden.

Daher setzt die Verhängung der Sanktionen des geltenden Rechts, die spezifische Formen der Freiheitsbetätigung des Betroffenen reglementieren, zutreffenderweise nicht nur im verkehrsstrafrechtlichen Bereich voraus, daß die zugrunde liegende Tat sich als Fehlverhalten in dem spezifischen Bereich, der reglementiert werden soll, darstellt.

Nicht nur die Entziehung der Fahrerlaubnis, sondern auch die anderen nach geltendem Recht als Maßregeln ausgestalteten Sanktionen,[838] die die Freiheitsbetätigung des Betroffenen spezifisch reglementieren, indem sie ihm eine ganz konkrete Verhaltensweise vorschreiben bzw. untersagen, wie die Unterbringung in einem psychiatrischen Krankenhaus, die Unterbringung in einer Entziehungsanstalt und das Berufsverbot, setzen voraus, daß sich aus der geschehenen Tat die Notwendigkeit der Reglementierung des jeweiligen spezifischen Bereiches ergibt.[839]

Außerdem müssen beispielsweise Bewährungsauflagen, da diese der Genugtuung für das begangene Unrecht dienen, dem Täter ein tatadäquates Opfer abverlangen, d.h. das Gericht ist verpflichtet, Bewährungsauflagen, die die Frei-

---

836 Vgl. BGHSt 24, 40 (43) und LK § 47 Rdnr 2: „die Freiheitsstrafe darf nur als ultima ratio verhängt werden"; Köhler/Beck JZ 1991, S. 802.

837 Köhler/Beck JZ 1991, S. 802.

838 Deren Maßregelcharakter unterliegt allerdings nach der in dieser Arbeit vertretenen Auffassung der Kritik, sofern sie aufgrund eines Verhaltens, für das dem Täter der Schuldvorwurf gemacht wird, verhängt werden (s.o. B. I. 1. 4).

839 Deutlich wird die Notwendigkeit, Sanktionen, die spezifische Formen der Freiheitsbetätigung untersagen, nur als Eingriff in die delinquent mißbrauchte Freiheitsbetätigung zuzulassen (Köhler/Beck JZ 1991, S. 802) beispielsweise am Berufsverbot. Wenn man die Anordnung des Berufsverbots nicht mehr davon abhängig machen würde, daß jemand eine rechtswidrige Tat unter Mißbrauch seines Berufes oder Gewerbes oder unter grober Verletzung der mit ihnen verbundenen Pflichten begangen hat, verlöre das Strafrecht jegliche „eingriffsbegrenzende schützende Qualität" (Köhler JZ 1988, S. 750).

heitsbetätigung des Täters konkret reglementieren, so auszuwählen, daß eine Beziehung zur begangenen Tat besteht.[840]

Auch mit einer Bewährungsstrafe verbundene Weisungen, die nach vorherrschender Auffassung im Gegensatz zu den Bewährungsauflagen keine strafähnlichen Deliktsreaktionen darstellen, sondern nur der Beeinflussung und Rezozialisierung des Verurteilten dienen,[841] sind nur dann zulässig, wenn sie dort ansetzen, wo die aus geschehenen Taten abzuleitenden kriminogenen Faktoren des Täters sitzen.[842]

Des weiteren verlangen auch die Sanktionen des Verfalls von durch die Straftat erlangten Vermögensgegenständen (§ 73 StGB) und die Einziehung von Produkten oder Instrumenten der Straftat (§ 74 StGB) einen bestimmt-feststehenden Zusammenhang zwischen der geschehenen Tat und den betroffenen Gegenständen.[843]

Da Sanktionen, die die allgemeine Handlungsfreiheit oder spezielle Freiheitsgrundrechte des Betroffenen spezifisch einschränken, nur dann mit den grundrechtlichen Freiheiten des Täters vereinbar sind, wenn sich die zugrunde liegende Tat als Fehlverhalten in dem spezifischen Bereich, der reglementiert werden soll, darstellt, würde eine Verhängung der spezifischen Handlungsfreiheitssanktion Fahrverbot nicht nur gegenüber Tätern, die die Verkehrssicherheit beein-

---

[840] Schönke/Schröder/Stree, 25.Aufl., § 56 b Rdnr 7. So ist z.B. die gemeinnützige Einrichtung, an die ein Geldbetrag zu zahlen ist oder für die sonstige Leistungen zu erbringen sind, so zu bestimmen, daß sich ein Zusammenhang zur begangenen Tat erkennen läßt (Schönke/Schröder/Stree, 25. Aufl., §56 b Rdnr 7).

[841] Schönke/Schröder/Stree, 25.Aufl., § 56 c Rdnr 1.

[842] Schönke/Schröder/Stree, 25.Aufl., § 56 c Rdnr 4; so darf beispielsweise einem Verurteilten, der bisher nur nach Alkoholgenuß straffällig geworden ist, die Weisung erteilt werden, sich jeden Alkoholgenusses zu enthalten (OLG Düsseldorf NStZ 1984, 332); unzulässig wäre es jedoch, einem Schläger, der nicht zu Vermögensdelikten neigt, aufzugeben, eine feste Arbeit anzunehmen (Gribbohm in LK, 11. Aufl., § 56 c Rdnr 4) oder einem Täter, der ausschließlich Sexualdelikte begangen hat, zu verbieten, Gegenstände zu besitzen, die sich als Diebeswerkzeuge eignen (Gribbohm in LK, 11. Aufl., § 56 c Rndr 4); auch wenn man entgegen der vorherrschenden Auffassung zutreffenderweise davon ausgeht, daß Weisungen strafähnliche Sanktionen sind, weil mit ihrer Anordnung die sich in der zugrunde liegenden Straftat manifestierte Delinquenzneigung negiert werden soll, müssen die Weisungen zur Aufhebung der bestimmten Delinquenzneigung ihrem Inhalt nach einen Bezug zur geschehenen Tat aufweisen (Köhler, Strafrecht AT, S. 654).

[843] Köhler/Beck JZ 1991, S. 799; auch der Verfall und die Einziehung sind nach überzeugender Auffassung, sofern sie an schuldhafte Taten anknüpfen, keine Maßnahmen, sondern strafähnliche Sanktionen, da der Entzug von durch die Straftat erlangten Vermögensgegenständen oder die Einziehung von Produkten oder Instrumenten der Straftat sich als Teil strafender Negation darstellen (Köhler/Beck JZ 1991, S. 798-799; Köhler, Strafrecht AT, S. 629-630).

trächtigt haben, sondern auch gegenüber Tätern allgemeiner Kriminalität einen zu weit gehenden Eingriff in die grundrechtlichen Freiheiten dieser Täter darstellen.

Die Einführung eines Fahrverbots als Hauptstrafe für allgemeine Kriminalität ist nicht nur kriminalpolitisch bedenklich, sondern sie wäre auch mit der Verfassung unvereinbar, weil sie gegen Art. 3 I GG verstieße und zu weit gehend in die grundrechtlichen Freiheiten der Täter allgemeiner Kriminalität eingriffe.

Fraglich ist jedoch, ob es zu befürworten wäre, das Fahrverbot für Straftaten, die die Straßenverkehrssicherheit beeinträchtigt haben, in eine Hauptstrafe umzugestalten.

II. Fahrverbot als Hauptstrafe für Straftaten, die die Straßenverkehrssicherheit beeinträchtigt haben?

1. Sachgerechtigkeit einer Umwandlung der derzeitigen Nebenstrafe Fahrverbot in eine Hauptstrafe?

Die Umwandlung der derzeitigen Nebenstrafe Fahrverbot, die auf Straftaten, die die Straßenverkehrssicherheit beeinträchtigt haben, beschränkt ist, in eine Hauptstrafe, wäre dann zu befürworten, wenn für eine zwingende Kumulation des Fahrverbots mit Geld- oder Freiheitsstrafen kein schuldstrafrechtlich legitimierter Sachgrund besteht und gegen die Ausgestaltung des Fahrverbots als Hauptstrafe für Straftaten, die die Straßenverkehrssicherheit beeinträchigt haben, keine kriminalpolitischen oder verfassungsrechtlichen Bedenken bestehen.

a. Schuldstrafrechtliche Bedenken gegen die derzeitige Ausgestaltung des Fahrverbots als Nebenstrafe

Die derzeitige Ausgestaltung des Fahrverbots als Nebenstrafe wäre dann zu kritisieren, wenn für eine zwingende Kumulation des Fahrverbots mit Geld- oder Freiheitsstrafen kein schuldstrafrechtlich legitimierter Sachgrund besteht.[844]

Um eine tatangemessene Reaktion auf das Fehlverhalten des Delinquenten zu gewährleisten, darf eine Kumulation verschiedener Strafarten nämlich nicht schematisch oder zweckbeliebig vorgenommen werden, sondern erfordert einen in der Tat liegenden besonderen Grund.[845]

---

[844] Zum Erfordernis eines schuldstrafrechtlich legitimierten Sachgrundes für die Kumulation verschiedener Strafarten siehe Köhler/Beck JZ 1991, S. 798.

[845] Köhler, Strafrecht AT, S. 600.

Daher hat der Gesetzgeber eine Kumulation verschiedener Strafarten nur ausnahmsweise zugelassen.

Bei den beiden Hauptstrafen Geldstrafe und Freiheitsstrafe wird der Grundsatz der alternativen Strafandrohung nur durch die Vorschrift des § 41 StGB durchbrochen, nach der neben einer Freiheitsstrafe eine sonst nicht oder nur wahlweise angedrohte Geldstrafe verhängt werden kann, wenn sich der Täter durch die Tat bereichert hat oder versucht hat, sich zu bereichern, und eine zusätzliche Geldstrafe auch unter Berücksichtigung seiner persönlichen und wirtschaftlichen Verhältnisse angebracht ist. Der Ausnahmecharakter dieser Vorschrift ist vom BGH in zwei Entscheidungen ausdrücklich betont worden.[846] Nur wenn allgemeine Strafzumessungsgrundsätze es erfordern, dem Täter nicht nur seine Freiheit zu entziehen, sondern ihn darüber hinaus finanziell zu belasten, darf eine zusätzliche Geldstrafe zur Freiheitsstrafe verhängt werden.[847] Werden dagegen Unrecht und Schuld bereits durch die Freiheitsstrafe hinreichend ausgeglichen, so ist kein Raum für eine kumulative Geldstrafe.[848]

Über die Regelung des § 41 StGB hinaus hat der Gesetzgeber durch die Einführung der Vermögensstrafe als Nebenstrafe[849] in § 43 a StGB eine weitere Kumulation zugelassen. § 43 a I 1 StGB bestimmt, daß das Gericht, wenn das Gesetz auf diese Vorschrift verweist, neben einer lebenslangen oder einer zeitigen Freiheitsstrafe von mehr als zwei Jahren auf Zahlung eines Geldbetrages erkennen kann, dessen Höhe durch den Wert des Vermögens des Täters begrenzt ist. Die Verfassungsmäßigkeit dieser Vorschrift ist jedoch im Schrifttum insbesondere wegen Verletzung des Schuldgrundsatzes oder der Eigentumsgarantie vielfach in Frage gestellt worden.[850] Bezüglich der in § 43 a I 1 StGB vorgesehenen Kumulation der Vermögensstrafe mit einer Freiheitsstrafe ist zu Recht kritisiert worden, daß § 43 a StGB einen Sachgrund, der die Verhängung einer Vermögensstrafe neben einer Freiheitsstrafe legitimieren könnte, nicht hinreichend allgemeingültig definiert, und daß es keinen Grund dafür gebe, eine Vermögensstrafe nur in Verbindung mit einer Freiheitsstrafe verhängen zu können, weil der Unrechts- und Schuldgehalt der Tat in einigen Fällen bereits durch eine erweiterte Vermögensstrafe hinreichend ausgeglichen werden könne.[851]

---

[846] BGHST 26, 325 (330) und BGHST 32, 60 (65).
[847] BGHST 26, 325 (328); BGHST 32, 60, 65.
[848] Schönke/Schröder/Stree, 25. Aufl., § 41 Rdn 7; Tröndle/Fischer, 49. Aufl., § 41 Rdn 4.
[849] Lackner/Kühl, 23. Aufl.., § 43 a Rdn 3: „Die Struktur der Vermögensstrafe weist sie als Nebenstrafe besonderer Art aus“.
[850] Vgl. Lackner/Kühl, 23. Aufl., § 43 a Rdn 1.
[851] Köhler, Strafrecht AT, S. 631; Köhler/Beck JZ 1991, S. 800.

Ebenso fragt es sich, ob für die vom Gesetzgeber vorgesehene zwingende Kumulation des Fahrverbots mit Geld- oder Freiheitsstrafen ein schuldstrafrechtlich legitimierter Sachgrund besteht oder ob der Unrechts- und Schuldgehalt von Straftaten, die die Straßenverkehrssicherheit beeinträchtigt haben, nicht auch in einigen Fällen bereits durch ein erweitertes Fahrverbot hinreichend ausgeglichen würde.

Der verkehrsspezifische Unrechts- und Schuldgehalt von Straftaten, die die Straßenverkehrssicherheit beeinträchtigt haben, liegt in der Verletzung von Verkehrspflichten. Da ein Fahrverbot sinnfällig-strafend in die Fahrfreiheit eingreift und einem Eingriff in eine spezifische Form der Freiheitsbetätigung eine erhebliche freiheitsbeeinträchtigende Qualität zukommt,[852] wird die Verletzung von Verkehrspflichten und die damit verbundene Beeinträchtigung der Verkehrssicherheit bereits durch ein Fahrverbot hinreichend ausgeglichen. Neben einem Fahrverbot eine Geld- oder Freiheitsstrafe zu verhängen, kann daher nur dann tatangemessen sein, wenn der Ausgleich der verletzten Verkehrspflicht zum Ausgleich des Unrechts- oder Schuldgehaltes der zugrunde liegenden Tat nicht ausreicht. Bei einer Tat, die die Straßenverkehrssicherheit beeinträchtigt hat, kann jedoch meines Erachtens ein Ausgleich der verletzten Verkehrspflicht durch ein Fahrverbot nur in folgenden Fällen als nicht ausreichend zum Ausgleich des Unrechts- oder Schuldgehaltes der Tat angesehen werden:

Sofern eine Tat, die die Straßenverkehrssicherheit beeinträchtigt hat, über die Verkehrssicherheit hinaus noch andere Rechtsgüter in strafrechtlich relevanter Weise verletzt hat, kann zum Ausgleich der Verletzung dieser Rechtsgüter die Verhängung einer Geld- oder Freiheitsstrafe neben einem Fahrverbot angemessen sein. Dies ist beispielsweise dann der Fall, wenn der Täter sich durch die die Straßenverkehrssicherheit beeinträchtigende Straftat nicht nur verkehrsrechtlich, sondern auch nach allgemeinen Straftatbeständen strafbar gemacht hat (z.B. Körperverletzungs- oder Tötungsdelikte begangen hat), zu deren Ahndung die Verhängung einer Geld-oder Freiheitsstrafe angemessen ist.[853]

Aber auch, wenn der Täter gar kein Straßenverkehrsdelikt im eigentlichen Sinne, sondern nur eine sogenannte Zusammenhangstat begangen hat, für die die Verhängung eines Fahrverbots in Betracht kommt, wie beispielsweise ein Widerstand gegen Vollstreckungsbeamte im Rahmen einer Polizeikontrolle oder eine Körperverletzung, die ihren Anlaß in einem Streit über das Fahrverhalten hatte,[854] kann die Verhängung einer Geld- oder Freiheitsstrafe neben dem Fahr-

[852] s.o. S. 178.
[853] Köhler, Strafrecht AT, S. 624 u. S. 659.
[854] s.o.S. 72.

verbot angemessen sein, um die durch diese Straftaten über die Verkehrssicherheit hinaus verletzten Rechtsgüter angemessen auszugleichen.

Dagegen wäre es meines Erachtens nicht angemessen, neben einem Fahrverbot eine Geld- oder Freiheitsstrafe zu verhängen, wenn der Täter nur Verkehrsdelikte im eigentlichen Sinne begangen hat. Zwar schützen die Vorschriften über Verkehrsdelikte im eigentlichen Sinne teilweise nicht nur die Sicherheit des Straßenverkehrs, sondern darüber hinaus auch andere Rechtsgüter, wie beispielsweise § 315 c StGB, der neben der Sicherheit des Straßenverkehrs auch das Leben und die körperliche Unversehrtheit des einzelnen so wie fremdes Eigentum schützt.[855] Die Verletzung dieser Rechtsgüter geht jedoch nur dann über verkehrsspezifisches Unrecht, das mit einem Fahrverbot hinreichend ausgeglichen werden kann, hinaus, wenn sich der Täter dadurch auch nach allgemeinen Straftatbeständen strafbar gemacht hat.

Zusammenfassend läßt sich somit feststellen, daß die Verhängung einer Geld- oder Freiheitsstrafe neben einem Fahrverbot nur dann tatangemessen sein kann, wenn der Täter durch die die Straßenverkehrssicherheit beeinträchtigende Tat über die Verkehrssicherheit hinaus noch andere Rechtsgüter verletzt hat und sich durch diese Verletzung nach allgemeinen Straftatbeständen strafbar gemacht hat.

Da der Unrechts- und Schuldgehalt von Straftaten, die die Straßenverkehrssicherheit beeinträchtigt haben, somit in einigen Fällen bereits durch ein erweitertes Fahrverbot hinreichend ausgeglichen würde und daher für eine zwingende Kumulation des Fahrverbots mit Geld- oder Freiheitsstrafen kein schuldstrafrechtlich legitimierter Sachgrund besteht,[856] ist die derzeitige Ausgestaltung des Fahrverbots als Nebenstrafe zu kritisieren und die Umwandlung des Fahrverbots in eine Hauptstrafe zu befürworten, es sei denn, gegen ein Fahrverbot als Hauptstrafe für Straftaten, die die Straßenverkehrssicherheit beeinträchtigt haben, bestehen durchgreifende kriminalpolitische oder verfassungsrechtliche Bedenken.

---

[855] Lackner/Kühl, 23. Aufl., § 315 c Rdn 1.

[856] Köhler, Strafrecht AT, S. 661; vgl. auch Baumann, Forensia 1987, S. 49: Durch die Ausgestaltung des Fahrverbots als Nebenstrafe wird der Richter gezwungen, "eine u.U. gar nicht für notwendig erachtete Geldstrafe oder Freiheitsstrafe zu verhängen, nur um das Fahrverbot verhängen zu können."

b. Bedenken gegen die Ausgestaltung des Fahrverbots als Hauptstrafe

aa. Kriminalpolitische Bedenken

Teilweise wird in der Literatur die Ansicht vertreten, aus kriminalpolitischen Gründen sei eine Geldstrafe oder eine Freiheitsstrafe bei Straftaten, die die Verkehrssicherheit beeinträchtigt haben, neben einem Fahrverbot notwendig.[857] Die Geldstrafe habe die Wirkung eines heilsamen Schocks[858] und auch die im verkehrsstrafrechtlichen Bereich überwiegend sofort zur Bewährung ausgesetzte Freiheitsstrafe würde den Verkehrsausschluß sinnvoll unterstützen, wenn Bewährungsauflagen und -weisungen so ausgewählt würden, daß sie das verkehrssichere Führen von Kraftfahrzeugen fördern, so daß es nicht angebracht wäre, ohne Grund auf die Wirkungsweisen von Geld- oder Freiheitsstrafen neben einem Fahrverbot zu verzichten.[859] Diese Auffassung überzeugt jedoch nicht, weil allein die Wirkungsweisen von Geld- oder zur Bewährung ausgesetzter Freiheitsstrafen nicht dazu führen dürfen, solche Sanktionen neben einem Fahrverbot zu verhängen, sondern die Erforderlichkeit derartiger Sanktionen neben einem Fahrverbot nur bei Vorliegen eines schuldstrafrechtlich legitimierten Sachgrundes gegeben sein kann,[860] so daß in Fällen einer alleinigen Verhängung des Fahrverbots nicht ohne Grund auf die Wirkungsweisen von Geld- oder Freiheitsstrafen verzichtet werden würde.

Des weiteren wird gegen ein Fahrverbot als Hauptstrafe auch eingewendet, daß ein alleiniges Fahrverbot häufig nicht als ausreichende Reaktion auf das Fehlverhalten des Täters angesehen werden könne, weil die Einhaltung des Fahrverbots praktisch nur sehr schwer zu kontrollieren sei.[861] Auch dieser Einwand überzeugt jedoch nicht. Wie an anderer Stelle dieser Arbeit bereits ausgeführt, dürfen vollstreckungsrechtliche Probleme nicht dazu führen, eine an sich angemessene Sanktion als nicht ausreichende Reaktion auf das Fehlverhalten des Täters anzusehen.[862]

Auch kann meines Erachtens gegen die Umwandlung der derzeitigen Nebenstrafe Fahrverbot in eine Hauptstrafe nicht angeführt werden, daß dadurch „das bereits heute oft beklagte Ungleichgewicht zwischen einer strengeren Ahndungspraxis im Bußgeldverfahren und einer großzügigeren im Strafverfahren

---

[857] Kulemeier, Fahrverbot (§ 44 StGB) und Entzug der Fahrerlaubnis (§§ 69 ff. StGB), S. 287-288.

[858] Ebenda, S. 268.

[859] Ebenda, S. 288.

[860] s.o. C. II. 1. a.

[861] Cramer in: Gedächtnisschrift für Horst Schröder, S. 544 Fußn. 54; Fehl DAR 1998, S. 383.

[862] s.o. S. 172.

weiter zugespitzt würde“, weil dann „bei Verkehrsstraftaten ohne Geldstrafe verurteilt werden könnte, bei Verkehrsordnungswidrigkeiten aber trotz eines weniger an Unrecht stets auch eine Geldbuße fällig wäre.“[863] Die Frage der Angemessenheit einer strafrechtlichen Sanktion läßt sich nämlich nur nach strafrechtlichen Prinzipien und nicht durch einen Vergleich mit anderen Verfahrensarten beurteilen, so daß das durch die Umwandlung des Fahrverbots in eine Hauptstrafe eintretende Ungleichgewicht zwischen Strafverfahren und Bußgeldverfahren sich nicht als Argument gegen die Umwandlung des Fahrverbots in eine Hauptstrafe eignet, sondern lediglich die Frage aufwirft, ob die strenge Ahndungspraxis im Bußgeldverfahren nicht auch reformbedürftig ist.

Des weiteren wird gegen die Umwandlung der derzeitigen Nebenstrafe Fahrverbot in eine Hauptstrafe teilweise eingewandt, ein längerfristiges Fahrverbot führe dazu, daß der Betroffene einen nicht unerheblichen Teil seiner Fahrfertigkeiten verlöre, und sei daher im Interesse der Straßenverkehrssicherheit abzulehnen.[864] Dieser Einwand gegen die Ausgestaltung des Fahrverbots als Hauptstrafe überzeugt aus mehreren Gründen nicht. Schon die These, daß eine längere Verkehrsabstinenz zu einer Einbuße eines nicht unbeträchtlichen Teils von Fahrfertigkeiten führe, erscheint fraglich. Soweit zu ihrem Nachweis eine empirische Untersuchung v. Hebenstreits von mehreren hundert Fällen[865] herangezogen wird,[866] ist dagegen einzuwenden, daß die Untersuchung einen derartigen Nachweis nicht erbringt. Die Untersuchung v. Hebenstreits bestand darin, daß er 418 Untersuchungsakten des TÜV Bayern statistisch ausgewertet hat, die sich auf Personen bezogen, denen nach § 69 II StGB die Fahrerlaubnis entzogen worden war und die im Rahmen der Neuerteilung der Fahrerlaubnis nach § 15 c StVZO von der psychologisch-medizinischen Untersuchungsstelle des TÜV Bayern im ersten Halbjahr 1976 begutachtet worden waren.[867] Innerhalb der Gruppe von Personen, die sich aus medizinisch-psychologischer Sicht als geeignet zum Führen von Kraftfahrzeugen erwiesen, wurden sodann stichprobenartig praktische Fahrtests durchgeführt, die ergaben, „daß gerade hier eine Vielzahl fundamentaler Fertigkeitsmängel (nur mangelhaft entwickelter Verkehrssinn, gravierende Schwächen in der Fahrzeugbeherrschung, öfter auch unzulängliches Verständnis für Verkehrsvorschriften) vorliegen“.[868] Die Untersuchung v. Hebenstreits vermag damit zu belegen, daß bei Personen, denen aufgrund einer

---

[863] Bönke VGT 1997, S. 214-215.
[864] Fehl DAR 1998, S. 383-384.
[865] v. Hebenstreit VGT 1977, S. 31 ff.
[866] Fehl DAR 1998, S. 384, Fußn. 58, die sich insoweit auf Cramer (in: Gedächtnisschrift für Horst Schröder, S. 539) bezieht, der die Untersuchung v. Hebenstreits allerdings nicht als Argument gegen ein längerfristiges Fahrverbot, sondern gegen die Ausgestaltung der Fahrerlaubnisentziehung als Maßregel der Besserung und Sicherung anführt.
[867] v. Hebenstreit VGT 1977, S. 32.
[868] Ebenda, S. 34.

Straftat die Fahrerlaubnis entzogen worden ist, in vielen Fällen auch schwerwiegende Fahrfertigkeitsmängel bestehen,[869] den Nachweis, daß diese Fahrfertigkeitsmängel aber durch den längeren Ausschluß des Betroffenen vom Straßenverkehr entstanden sind und nicht vielleicht schon vorher vorhanden waren, kann und will diese Untersuchung aber keineswegs erbringen.[870] Meines Erachtens ist es äußerst zweifelhaft, ob eine längere Verkehrsabstinenz zu einem Verlust von Fahrfertigkeiten führt, der die Straßenverkehrssicherheit beeinträchtigt. Richtig ist sicherlich, daß eine ständige Fahrpraxis dazu beiträgt, erworbene Fahrfertigkeiten zu vertiefen, und daß es bei einer längeren Verkehrsabstinenz einer kurzen Eingewöhnungsphase bedarf, bis die Fahrfertigkeiten wieder in ihrem ursprünglichen Maße vorhanden sind. Innerhalb dieser Eingewöhnungsphase wird ein Kraftfahrer jedoch schon im eigenen Interesse vorsichtiger fahren als jemand, der ständig per Kraftfahrzeug am Straßenverkehr teilnimmt, so daß eine Gefährdung der Straßenverkehrssicherheit durch einen Kraftfahrer, der längere Zeit kein Kraftfahrzeug geführt hat, in der Regel nicht wahrscheinlicher sein wird, als durch einen Kraftfahrer, der zwar ständig am Straßenverkehr teilnimmt, dadurch jedoch auch risikoreicher fährt. Selbst, wenn man jedoch entgegen der hier vertretenen Auffassung davon ausgeht, daß eine längere Verkehrsabstinenz eine Einbuße eines nicht unerheblichen Teils von Fahrfertigkeiten mit sich brächte, wäre dies meines Erachtens kein überzeugendes Argument gegen die Ausgestaltung des Fahrverbots als Hauptstrafe. Ein Verlust von Fahrfertigkeiten dürfte nicht dazu führen, auf eine tatangemessene und in Bezug auf das Fehlverhalten des Täters der Straßenverkehrssicherheit dienliche Strafe[871] zu verzichten, sondern es wäre vielmehr zu gewährleisten, daß der Täter am Ende des Verbotszeitraums an einem praktischen und theoretischen Verkehrsunterricht teilnimmt.[872] Eine derartige Regelung wäre auch mit dem Prinzip der schuldangemessenen Strafe vereinbar. Denn anders als bei einem Fahrerlaubnisentzug als Strafe, wo das Prinzip der schuldangemessenen

---

[869] Ebenda, S. 36.

[870] v. Hebenstreit äußert im Rahmen seiner Schlußfolgerungen (S. 36) insoweit lediglich, daß bei Verkehrsteilnehmer, die nur aufgrund von Fertigkeitsmängeln versagt haben, die Befürchtung bestehe, daß anstelle einer Besserung durch den Ausschluß vom Straßenverkehr eine Art Inaktivitätsatrophie eintrete, d.h. die Fahrtüchtigkeit infolge mangelnder Weiterübung wieder abnehme.

[871] Durch den Eingriff in die Fahrfreiheit wird dem Täter der Verstoß gegen die Verkehrsvorschriften, also der Rechtsvernunftswiderspruch seiner schuldhaften Tat, deutlich vor Augen geführt, so daß eine derartig sinnfällige Bestrafung bei Verkehrsverstößen besonders geeignet ist, die Restitution des Rechts auch in der Normhaltung des Täters zu fördern (vgl. Köhler, S. 623).

[872] vgl. Cramer, Unfallprophylaxe, S. 223, der diesbezüglich vorschlägt, daß das Gericht bei einem Fahrverbot von mehr als einem Jahr die Rückgabe des Fahrausweises davon abhängig machen kann, daß der Täter sich am Ende des Verbotszeitraumes einem praktischen und theoretischen Verkehrsunterricht unterzoigen hat.

Strafe nicht gewährleistet wäre, weil der Richter die Dauer der Strafe wegen des sich nach Ablauf der festgelegten Sperrfrist anschließenden (Wieder-)erteilungsverfahrens zeitlich nicht genau festlegen könnte,[873] würde bei einem Fahrverbot mit der Verpflichtung, am Ende des Verbotszeitraumes an einem praktischen und theoretischen Verkehrsunterricht teilzunehmen, die Dauer der Strafe zeitlich genau festgelegt bleiben, da dem Täter am Ende des Verbotszeitraumes bei Nachweis einer Teilnahme am Verkehrsunterricht sofort wieder gestattet wäre, am Straßenverkehr teilzunehmen. Außerdem bliebe bei einem Fahrverbot mit einer Teilnahmeverpflichtung an einem praktischen und theoretischen Verkehrsunterricht das Prinzip der schuldangemessenen Strafe anders als bei einem Fahrerlaubnisentzug als Strafe auch deswegen gewahrt, weil dem Täter lediglich die bloße Teilnahme an dem Verkehrsunterricht abverlangt würde und damit anders als bei einem Fahrerlaubnisentzug als Strafe keine Überprüfung von Mängeln stattfände, die in keinerlei Zusammenhang mit seinem schuldhaften Verhalten stehen würden.[874]

Die in der Literatur gegen die Umwandlung der derzeitigen Nebenstrafe Fahrverbot in eine Hauptstrafe erhobenen kriminalpolitischen Bedenken überzeugen somit nicht.

bb. Verfassungsrechtliche Bedenken

Die Umwandlung der derzeitigen Nebenstrafe Fahrverbot in eine Hauptstrafe wird teilweise unter dem Gesichtspunkt des Gleichheitsgrundsatzes (Art. 3 I GG) für bedenklich gehalten.

Soweit diese Bedenken hinsichtlich der Gewährleistung des Prinzips der Opfergleichheit erhoben werden,[875] ist bereits im Rahmen der Untersuchung eines Fahrverbots als Hauptstrafe für allgemeine Kriminalität ausgeführt worden, daß die unterschiedliche Strafempfindlichkeit der betroffenen Kraftfahrer in Bezug auf ein Fahrverbot im Rahmen der konkreten Strafzumessung berücksichtigt werden kann und daher ein Fahrverbot als Hauptstrafe unter diesem Aspekt keinen Verstoß gegen Art. 3 I GG darstellen würde.[876]

Eine Verletzung des Gleichheitsgrundsatzes bei Umwandlung der derzeitigen Nebenstrafe Fahrverbot in eine Hauptstrafe unter dem Aspekt einer Diskriminie-

---

[873] s.o. S. 152.
[874] s.o. S. 152.
[875] Fehl DAR 1998, S. 383.
[876] s.o. S. 174.

rung der Kraftfahrer zu sehen,[877] überzeugt überhaupt nicht. Gegenüber Tätern, die die Straßenverkehrssicherheit beeinträchtigt haben, Fahrverbote zu verhängen, ist eine Sonderbehandlung, deren Erforderlichkeit sich aus dem verkehrsspezifischen Fehlverhalten dieser Täter ergibt und die damit, da für sie ein sachlich einleuchtender Grund besteht, nicht als Diskriminierung angesehen werden kann, und zwar völlig unabhängig davon, ob das Fahrverbot nun als Haupt- oder als Nebenstrafe ausgestaltet ist.

Auch in verfassungsrechtlicher Hinsicht bestehen daher keine Bedenken gegen ein Fahrverbot als Hauptstrafe für Straftaten, die die Straßenverkehrssicherheit beeinträchtigt haben.

Da somit die derzeitige Ausgestaltung des Fahrverbots als Nebenstrafe zu kritisieren ist und weder die kriminalpolitisch noch die verfassungsrechtlich geäußerten Bedenken gegen ein Fahrverbot als Haupstrafe für Straftaten, die die Straßenverkehrssicherheit beeinträchtigt haben, überzeugend sind, ist die Umwandlung der derzeitigen Nebenstrafe Fahrverbot in eine Hauptstrafe zu befürworten.

Klärungsbedürftig ist damit die Frage nach einer sachgerechten Ausgestaltung des Fahrverbots als Hauptstrafe.

2. Sachgerechte Ausgestaltung des Fahrverbots als Hauptstrafe

a. Anwendungsbereich der Hauptstrafe Fahrverbot

Zu einer sachgerechten Ausgestaltung des Anwendungsbereiches der Hauptstrafe Fahrverbot bedarf es der Klärung der Frage, wann die Verhängung eines Fahrverbots angemessen ist.

Nach geltendem Recht ist das Fahrverbot als eine Warnungs- und Besinnungsstrafe für Kraftfahrer gedacht, die im Verkehr aus Nachlässigkeit oder Leichtsinn versagt haben, aber zum Führen von Kraftfahrzeugen noch geeignet sind,[878] während bei einer Ungeeignetheit zum Führen von Kraftfahrzeugen eine Fahrerlaubnisentziehung als Maßregel der Besserung und Sicherung zu verhängen ist.

---

[877] so Beck DAR 1992, S. 440.

[878] BVerfGE 27, 36; Koblenz NJW 69, 282; OLG Celle NJW 69, 1187; zusf. Hartung NJW 65, 86; Lackner JZ 65, 92, 120; Nüse JR 65, 41; Warda MDR 65, 1.

Die vorliegende Untersuchung hat ergeben, daß der Anwendungsbereich des Fahrverbots auf die Fälle einer charakterlichen Ungeeignetheit zum Führen von Kraftfahrzeugen auszudehnen ist, da auf schuldhaft-charakterliche Fehlhaltungen und -handlungen ausschließlich mit Strafe reagiert werden darf.[879]

Fraglich ist jedoch, ob der Anwendungsbereich des Fahrverbots in Bezug auf die sogenannten noch geeigneten Kraftfahrzeugführer, also in Bezug auf Täter, die noch keine verfestigte Haltung zu erheblichen Verkehrsstraftaten aufweisen, zu reduzieren ist.

Nach geltendem Recht ist das Fahrverbot vom Gesetzgeber als relativ früh ansetzende Warnungs- und Besinnungsstrafe vorgesehen,[880] wie sich auch aus der vorgeschriebenen Regelanordnung des § 44 I 2 StGB ergibt, und wird von der Rechtsprechung auch so gehandhabt.[881]

Meines Erachtens ist es jedoch im Hinblick auf die erhebliche freiheitsbeeinträchtigende Qualität, die einem Eingriff in die Fahrfreiheit zukommt, übermäßig, ein Fahrverbot als früh ansetzende Denkzettelstrafe zu verhängen.

Die Verhängung eines Fahrverbots stellt sich vielmehr nur dann als angemessen dar, wenn die zugrunde liegende Tat eine schwere Verletzung von Verkehrspflichten beinhaltet.[882]

Selbst bei Verkehrsdelikten im eigentlichen Sinne ist es verfehlt, grundsätzlich von einer schweren Verkehrspflichtverletzung auszugehen, sondern es bedarf auch hier ebenso wie bei den sogenannten Zusammenhangstaten einer sorgfältigen Einzelfallprüfung. Zwar ist es nach meiner Überzeugung nicht erforderlich, daß ein auf Habitualisierungstendenz verweisender Verkehrsverstoß vorliegt,[883] bei einer Ersttat muß jedoch schon ein grober Verkehrsverstoß (wie beispielsweise bei einer Trunkenheitsfahrt ein hoher Promillegehalt) gegeben sein, um die Tat als schwere Verkehrspflichtverletzung und somit ein Fahrverbot als angemessene Reaktion ansehen zu können. Deshalb ist von der Aufstellung sogenannter Regelbeispiele für die Verhängung eines Fahrverbots abzusehen und der Gesetzeswortlaut so zu fassen, daß ein Fahrverbot nur bei einer schweren Ver-

---

[879] s.o. B. II. 3. b.

[880] Aus der amtlichen Begründung (BT-Drucksache IV/651, 13) ergibt sich, daß der Gesetzgeber bewußt darauf verzichtet hat, das Fahrverbot an enge Voraussetzungen zu knüpfen, sondern vielmehr erreichen wollte, daß es schon zulässig ist, wenn es nach dem Sachverhalt sinnvoll ist, dem Täter eine solche fühlbare Warnung zu erteilen.

[881] siehe BGHSt 24, 348 ff. m.w.N.

[882] Köhler, Strafrecht AT, S. 658; Cramer, Unfallprophylaxe, S. 225.

[883] so Köhler, Strafrecht AT, S. 660.

letzung von Verkehrspflichten angeordnet werden kann. Durch eine derartige Fassung des Gesetzeswortlautes würde auch verhindert, daß die Rechtsprechung dazu verleitet würde, das Fahrverbot bei sogenannten Zusammenhangstaten anzuordnen, die zu überhaupt keiner Beeinträchtigung der Straßenverkehrssicherheit geführt haben.

Der Anwendungsbereich des Fahrverbots ist somit einerseits auf die Fälle einer charakterlichen Ungeeignetheit zum Führen von Kraftfahrzeugen auszudehnen, andererseits im Hinblick auf die noch geeigneten Kraftfahrzeugführer zu reduzieren, indem eine schwere Verletzung von Verkehrspflichten vorausgesetzt wird.

b. Zeitlicher Rahmen der Hauptstrafe Fahrverbot

Des weiteren stellt sich die Frage nach einer sachgerechten Ausgestaltung des zeitlichen Rahmens der Hauptstrafe Fahrverbot.

Die Umwandlung der derzeitigen Nebenstrafe Fahrverbot in eine Hauptstrafe, die auf schwere Verkehrspflichtverletzungen beschränkt und auch in den Fällen einer sogenannten charakterlichen Ungeeignetheit zum Führen von Kraftfahrzeugen, d.h. bei einer schon verfestigten Haltung zu erheblichen Verkehrsstraftaten, zu verhängen ist, erfordert eine gänzlich neue Bemessung des zeitlichen Rahmens des Fahrverbots.

Das derzeitige Mindestmaß des Fahrverbots ist zu erhöhen, da eine Mindestdauer von einem Monat bei Verhängung des Fahrverbots als Hauptstrafe für schwere Verkehrspflichtverletzungen nicht als tat- und schuldangemessen angesehen werden kann. Meines Erachtens wäre jedoch unter Berücksichtigung der erheblichen freiheitsbeeinträchtigenden Qualität des Fahrverbots eine Mindestdauer von drei Monaten ausreichend.

Bei der Bemessung des Höchstmaßes der Hauptstrafe Fahrverbot stellt sich die Frage, wie auf Fälle sogenannter charakterlicher Ungeeignetheit zum Führen von Kraftfahrzeugen zu reagieren ist, bei denen eine tief in der Persönlichkeit verwurzelte Haltung zu erheblichen Verkehrsstraftaten vorliegt. Wie an anderer Stelle dieser Arbeit bereits ausgeführt, bestimmt sich das Schuldmaß danach, mit welcher Allgemeingültigkeit sich die verkehrte Unrechtsmaxime behauptet, so daß bei habitueller Delinquenz längere Strafen erforderlich sind.[884] Aber selbst in Fällen höchster Schuld sind nach einer freiheitlichen Strafrechtsbegründung Strafmaße ausgeschlossen, die den Täter als Mitkonstituenten des

---

[884] s.o. S. 95.

Rechtsverhältnisses gänzlich oder in einer wesentlichen Hinsicht total ausschließen, da durch die partikuläre Tat das Rechtsverhältnis nicht als total vernichtet gelten darf.[885] Zu kritisieren ist daher nicht nur die Todesstrafe, die das Rechtsverhältnis mit dem Täter überhaupt vernichtet, sondern ausgeschlossen bleiben müssen alle in die äußere Freiheit eingreifenden Strafen, die auf totale Negation zielen, wie beispielsweise die im strengen Sinne lebenslange Freiheitsstrafe oder ein lebenslanges Berufsverbot.[886] Daher darf auch für Täter, bei denen eine tief in der Persönlichkeit verwurzelte Haltung zu erheblichen Verkehrsverstößen besteht, kein lebenslanges Fahrverbot normiert werden, sondern es ist eine zeitliche Höchstgrenze festzulegen. In Anbetracht der erheblichen freiheitsbeeinträchtigenden Qualität des Fahrverbots erscheint meines Erachtens auch bei habituell-schwerstdelinquenten Verkehrsstraftätern ein Fahrverbot von zehn Jahren zur Wiederherstellung des verletzten Rechtsverhältnisses als ausreichend.

Die Untersuchung der sachgerechten Ausgestaltung des zeitlichen Rahmens der Hauptstrafe Fahrverbot hat somit ergeben, daß eine Mindestdauer von drei Monaten und eine Höchstdauer von zehn Jahren angemessen wären.

c. Einführung einer Bewährungssanktion

Wie bereits im Rahmen der Betrachtung der Großen Reform ausgeführt, stellt es sich als tatangemessen dar, die Vollstreckung des Fahrverbots zur Bewährung auszusetzen, sofern eine verfestigte Delinquenzhaltung des Täters in Bezug auf Straftaten, die die Straßenverkehrssicherheit beeinträchtigen, noch nicht vorliegt.[887] Es ist daher eine den §§ 56 bis 56 f StGB ähnliche Regelung für das Fahrverbot einzuführen, wobei Bewährungsauflagen und -weisungen so auszugestalten sind, daß sie sich in einen Bezug zu dem in der geschehenen Tat manifestierten verkehrsrechtlichen Fehlverhalten des Täters setzen lassen (wie z.B. die Weisung, an einer Nachschulungsmaßnahme teilzunehmen oder sich einer Entziehungskur zu unterziehen). Zudem stellt es sich ebenso wie bei der Freiheitsstrafe als sachgerecht dar, den Strafrest eines Fahrverbots zur Bewährung auszusetzen, sofern bereits nach Teilverbüßung von einer Haltungsänderung des Täters auszugehen ist.[888] Daher sollte eine dem § 57 StGB ähnliche Regelung geschaffen werden, die es ermöglicht, den Strafrest eines Fahrverbots zur Bewährung auszusetzen, wenn beispielsweise ein Trunkenheitstäter sich einer Entziehungskur unterzogen hat oder ein Täter, der sich gemäß § 315 c I 2 StGB strafbar gemacht hat, eine Teilnahme an einer Verkehrserziehung nachweist.

---

[885] Köhler, Strafrecht AT, S. 586, 591f.
[886] Ebenda, S. 591f.
[887] s.o. S. 126.
[888] Köhler, Strafrecht AT, S. 662.

d. Einführung eines vorläufigen Fahrverbots

Wie bereits im Rahmen der Großen Reform ausgeführt, wäre ein vorläufiges Fahrverbot zum Schutze der Allgemeinheit vor weiteren Straftaten unter Berücksichtigung der Entscheidung des Bundesverfassungsgerichtes zum Haftbefehl wegen Wiederholungsgefahr dann mit der Verfassung vereinbar, wenn es auf Wiederholungstäter beschränkt würde, die erhebliche, die Straßenverkehrssicherheit beeinträchtigende Straftaten begangen haben.[889]

Fraglich ist jedoch, ob sich eine derartige vorläufige Regelung nach der in dieser Arbeit vertretenen Auffassung, daß auf das schuldhafte Verhalten des Täters ausschließlich mit Strafe reagiert werden darf, überhaupt legitimieren läßt. Die Beantwortung dieser Frage hängt von der rechtlichen Einordnung eines vorläufigen Fahrverbots ab. Ebenso wie bei dem Haftbefehl wegen Wiederholungsgefahr würde es sich bei einem vorläufigen Fahrverbot um eine Maßnahme präventiv-polizeilicher Natur handeln.[890] Trotz seines präventiv-polizeilichen Charakters könnte ein vorläufiges Fahrverbot jedoch in einer Weise mit der zu erwartenden Strafe zusammenhängen, durch die seine Verhängung nicht als Verstoß gegen das Prinzip, daß auf das schuldhafte Verhalten des Täters ausschließlich mit Strafe reagiert werden darf, anzusehen ist.
Das überwiegende Schrifttum hält es für sachgerecht, die Sicherungshaft wegen ihres Zusammenhanges mit dem Strafverfahren trotz ihres präventiv-polizeilichen Charakters als strafprozessualen Eingriff in der Strafprozeßordnung und nicht in den Polizeigesetzen der Länder zu regeln.[891]

Begründet wird der Zusammenhang mit dem Strafverfahren teilweise[892] damit, daß die gegen den Täter zu verhängende Strafe nach dem geltenden Strafsystem nicht nur dem gerechten Schuldausgleich zu dienen, sondern auch die Allgemeinheit vor weiteren Straftaten zu schützen habe,[893] und die Sicherungshaft daher eine Maßnahme vor dem Urteil darstelle, die der Strafe zukommende Zwecke vorwegnimmt, wobei Dünnebier die Ansicht vertritt, durch die vorläufige Inhaftierung werde „die zu erwartende Strafe ‚vorweg' vollzogen, damit sie

---

[889] s.o. S. 129-133.
[890] Zum Haftbefehl wegen Wiederholungsgefahr Kleinknecht/Meyer-/Goßner, 44. Aufl., § 112 a Rdn 1.
[891] Boujong in KK, 3. Aufl., § 112 a Rdn 4; Dünnebier in LR, 24. Aufl., § 112 a Rdn 14; Kleinknecht/Meyer-Goßner, 44. Aufl., § 112 a Rdn 1; Fezer, Strafprozeßrecht 1, 1986, 6/39; Gnam, S. 183; Dietrich, S. 61; a.A. Anagnostopoulos, S. 104 ff., 126 ff.; Baumann JZ 1969, S. 134; Paeffgen, S. 156.
[892] Dünnebier in LR, 24. Aufl., vor § 112 a Rdn 19, § 112 a Rdn 17; Dietrich, S. 61; Gnam, S. 183.
[893] Fezer, Strafprozeßrecht 1, 1986, 6/39; Dietrich, S. 59; Dünnebier in LR, 24. Aufl., vor § 112 a Rdn 20.

alsbald ihre die Öffentlichkeit sichernde Wirkung entfaltet",[894] während Dietrich und Gnam nicht die Strafvollstreckung als solche als vorweggenommen ansehen, sondern lediglich die Sicherungsfunktion der Strafe.[895]

Sofern man wie Dünnebier, Gnam und Dietrich davon ausgeht, daß es auch Zweck der Strafe ist, die Allgemeinheit vor weiteren Straftaten zu schützen, stellt sich die Auffassung Dünnebiers, daß durch vorläufige Regelungen, die in Erwartung künftiger Strafe getroffen werden, die zu erwartende Strafe selbst und nicht nur deren Sicherungsfunktion vorweg vollzogen wird, als überzeugend dar, da es - wie er zutreffend ausführt - unmöglich ist, Funktionen von ihrem Substrat zu lösen.[896]

Als Vorweg-Vollzug der zu erwartenden Strafe wäre ein vorläufiges Fahrverbot ebenso wie die Sicherungshaft mit dem Prinzip, daß auf das schuldhafte Verhalten des Täters ausschließlich mit Strafe reagiert werden darf, vereinbar. Allerdings müßte die Einordnung des vorläufigen Fahrverbots als Vorweg-Vollzug der zu erwartenden Strafe dazu führen, die Dauer des vorläufigen Ausschlusses des Täters aus dem Straßenverkehr auf das endgültige Fahrverbot anzurechnen[897] und das vorläufige Fahrverbot immer dann aufzuheben, wenn es die Dauer des zu erwartenden endgültigen Fahrverbots erreicht hat.

Nach der in dieser Arbeit vertretenen freiheitsgesetzlichen Strafauffassung darf der Schutz der Allgemeinheit vor rückfälligen Tätern jedoch nicht zur Strafbegründung herangezogen werden, sondern dem Sicherungsbedürfnis der Gesellschaft wird nur als „Teilmoment der Wirklichkeit gerechter Strafe"[898] Rechnung getragen, indem sich das Maß der Schuld danach bestimmt, mit welcher Allgemeingültigkeit sich die verkehrte Unrechtsmaxime behauptet (sog. habituelle Dimension des Schuldbegriffes). Da das Sicherungsbedürfnis der Gesellschaft damit nicht Zweck der zu verhängenden Strafe ist, kann eine vorläufige Regelung zum Schutze der Allgemeinheit auch nicht als Vorweg-Vollzug der zu erwartenden Strafe angesehen werden.

Dennoch nimmt eine vorläufige Regelung, die in Erwartung einer künftigen Strafe getroffen wird, auch nach der freiheitsgesetzlichen Strafbegründung einen Teil der zu erwartenden Strafe, nämlich deren sichernde Wirkung, vorweg.

---

[894] Dünnebier in LR, 24. Aufl., § 112 Rdn 11.
[895] Dietrich, S. 61; Gnam, S. 183.
[896] zu den Funktionen s. Dünnebier in LR, 24. Aufl., § 112 a Rdn 11, Fußn. 4.
[897] vgl. Dünnebier in LR, 24. Aufl., § 112 a Rdn 17, der hinsichtlich der Sicherungshaft die Regelung des § 51 I 2 StGB kritisiert und vorschlägt, die volle Anrechnung der Sicherungshaft nach dem Vorbild von § 453 c II 1 StPO gesetzlich ausdrücklich vorzuschreiben.
[898] Köhler, Der Begriff der Strafe, S. 80.

Als Vorwegnahme des sichernden Teils einer zu erwartenden Strafe verstößt eine vorläufige Regelung, die in Erwartung einer künftigen Strafe getroffen wird, meines Erachtens nicht gegen das Prinzip, daß auf das schuldhafte Verhalten des Täters ausschließlich mit Strafe reagiert werden darf. Nach diesem Prinzip lassen sich zwar eigenständige Präventionsmaßnahmen als Reaktionen auf das schuldhafte Verhalten des Täters nicht legitimieren, d.h. das Sicherungsbedürfnis der Gesellschaft rechtfertigt keine Maßnahmen präventiv-polizeilicher Natur neben oder anstelle der zu verhängenden Strafe.[899] Durch die Vorwegnahme des sichernden Teils einer zu erwartenden Strafe wird jedoch lediglich der im Rahmen der schuldangemessenen Strafe zu gewährleistende Schutz der Gesellschaft vorgezogen, so daß vorläufige Regelungen, die in Erwartung künftiger Strafen getroffen werden, nicht einen von der zu erwartenden Strafe unabhängigen Schutz der Gesellschaft gewährleisten, sondern vielmehr einen durch die zu erwartende Strafe legitimierten.

Aufgrund dieses Zusammenhangs mit der zu erwartenden Strafe sind vorläufige Regelungen, die in Erwartung künftiger Strafen getroffen werden, meines Erachtens mit der in dieser Arbeit vertretenen Auffassung, daß auf das schuldhafte Verhalten des Täters ausschließlich mit Strafe reagiert werden darf, vereinbar. Die gesetzliche Einführung eines vorläufigen Fahrverbots für Wiederholungstäter, die erhebliche die Straßenverkehrssicherheit beeinträchtigende Straftaten begangen haben, ist daher zu befürworten.

Die Einordnung des vorläufigen Fahrverbots als eine Maßnahme, die den sichernden Teil der zu erwartenden Strafe vorwegnimmt, muß jedoch dazu führen, die Dauer des vorläufigen Ausschlusses des Täters aus dem Straßenverkehr stets auf das endgültige Fahrverbot anzurechnen und das vorläufige Fahrverbot immer dann aufzuheben, wenn es die Dauer des zu erwartenden Fahrverbots erreicht hat.

3. Das Verhältnis der Hauptstrafe Fahrverbot zum verwaltungsbehördlichen Fahrerlaubnisrecht

Die vorliegende Untersuchung hat ergeben, daß auf schuldhaft-charakterliche Fehlhaltungen und - handlungen ausschließlich mit Strafe reagiert werden darf und daher auch in den Fällen einer charakterlichen Ungeeignetheit zum Führen von Kraftfahrzeugen der Ausschluß des Täters vom Straßenverkehr nur nach dem Schuldprinzip und nicht nach der künftigen Ungeeignetheit zum Führen von Kraftfahrzeugen zu bestimmen ist.[900] Deshalb lassen sich bei einer charak-

[899] s.o. B. I. 4..
[900] s.o. B. I. 4.

terlichen Ungeeignetheit zum Führen von Kraftfahrzeugen, die sich in einer Straftat manifestiert hat, verwaltungsbehördliche Sanktionen neben der vom Strafrichter zu verhängenden schuldangemessenen Strafe nicht legitimieren.[901]

Die verwaltungsbehördlichen Regelungen über die Erteilung und die Entziehung der Fahrerlaubnis sind somit in der Weise zu ändern, daß die Verwaltungsbehörde weder befugt ist, die Erteilung der Fahrerlaubnis aufgrund einer charakterlichen Ungeeignetheit zum Führen von Kraftfahrzeugen, die sich in einer Straftat manifestiert hat, zu versagen, noch wegen einer derartigen charakterlichen Ungeeignetheit eine Entziehung der Fahrerlaubnis anordnen darf.[902]

901 s.o. S. 101.
902 s.o. S. 158-159.

Zusammenfassung

Die Untersuchung der Reformbedürftigkeit der strafrechtlichen Fahrerlaubnisentziehung und des strafrechtlichen Fahrverbots hat folgendes ergeben:

Die derzeitige Ausgestaltung der Fahrerlaubnisentziehung als Maßregel der Besserung und Sicherung wird zu Recht als sogenannter „Etikettenschwindel" bezeichnet, weil sich die gegenwärtige gesetzliche Regelung und die Handhabung in der Praxis als nicht „maßregelgerecht" darstellen. Sofern man eine Fahrerlaubnisentziehung als gefahrvorbeugende Präventivmaßnahme im Falle sich aus einer Straftat ergebenden körperlichen, geistigen oder charakterlichen Ungeeignetheit zum Führen von Kraftfahrzeugen für gerechtfertigt hält, ist der Vorschlag Kulemeiers der geltenden Regelung vorzuziehen.

Jedoch lassen sich nach der vorliegenden Untersuchung eigenständige Maßnahmen des gefahrvorbeugenden Polizeirechts als Reaktionen auf Straftaten nur dann legitimieren, wenn sie aus Gründen angeordnet werden, für deren Vorliegen dem Täter kein Schuldvorwurf gemacht wird. Daher ist die Fahrerlaubnisentziehung als Maßregel nur für eine sich aus einer Straftat ergebende körperliche oder geistige Ungeeignetheit zum Führen von Kraftfahrzeugen beizubehalten, wobei diese Maßregel sachgerecht auf unbestimmte Zeit verhängt werden sollte. Auf eine sich aus einer Straftat ergebende charakterliche Ungeeignetheit zum Führen von Kraftfahrzeugen ist dagegen einzig und allein mit einer schuldangemessenen Strafe zu reagieren, so daß in diesen Fällen als verkehrsausschließende Sanktion nur ein Fahrverbot in Betracht kommt.

Hinsichtlich des Fahrverbots hat die kritische Betrachtung der derzeitigen Ausgestaltung ergeben, daß der Anwendungsbereich dieser Sanktion zutreffenderweise auf Straftaten, die die Verkehrssicherheit beeinträchtigt haben, beschränkt ist. Zu kritisieren sind jedoch die Ausgestaltung als Nebenstrafe und das Fehlen einer Bewährungssanktion. Das Fahrverbot ist daher in eine Hauptstrafe umzuwandeln, wobei die Möglichkeit einer Aussetzung zur Bewährung zu schaffen ist.

Da einem Eingriff in die Fahrfreiheit eine erhebliche freiheitsbeeinträchtigende Qualität zukommt, ist zudem zu gewährleisten, daß die Verhängung des Fahrverbots nur in Betracht kommt, wenn die zugrunde liegende Tat eine schwere Verletzung von Verkehrspflichten beinhaltet.

Hinsichtlich des zeitlichen Rahmens der Hauptstrafe Fahrverbot erscheinen eine Mindestdauer von drei Monaten und eine Höchstdauer von zehn Jahren als angemessen.

Literaturverzeichnis

Aa, Ute von der / Pöppelmann, Christiane: Empfiehlt es sich, die Entziehung der Fahrerlaubnis und/oder das Fahrverbot als Hauptstrafe in das StGB aufzunehmen? In: Juristische Ausbildung, 1999, S. 462-465.

Abschlußbericht der Kommission zur Reform des strafrechtlichen Sanktionensystems. Vorgelegt im März 2000.

Albrecht, Peter: Die allgemeinen Voraussetzungen zur Anordnung freiheitsentziehender Maßnahmen gegenüber erwachsenen Delinquenten. Basel 1981. (Basler Studien zur Rechtswissenschaft. Reihe C. Strafrecht. 1.)

Anagnostopoulos, Ilias G.: Haftgründe der Tatschwere und der Wiederholungsgefahr (§ 112 Abs. 3, 112 a StPO). Kriminalistische und rechtssystematische Aspekte derAusweitung des Haftrechts. Frankfurt am Main 1984. (Frankfurter kriminalwissenschaftliche Studien. 8.)

Arndt, Dietrich: Die Entziehung des Führerscheins als Nebenstrafe (Das Vorbild der Weststaaten). In: Das Recht des Kraftfahrers, 1950, S. 20-28.

Arndt, Dietrich: Die Entziehung des Führerscheins durch den ordentlichen Richter. In: Deutsches Autorecht, 1951, S. 152-154.

Arndt, Dietrich / Guelde, Hermann: Gesetz zur Sicherung des Straßenverkehrs (vom 19. Dez. 1952). Düsseldorf 1953.

Baumann, Jürgen: Wird die U-Haft „umfunktioniert"?. In: Juristenzeitung, 1969, S. 134-139.

Baumann, Jürgen: Zur Entziehung und Wiedererteilung der Fahrerlaubnis - Anmerkungen aus der Sicht des Kriminalpolitikers -. In: Forensia, 1987, S. 49-53.

Baumann, Jürgen / Weber, Ulrich / Mitsch, Wolfgang: Strafrecht. Allgemeiner Teil. 10., neubearb. Aufl. Bielefeld 1995.

Beck, Wolf-Dieter: Fahrverbot auch für den Räuber zu Fuß? In: Deutsches Autorecht, 1992, S. 439-440.

Beine, Reinhard: Entziehung und Wiedererteilung der Fahrerlaubnis. Plädoyer für die Abschaffung der Doppelkompetenz von Strafrichter und Verwaltungsbehörde. In: Zeitschrift für Rechtspolitik, 1977, S. 295-297.

Beine, Reinhard: Zur Reform des Rechts der Entziehung der Fahrerlaubnis unter besonderer Berücksichtigung der Grundgedanken des § 69 Abs. 2 Ziff. 2 StGB. In: Blutalkohol, 1978, S. 261-281.

Beine, Reinhard: Muß den Richtern die Befugnis zum Entzug der Fahrerlaubnis entzogen werden? Entgegnungen zu Max Th. Sunder in „Blutalkohol“ Nr 2/79, S. 65 ff. In: Blutalkohol, 1979, S. 343-356.

Berz, Ulrich: Wie kann die Maßregel der Entziehung der Fahrerlaubnis für die Praxis verbessert werden? In: 18. Deutscher Verkehrsgerichtstag, 1980, S. 305-314.

Bockelmann, Paul / Volk, Klaus: Strafrecht. Allgemeiner Teil. 4., neubearb. Aufl. München 1987.

Bode, Hans Jürgen: Fahrerlaubnis auf Bewährung - ein Problem des Verwaltungsrechts. In: Deutsches Autorecht, 1978, S. 313-320.

Bönke, Detlef Otto: Das Fahrverbot als Nebenstrafe und Nebenfolge - Aktuelle Reformvorschläge zum Fahrverbot - . In: 35. Deutscher Verkehrsgerichtstag, 1997, S. 208-219.

Bonk, Heinz Joachim: Bindungswirkungen strafgerichtlicher Entscheidungen in verwaltungsbehördlichen Fahrerlaubnis-Entziehungsverfahren. In: Blutalkohol, 1994, S. 238-248.

Bonk, Heinz Joachim: Probleme bei Entzug und Wiedererteilung der Fahrerlaubnis im Verwaltungsverfahren - Bindungswirkungen des Strafurteils -. In: 32. Deutscher Verkehrsgerichtstag 1994, S. 325-339.

Booß, Helmuth: Zur Problematik der Verkehrsgesetzgebung. In: Deutsches Autorecht, 1953, S. 258-263.

Brockelt, Werner: Wie kann die Maßregel der Entziehung der Fahrerlaubnis für die Praxis verbessert werden? In: 18. Deutscher Verkehrsgerichtstag, 1980, S. 285-295.

Bruns, Hans-Jürgen: Die Maßregeln der Besserung und Sicherung im StGB-Entwurf 1956. Rechtsdogmatische Gedanken zu kriminalpolitischen Problemen. In: Zeitschrift für die gesamte Strafrechtswissenschaft, 71, 1959, S. 210-251.

Bruns, Hans-Jürgen: Strafzumessungsrecht. Gesamtdarstellung. 2., neubearb. u. erw. Aufl. Köln 1974.

Cramer, Peter: Die Austauschbarkeit der Entziehung der Fahrerlaubnis gegen ein Fahrverbot. In: Neue Juristische Wochenschrift, 1968, S. 1764-1766.

Cramer, Peter: Unfallprophylaxe durch Strafen und Geldbußen? Vorschläge zu einer Neugestaltung des Sanktionensystems im Bereich des Verkehrsrechts. Hamburg 1974.

Cramer, Peter: Straßenverkehrsrecht. Bd. 1: StVO-StGB. Kommentar. 2., neubearb. Aufl. München 1977.

Cramer, Peter: Zur Reform von Fahrerlaubnisentziehung und Fahrverbot. In: Gedächtnisschrift für Horst Schröder. München 1978. S. 533-548.

Czermak, Fritz: Versagung und Entziehung der Kraftfahrerlaubnis durch die Verwaltungsbehörde wegen charakterlicher Ungeeignetheit? In: Neue Juristische Wochenschrift, 1963, S. 1225-1230.

Danckert, Peter: Empfehlen sich Änderungen und Ergänzugen bei den strafrechtlichen Sanktionen ohne Freiheitsentzug? In: Verhandlungen des neunundfünfzigsten Deutschen Juristentages, Hannover 1992. Bd. II. Sitzungsberichte. München 1992. Teil O, S. 39-54.

Delaquis, Ernst: Die Umbildung des Strafbegriffs im modernen Kriminalrecht. In: Zeitschrift für die gesamte Strafrechtswissenschaft, 32, 1911, S. 671-703.

Dencker, Friedrich: Strafzumessung bei der Sperrfristbemessung? In: Strafverteidiger, 1988, S. 454-456.

Denzlinger, Karl-Heinz: Der Füherschein als Menschenfalle. In: Zeitschrift für Rechtspolitik, 1988, S. 369-408.

Dietrich, Eckhart: Wiederholungsgefahr bei Sittlichkeitsverbrechen. Der Haftgrund des § 112 Abs. 3 StPO in historischer, rechtsdogmatischer und kriminologischer Sicht. Berlin 1970. (Kriminologische Forschungen. 7.)

Dreher, Eduard: Die Vereinheitlichung von Strafen und sichernden Maßregeln. In: Zeitschrift für die gesamte Strafrechtswissenschaft, 65, 1953, S. 481-495.

Dreher, Eduard: Die erste Arbeitstagung der Großen Strafrechtskommission. 29. Juni bis 2. Juli 1954. In: Zeitschrift für die gesamte Strafrechtswissenschaft, 66, 1954, S. 568-588.

Dünnebier, Hanns: Die Verkehrsunfallflucht. In: Goltdammer's Archiv für Strafrecht, 1957, S. 33-46.

Fehl, Elske: Fahrverbot als alternative Hauptstrafe? In: Deutsches Autorecht, 1998, S. 379-384.

Fezer, Gerhard: Strafprozeßrecht. 1. Schwerpunkte Ermittlungs- und Zwischenverfahren, Zwangsmaßnahmen. München 1986.

Fezer, Gerhard: Strafprozeßrecht. 2., völlig neubearb. Aufl. unter Mitarb. von Wolfgang Wohlers. München 1995. (Juristischer Studienkurs.)

Frank, Reinhard: Über den Aufbau des Schuldbegriffs. Gießen 1907.

Frey, Erwin: Ausbau des Strafensystems? In: Zeitschrift für die gesamte Strafrechtswissenschaft 65, 1953, S. 3-25.

Frisch, Wolfgang: Das Marburger Programm und die Maßregeln der Besserung und Sicherung. In: Zeitschrift für die gesamte Strafrechtswissenschaft, 94, 1982, S. 565-598.

Frisch, Wolfgang: Die Maßregeln der Besserung und Sicherung im strafrechtlichen Rechtsfolgensystem. In: Zeitschrift für die gesamte Strafrechtswissenschaft, 102, 1990, S. 343-393.

Frommel, Monika: Fahrverbot - eine fein abstufbare Alternative zur Freiheitsstrafe. In: Neue Justiz, 1999, S. 5.

Gallas, Wilhelm: Beiträge zur Verbrechenslehre. Berlin 1968.

Gehrmann, Ludwig: Die Neuregelungen im Führerscheinrecht ab 1.1.1999. In: Neue Juristische Wochenschrift, 1999, S. 455-460.

Gehrmann, Ludwig: Das Gesetz zur Änderung des Straßenverkehrsgesetzes und anderer Gesetze, In: Neue Juristische Wochenschrift, 1998, S. 3534-3540.

Geppert, Klaus: Die Bemessung der Sperrfrist bei der strafgerichtlichen Entziehung der Fahrerlaubnis (§§ 42 m und 42 n StGB). Berlin 1968. (Strafrechtliche Abhandlungen. Neue Folge. 3.)

Geppert, Klaus: Das Fahrverbot als Nebenstrafe und Nebenfolge. In: 35. Deutscher Verkehrsgerichtstag, 1997, S. 220-238.

Geppert, Klaus: Schwierigkeiten der Sperrfristbemessung bei vorläufiger Entziehung der Fahrerlaubnis. In: Zeitschrift für Rechtspolitik, 1981, S. 85-91.

Gnam, Peter: Die Wiederholungsgefahr als Grund für die Anordnung von Untersuchungshaft. Entwicklung und rechtsdogmatische Grundlagen. Diss. Erlangen-Nürnberg 1972.

Gontard, Alexander: Die Reform der Entziehung der Fahrerlaubnis - Argumente für eine Mindestlösung -. In: Festschrift für Kurt Rebmann zum 65. Geburtstag. München 1989. S. 211-231.

Grebing, Gerhardt: Recht und Praxis der Tagessatz-Geldstrafe. In: Juristenzeitung, 1976, S. 745-752.

Grünwald, Gerald: Sicherungsverwahrung, Arbeitshaus, vorbeugende Verwahrung und Sicherungsaufsicht im Entwurf 1962. In: Zeitschrift für die gesamte Strafrechtswissenschaft, 76, 1964, S. 633-668.

Hartung, Fritz: Entziehung der Fahrerlaubnis als „Nebenstrafe“. In: Deutsche Richterzeitung, 1954, S. 28-29.

Hebenstreit, Benedikt von: Die Eignung zum Führen von Kraftfahrzeugen - Widersprüche zwischen dem Strafrecht und der Fahrtauglichkeitsdiagnostik? In: 15. Deutscher Verkehrsgerichtstag, 1977, S. 31-36.

Heinitz, Ernst: Der Ausbau des Strafensystems. In: Zeitschrift für die gesamte Strafrechtswissenschaft, 65, 1953, S. 26-52.

Hentschel, Peter: Aussetzung der Fahrerlaubnisentziehung zur Bewährung? In: Zeitschrift für Rechtspolitik, 1975, S. 209-212.

Hentschel, Peter: Gesetzliche Pflicht zur Verhängung symbolischer Fahrverbote? In: Deutsches Autorecht, 1978, S. 102-103.

Hentschel, Peter: Die Abkürzung der Sperrfrist beim Entzug der Fahrerlaubnis in der Praxis. In: Deutsches Autorecht, 1979, S. 317-321.

Herlan, Wilhelm / Schmidt-Leichner, Erich: Entziehung der Fahrerlaubnis und Fahrverbot durch Strafrichter und Verwaltungsbehörden. München 1972. (Schriftenreihe der Neuen Juristischen Wochenschrift. Heft 10.)

Himmelreich, Klaus: Reformbedürftigkeit von Fahrerlaubnisentzug und Fahrverbot? In: 15. Deutscher Verkehrsgerichtstag, 1977, S. 48-61.

Himmelreich, Klaus / Hentschel, Peter: Fahrverbot, Führerscheinentzug. 7., neubearb. u. erw. Aufl. Bd. I: Straf- und Ordnungswidrigkeitenrecht. Bd. II: Verwaltungsrecht. Düsseldorf 1992.

Himmelreich, Klaus: Probleme bei Entzug und Wiedererteilung der Fahrerlaubnis im Verwaltungsverfahren - Ermessensausübung der Behörde -. In: 32. Deutscher Verkehrsgerichtstag, 1994, S. 340-353.

Himmelreich, Klaus / Hentschel, Peter: Fahrverbot, Führerscheinentzug. 8., neubearb. u. erw. Aufl. Bd. I. Straf- und Ordnungswidrigkeitenrecht. Düsseldorf 1995.

Holtz, Günter: Aus der Rechtsprechung des Bundesgerichtshofs in Strafsachen. In: Monatsschrift für Deutsches Recht, 1978, S. 108-112, 279-282, 458-461, 623-627, 803-806, 984-989.

Jagow, Franz-Joachim: Gesetz zur Änderung des Straßenverkehrsgesetzes und anderer Gesetze vom 24. April 1998. In: Deutsches Autorecht, 1998, S. 186-190.

Jagusch, Heinrich: Über die Strafaussetzung zur Bewährung (§§ 23-25 StGB). In: Juristenzeitung, 1953, S. 688-690.

Jagusch, Heinrich / Hentschel, Peter: Straßenverkehrsrecht. Straßenverkehrsgesetz, Straßenverkehrs-Ordnung, Straßenverkehrs-Zulassungs-Ordnung, Fahrerlaubnis-Verordnung, Bußgeld- und Verwarnungsgeldkatalog, Gesetzesmaterialien, Verwaltungsvorschriften und einschlägige Bestimmungen des StGB und der StPO. 35., neubearb. Aufl. München 1999. (Beck'sche Kurz-Kommentare. 5.)

Jakobs, Günther: Strafrecht, Allgemeiner Teil. Die Grundlagen und die Zurechnungslehre. Lehrbuch. 2., neubearb. u. erw. Aufl. Berlin 1991.

Janiszewski, Horst: Keine Reformbedürftigkeit von Fahrerlaubnisentziehung und Fahrverbot. In: Deutsches Autorecht, 1977, S. 312-316.

Janiszewski, Horst: Erwiderung auf die vorhergehenden Referate (zur Reformbedürftigkeit von Fahrerlaubnisentzug und Fahrverbot). In: 15. Deutscher Verkehrsgerichtstag, 1977, S. 62-70.

Janiszewski, Horst: Entziehung der Fahrerlaubnis - und kein Ende. In: Goltdammer's Archiv für Strafrecht, 1981, S. 385-402.

Janiszewski, Horst: Sinnvollere Behandlung der Entziehung der Fahrerlaubnis - Ausnahmen und Behandlung im Rechtsmittelverfahren -. In: Deutsches Autorecht, 1989, S. 135-140.

Janker, Helmut: Grundzüge des neuen Fahrerlaubnisrechts. In: Neue Zeitschrift für Verkehrsrecht, 1999, S. 26-37.

Jescheck, Hans-Heinrich / Weigend, Thomas: Lehrbuch des Strafrechts. Allgemeiner Teil. 5., vollst. neubearb. u. erw. Aufl. Berlin 1996.

Jung, Eckhart: ADAC-Juristen-Tagung 1992. In: Deutsches Autorecht, 1992, S. 401-403.

Kaiser, Günther: Befinden sich die kriminalrechtlichen Maßregeln in der Krise? Heidelberg 1990. (Juristische Studiengesellschaft Karlsruhe. Schriftenreihe. H. 188.)

Karlsruher Kommentar zur Strafprozeßordnung und zum Gerichtsverfassungsgesetz mit Einführungsgesetz. Hrsg. von Gerd Pfeiffer. 4., neubearb. Aufl. München 1999.

Kaufmann, Arthur: Dogmatische und kriminalpolitische Aspekte des Schuldgedankens im Strafrecht. Ein Beitrag zur Strafrechtsreform. In: Juristenzeitung, 1967, S. 553-560.

Keller, Alfons: Anmerkung zu LG Aachen NJW 1967. In: Neue Juristische Wochenschrift, 1967, S. 1287.

Kiwull, Harald: Kurzfristige Freiheitsstrafen und Geldstrafen vor und nach der Strafrechtsreform, einschließlich der Entziehung der Fahrerlaubnis und des Fahrverbots als Mittel der Spezialprävention. Diss. Freiburg 1979.

Kleinknecht, Theodor / Meyer-Goßner, Lutz: Strafprozeßordnung. Gerichtsverfassungsgesetz, Nebengesetze und ergänzenden Bestimmungen. 44. neubearb. Aufl. München 1999. (Beck'sche Kurzkommentare. Bd. 6.)

Klesczewski, Diethelm: Die Rolle der Strafe in Hegels Theorie der bürgerlichen Gesellschaft. Eine systematische Analyse des Verbrechens- und Strafbegriffs in Hegels Grundlinien der Philosophie des Rechts. Berlin 1991. (Hamburger Rechtsstudien. 81.)

Koch, Hans-Jörg: Zur faktischen Strafwirkung des Entzugs der Fahrerlaubnis. In: Deutsches Autorecht, 1973, S. 14-16.

Koch, Hans-Jörg: Reformbedürftigkeit von Fahrerlaubnisentzug und Fahrverbot. In: Deutsches Autorecht, 1977, S. 90-94.

Koch, Hans-Jörg: Reformbedürftigkeit von Fahrerlaubnisentzug und Fahrverbot? In: 15. Deutscher Verkehrsgerichtstag, 1977, S. 37-47.

Koch, Hans-Jörg: Nochmals: Führerschein auf Bewährung. In: Deutsches Autorecht, 1977, S. 316-318.

Köhler, Michael: Die bewußte Fahrlässigkeit. Eine strafrechtlich-rechtsphilosophische Untersuchung. Heidelberg 1982. (Heidelberger rechtswissenschaftliche Abhandlungen. N.F. 31.)

Köhler, Michael: Über den Zusammenhang von Strafrechtsbegründung und Strafzumessung, erörtert am Problem der Generalprävention. Heidelberg 1983. (Heidelberger Forum. 18.)

Köhler, Michael: Der Begriff der Strafe. Heidelberg 1986. (Heidelberger Forum. 35.)

Köhler, Michael: Strafbegründung im konkreten Rechtsverhältnis. Die Aufhebung der abstrakten Straftheorie am Leitfaden der Hegelschen Rechtsphilosophie. In: Festschrift für Karl Lackner zum 70. Geburtstag am 18. Februar 1987. Berlin, New York 1987. S. 11-37.

Köhler, Michael: Zur Kritik an der Zwangsarbeitsstrafe. In: Goltdammer's Archiv für Strafrecht, 1987, S. 145-161.

Köhler, Michael: Zwangsarbeitsverbot und Jugendstrafrecht. In: Juristenzeitung, 1988, S.749-755.

Köhler, Michael / Beck, Wolfgang: Gerechte Geldstrafe statt konfiskatorischer Vermögenssanktionen. In: Juristenzeitung, 1991, S. 797-804.

Köhler, Michael: Strafrecht. Allgemeiner Teil. Berlin 1997.

Kohlrausch, Eduard: Sicherungshaft. Eine Besinnung auf den Streitstand. In: Zeitschrift für die gesamte Strafrechtswissenschaft, 44, 1924, S. 21-34.

Kretschmer, Joachim: Das strafprozessuale Verbot der reformatio in peius und die Massregeln der Besserung und Sicherung. Berlin 1999. (Strafrechtliche Abhandlungen. N.F. 122.)

Kürschner, Wolfgang: Praxis und Reform des Fahrerlaubnisentzuges nach §§ 69, 69 a StGB. In: Zeitschrift für Rechtspolitik, 1986, S. 305-309.

Kulemeier, Ralf: Fahrverbot (§ 44 StGB) und Entzug der Fahrerlaubnis (§§ 69 ff. StGB). Ein Beitrag zum Verhältnis dieser Sanktionsformen und zum vikariierenden System von Strafen und Maßregeln im Verkehrsstrafrecht. Lübeck 1991. (Kriminalwissenschaftliche Abhandlungen. Bd. 26.)

Kulemeier, Ralf: Fahrverbot und Fahrerlaubnisentzug - Sanktionen zur Bekämpfung allgemeiner Kriminalität. In: Neue Zeitschrift für Verkehrsrecht, 1993, S. 212-215.

Lackner, Karl: Der Strafrechtsteil des Gesetzes zur Sicherung des Straßenverkehrs. In: Monatsschrift für Deutsches Recht, 1953, S. 73-75.

Lackner, Karl: Verkehrsrecht und Strafrechtsreform. In: Deutsches Autorecht, 1958, S. 286-296.

Lackner, Karl: Das Zweite Gesetz zur Sicherung des Straßenverkehrs. In: Juristenzeitung, 1965, S. 92-95, 120-125.

Lackner, Karl / Kühl, Kristian: Strafgesetzbuch mit Erläuterungen. 23., neubearb. Aufl. München 1999.

Lange, Richard: Wandlungen in den kriminologischen Grundlagen der Strafrechtsreform. In: Hundert Jahre Deutsches Rechtsleben. Festschrift zum hundertjährigen Bestehen des Deutschen Juristentages 1860-1960. Bd. I. Karlsruhe 1960. S. 345-381.

Lang-Hinrichsen, Dietrich: Die kriminalpolitischen Aufgaben der Strafrechtsreform, Gutachten für den 43. Deutschen Juristentag, Verhandlungen des 43. Deutschen Juristentages. München 1960, Bd. I, 3. Teil B, S. 3-124.

Leipziger Kommentar: Strafgesetzbuch. Leipziger Kommentar. Großkommentar. Hrsg. von Burkhard Jähnke. 11., neubearb. Aufl. Berlin 1992 ff.

Lienen, Richard Th.: Zur Entziehung der Fahrerlaubnis nach geltendem und künftigem Strafrecht. In: Neue Juristische Wochenschrift, 1960, S. 1507-1509.

Linß, Thomas: Die vorläufige Entziehung der Fahrerlaubnis. Diss. Göttingen 1991.

Löwe, Ewald / Rosenberg, Werner: Die Strafprozeßordnung und das Gerichtsverfassungsgesetz. Großkommentar. Hrsg. von Hanns Dünnebier, Peter Rieß u.a. 24., neubearb. Aufl. Berlin 1987 ff.

Löwe, Ewald / Rosenberg, Werner: Die Strafprozeßordnung und das Gerichtsverfassungsgesetz. Großkommentar. Hrsg. von Peter Rieß. 25., neubearb. Aufl. Berlin 1999 ff.

Maassen, Hermann: Die strafrechtlichen Bestimmungen des Gesetzes zur Sicherung des Straßenverkehrs. In Neue Juristische Wochenschrift, 1953, S. 201-203.

Maiwald, Manfred: StGB §§ 16, 315 c Abs. 1 Nr. 1 a, 316. (Anmerkung zu einer Entscheidung). In: Juristenzeitung, 1974, S. 772-775.

Martin, Ludwig: Die Rechtsprechung des Bundesgerichtshofes in Verkehrsstrafsachen. In: Deutsches Autorecht, 1968, S. 117-126.

Maurach, Reinhart / Zipf, Heinz: Strafrecht. Allgemeiner Teil. Ein Lehrbuch. Teilbd. 1: Grundlehren des Strafrechts und Aufbau der Straftat. 8., neubearb. und erw. Aufl. Heidelberg 1992.

Mayer, Hellmuth: Strafrecht. Allgemeiner Teil. Stuttgart, Köln 1953.

Mayer, Hellmuth: Strafrechtsreform für heute und morgen. Berlin 1962. (Kriminologische Forschungen. Bd. 1.)

Meyer, Dieter: Ist eine Berufung, die in der Hoffnung eingelegt wurde, den nach § 111 a StPO beschlagnahmten Führerschein vom Gericht zurückzuerhalten, unzulässig?. In: Monatsschrift für Deutsches Recht, 1976, S. 629-632.

Mittelbach, Hans: Die Entziehung der Fahrerlaubnis. Berlin 1966.

Mohr, Wilfried: Fahrerlaubnisentzug auch künftig Sicherungsmaßregel? In: Deutsches Autorecht, 1960, S. 280-283.

Mohr, Wilfried: Entzug der Fahrerlaubnis u n d richterliches Fahrverbot? In: Deutsches Autorecht, 1961, S. 47-48.

Mollenkott, Klaus: Führerscheinentzug. Maßregel der Sicherung und Besserung? - Ende einer Diskussion? - In: Blutalkohol, 1980, S. 367-370.

Mollenkott, Klaus: Wie kann die Maßregel der Entziehung der Fahrerlaubnis für die Praxis verbessert werden? In: 18. Deutscher Verkehrsgerichtstag, 1980, S. 296-304.

Mollenkott, Klaus: Die Ausnahmeregeln nach § 69 a Abs. 2 StGB - Hoffnung oder Wirklichkeit -. In: Deutsches Autorecht, 1992, S. 120.

Mollenkott, Klaus: Verschuldensgrad und Dauer der Führerscheinsperrfrist. In: Deutsches Autorecht, 1992, S. 316-317.

Müller, Gerhard O. W.: Eine amerikanische Stellungnahme zum Entwurf eines StGB E 1960. In: Zeitschrift für die gesamte Strafrechtswissenschaft, 73, 1961, S. 297-339.

Müller-Christmann, Bernd: Die Maßregeln der Besserung und Sicherung. In: Juristische Schulung, 1990, S. 801-805.

Müller-Dietz, Heinz: Grundfragen des strafrechtlichen Sanktionensystems. Heidelberg 1979. (R. von Decker's rechts- und sozialwissenschaftliche Abhandlungen. 3.)

Müller-Metz, Reinhard: Angemessene Reaktionen des Staates auf Verkehrsverstöße. Zur Reform von Vergehenstatbeständen und des Rechtsfolgensystems im Bereich der Verkehrsdelikte. In: 32. Deutscher Verkehrsgerichtstag, 1994, S. 118-131.

Müller-Metz, Reinhard: Zur Reform von Vergehenstatbeständen und Rechtsfolgen im Bereich der Verkehrsdelikte. In: Neue Zeitschrift für Verkehrsrecht, 1994, S. 89-96.

Naucke, Wolfgang: Strafrecht. Eine Einführung. 8., neubearb. Aufl. Neuwied 1998.

Nehm, Kay: Verkehrsstrafrecht zum Ende des ersten automobilen Jahrhunderts. In: Deutsches Autorecht, 1996, S. 432-438.

Nowakowski, Friedrich: Zur Rechtsstaatlichkeit der vorbeugenden Maßnahmen. In: Festschrift für Hellmuth von Weber zum 70. Geburtstag. Bonn 1963. S. 98-120.

Oberpottkamp, Ulrike: Die Entziehung der Fahrerlaubnis als strafrechtliche Maßregel der Besserung und Sicherung - Notwendigkeit und Möglichkeit einer Reform - . Diss. Göttingen 1981.

Paeffgen, Hans-Ullrich: Vorüberlegungen zu einer Dogmatik des Untersuchungshaft-Rechts. Köln 1986.

Paulduro, Aurelia: Die Verfassungsgemäßheit von Strafrechtsnormen, insbesondere der Normen des Strafgesetzbuches, im Lichte der Rechtsprechung des Bundesverfassungsgerichts. Diss. Augsburg 1992. München 1992.

Peters, Karl: Strafprozeß. Ein Lehrbuch. 2., neubearb. u. erw. Aufl. Karlsruhe 1966.

Peters, Ralf: Die Entziehung der Fahrerlaubnis - Maßregel oder Strafe? In: Deutsches Autorecht, 1978, S. 184-187.

Plank, Rainer: Das Fahrverbot nach § 44 StGB und die Verwarnung mit Strafvorbehalt nach § 59 StGB. Zulässigkeit und Nutzen von Vorbehalt des Fahrverbots und isolierter Anordnung des Fahrverbots neben einer vorbehaltenen Strafe als Möglichkeiten einer systemimmanenten Verbesserung des Verkehrsstrafrechts. Diss. Kiel 1990.

Preisendanz, Holger: Nachschulung alkoholauffälliger Kraftfahrer und ihre Berücksichtigung im Rahmen des Verkehrsstrafrechts de lege lata und de lege ferenda. In: Blutalkohol, 1981, A. 87-92.

Preisendanz, Holger: Die „Große Reform" von Fahrerlaubnisentzug und Fahrverbot aus der Sicht der Praxis. In: Deutsches Autorecht, 1981, S. 307-314.

Rautenberg, Erardo Cristoforo: Die Reform des strafrechtlichen Sanktionensystems. In: Neue Justiz, 1999, S. 449-454.

Rebmann, Kurt: Aktuelle Probleme und neue Tendenzen im Deutschen Verkehrsstrafrecht. In: Deutsches Autorecht, 1978, S. 296-305.

Robra, Rainer: Empfehlen sich Änderungen und Ergänzugen bei den strafrechtlichen Sanktionen ohne Freiheitsentzug? In: Verhandlungen des 59. Deutschen Juristentages, Hannover 1992. Bd. II. Sitzungsberichte. München 1992. Teil O, S. 7-22..

Roxin, Claus: Strafrecht. Allgemeiner Teil. Bd. 1: Grundlagen. Der Aufbau der Verbrechenslehre. 3. Aufl. München 1997.

Rüping, Hinrich: Grundriß der Strafrechtsgeschichte. 3., völlig überarb. Aufl. München 1998. (Schriftenreihe der Juristischen Schulung. 73.)

Rüth, Karl: Die Rechtsprechung des Bayerischen Obersten Landesgerichts in Verkehrsstrafsachen des Jahres 1963. In: Deutsches Autorecht, 1964, 229-245.

Rüth, Karl / Berr, Wolfgang / Berz, Ulrich: Straßenverkehrsrecht. Kommentar zur Straßenverkehrsordnung (StVO) §§ 1-6d, 21-47, Straßenverkehrsgesetz (StVG) und Straßenverkehrs-Zulassungs-Ordnung (StVZO). 2., völlig neu bearb. Aufl. Berlin 1988.

Sax, Walter: Grundsätze der Strafrechtspflege. In: Die Grundrechte Bd. III/ 2, 2. Aufl., Berlin 1972, S. 909-1014.

Schendel, Frank Andreas: Doppelkompetenz von Strafgericht und Verwaltungsbehörde zur Entziehung der Fahrerlaubnis. Systematische Erläuterung des § 4 Abs. 2 und Abs. 3 StVG. Hamburg 1974.

Scherer, Karl: Ausnahmen vom Fahrerlaubnisentzug für „bewährte Kraftfahrer". In: Blutalkohol, 1983, 123-130.

Schmid, Walter H.: Die Neuerteilung der Fahrerlaubnis nach Ablauf der strafgerichtlichen Sperrfrist. In: Deutsches Autorecht, 1968, S. 1-16.

Schmidhäuser, Eberhard / Alwart, Heiner: Strafrecht. Allgemeiner Teil. 2., neubearb. Aufl. Tübingen 1984.

Schmidt, Eberhard: Repression und Prävention im Strafprozeß. In: Juristische Rundschau, 1970, S. 204-208.

Schmidt-Leichner, Erich: Alkohol und Kraftfahrer, insbesondere die Entziehung der Fahrerlaubnis. In: Neue Juristische Wochenschrift, 1953, S. 1849-1853.

Schöch, Heinz: Gutachten C für den 59. Deutschen Juristentag: Empfehlen sich Änderungen und Ergänzungen bei den strafrechtlichen Sanktionen ohne Freiheitsentzug? München 1992. (Verhandlungen des 59. Deutschen Juristentages, Hannover 1992.)

Schönke, Adolf / Schröder, Horst: Strafgesetzbuch. Kommentar. 25., neubearb. Aufl. München 1997.

Scholz, R. Uwe: Die Entziehung der Fahrerlaubnis (§ 42 m StGB) und das Fahrverbot (§ 37 StGB) im Landgerichtsbezirk Lübeck in den Jahren 1966 und 1967. Ein Beitrag zur kriminologischen und strafrechtlichen Problematik dieser Reaktionsmittel auf Verkehrsstraftaten. Diss. Hamburg 1970.

Schreiber, Hans-Ludwig: Die Zuweisung von Verkehrsstraftätern zur „Nachschulung" im Strafverfahren. In: Blutalkohol, 1979, S. 19-28.

Schreiner, Karl: Begründungszwang bei gerichtlicher Entziehung der Fahrerlaubnis gem. §§ 69, 69 a StGB. In: Deutsches Autorecht, 1978, S. 271-272.

Schultz, Dietrich: Überlegungen zur Aussetzung der Entziehung der Fahrerlaubnis zur Bewährung. In: Blutalkohol, 1980, S. 1-14.

Schultz, Dietrich: Möglichkeiten und Grenzen des bisherigen verkehrsrechtlichen Sanktionensystems. Überlegungen zu einer Reform der Entziehung der Fahrerlaubnis und des Fahrverbots. In: Blutalkohl, 1982, S.315-334.

Seib, Herbert: Nachschulung als Alternative zum Fahrerlaubnisentzug. In: Blutalkohol, 1980, S. 39-48.

Seiler, Viktor: Tatbestandsstruktur und Rechtsgut des § 21 StVG. In: Deutsches Autorecht, 1983, S. 379-383.

Spiegel, Richard: Die Rechtsprechung des Bundesgerichtshofes in Verkehrsstrafsachen und Bußgeldverfahren. In: Deutsches Autorecht, 1977, S. 141-151.

Stratenwerth, Günter: Strafrecht, Allgemeiner Teil. Teil 1: Die Straftat. 3., neubearbt. Aufl. Köln 1981.

Stree, Walter: Deliktsfolgen und Grundgesetz. Zur Verfassungsmäßigkeit der Strafen und sonstigen strafrechtlichen Maßnahmen. Tübingen 1960.

Systematischer Kommentar zum Strafgesetzbuch. Von Hans-Joachim Rudolphi, Eckhard Horn, Erich Samson. Neuwied 1975-1977.

Sunder, Max Th.: Muß den Richtern die Befugnis zum Entzug der Fahrerlaubnis entzogen werden? In: Blutalkohol, 1979, S. 65-75.

Tröndle, Herbert / Fischer, Thomas: Strafgesetzbuch und Nebengesetze. 49., neubeab. Aufl. München 1999. (Beck'sche Kurz-Kommentare.10.)

Vorentwurf zu einem Deutschen Strafgesetzbuch. Bearbeitet von der hierzu bestellten Sachverständigen-Kommission. Veröffentlicht auf Anordnung des Reichs-Justizamts. Berlin 1909.

Warda, Günter: Das Fahrverbot gemäß § 37 StGB. Ein systematischer Überblick zur Einführung der verkehrsrechtlichen Nebenstrafe. In: Goltdammer's Archiv für Strafrecht, 1965, S. 65-92.

Weber, Hellmuth von: Die Sonderstrafe. In: Deutsche Richterzeitung 1951, S. 153-156.

Weber, Hellmuth von: Die Rechtsnatur der Entziehung der Fahrerlaubnis. In: Juristenzeitung, 1960, S. 52-54.

Weihrauch, Matthias: Die Ausnahmen bei der Entziehung der Fahrerlaubnis. In: Neue Juristische Wochenschrift, 1971, S. 829-838.

Welzel, Hans: Das deutsche Strafrecht. Eine systematische Darstellung. 11., neubearb. u. erw. Aufl. Berlin 1969.

Wessels, Johannes / Beulke, Werner: Strafrecht. Allgemeiner Teil. 29., neubearb. Aufl. Heidelberg 1999.

Weßlau, Edda: In welche Richtung geht die Reform des Sanktionensystems? In: Strafverteidiger, 1999, S. 278-287.

Wimmer, August: Entziehung der Fahrerlaubnis in USA und bei uns. In: Deutsches Autorecht, 1959, S. 253-260.

Wimmer, August: Entziehung der Fahrerlaubnis, Strafe und Strafaussetzung zur Bewährung. In: Neue Juristische Wochenschrift, 1959, S. 1513-1515.

Zipf, Heinz: §§ 16 (60 n.F.), 315 c Abs. 1 Nr. 1 a, § 316 StGB. (Anmerkung zu einer Entscheidung) In: Juristische Rundschau, 1975, S. 161-164.

Abkürzungen

Abl	Amtsblatt
AT	Allgemeiner Teil
BA	Blutalkohol
BayObLG	Bayerisches Oberstes Landesgericht
BB	Der Betriebs-Berater
BGBl	Bundesgesetzblatt
BGHSt	Entscheidungen des Bundesgerichtshofs in Strafsachen
BT-Drucks.	Drucksache des Deutschen Bundestages
BVerfGE	Entscheidungen des Bundesverfassungsgerichts
BVerwG	Bundesverwaltungsgericht
DAR	Deutsches Autorecht
DJT	Deutscher Juristentag
DJZ	Deutsche Juristenzeitung
DÖV	Deutsche Öffentliche Verwaltung
DRiZ	Deutsche Richterzeitung
EGOWiG	Einführungsgesetz zum Gesetz über Ordungswidrigkeiten
EGStGB	Einführungsgesetz zum Strafgesetzbuch
GA	Goltdammer's Archiv für Strafrecht
GG	Grundgesetz für die Bundesrepublik Deutschland
JGG	Jugendgerichtsgesetz
JR	Juristische Rundschau
JURA	Juristische Ausbildung
JuS	Juristische Schulung
JZ	Juristenzeitung
KfG	Gesetz über den Verkehr mit Kraftfahrzeugen
KK	Strafprozeßordnung (Karlsruher Kommentar)
LG	Landgericht
LK	Strafgesetzbuch (Leipziger Kommentar)
LR	Strafprozeßordnung (Großkommentar Löwe-Rosenberg)
MDR	Monatsschrift für Deutsches Recht
NJ	Neue Justiz
NJW	Neue Juristische Wochenschrift
NStZ	Neue Zeitschrift für Strafrecht
NZV	Neue Zeitschrift für Verkehrsrecht
OLG	Oberlandesgericht
OVG	Oberverwaltungsgericht
OwiG	Gesetz über Ordnungswidrigkeiten
RdK	Das Recht des Kraftfahrers
Rdn	Randnummer
RGBl	Reichsgesetzblatt

RGSt	Entscheidungen des Reichsgerichts in Strafsachen
RT	Reichstag
SchlHA	Schleswig-Holsteinische Anzeigen
SK	Systematischer Kommentar zum Strafgesetzbuch
StÄG	Strafrechtsänderungsgesetz
StGB	Strafgesetzbuch
StrRG	Gesetz zur Reform des Strafrechts
StV	Strafverteidiger
StVerkSichG	Gesetz zur Sicherung des Straßenverkehrs
StVG	Straßenverkehrsgesetz
StVGÄndG	Straßenverkehrsänderungsgesetz
StVO	Straßenverkehrs-Ordnung
StVollstrO	Strafvollstreckungsordnung
StVR	Straßenverkehrsrecht
StVZO	Straßenverkehrs-Zulassungs-Ordnung
VG	Verwaltungsgericht
VGT	Deutscher Verkehrsgerichtstag
VM	Verkehrsrechtliche Mitteilungen
VRS	Verkehrsrecht-Sammlung
ZRP	Zeitschrift für Rechtspolitik
ZStW	Zeitschrift für die gesamte Strafrechtswissenschaft